Unterrichtssequenzen Hauswirtschaftlich-sozialer Bereich

Verantwortliches Handeln im integrativen Hauswirtschaftsunterricht

8. Jahrgangsstufe

Band 1

Erarbeitet von Christa Troll, Sabine Seiwald, Brigitte Luber, Heidi Klapfenberger, Barbara Rauch, Evi Günther

Illustrationen: Cartoonstudio Meder

Auer Verlag GmbH

Verwendete Abkürzungen:

GMA: Garmachungsart
HsB: Hauswirtschaftlich-sozialer Bereich
Jgst.: Jahrgangsstufe
KtB: Kommunikationstechnischer Bereich
GZF: Gesamtzusammenfassung
L: Lehrer/in
LZ: Lernziel
PAA: Praktische Arbeitsaufgabe
S: Schüler/in
TKK: Tiefkühlkost
TZV: Teilzielvertiefung
UE: Unterrichtseinheit
VT: Verarbeitungstechnik
Wdh.: Wiederholung

Quellennachweis:

S. 6, 52, 53, 114: CD-Cover und Abbildungen, aus: aid infodienst Verbraucherschutz, Ernährung, Landwirtschaft e. V. (Hg.): Mindestens haltbar bis …, CD-ROM Programm, aid, Bonn

S. 43: Fotos „Bäckerei" und „Hausmann", H. Birzele

S. 73: Foto „Festtafel", Studio Tessmann, Frankfurt

S. 75 f.: Foto „Krippe", E. Birzele

S. 78: Statistik „Gemüseimport", nach www.landwirtschaft-mlr.baden-wuerttemberg.de

S. 78: 2 Logos „Qualität aus Bayern" und „Öko-Qualität", Bayer. Staatsministerium für Ernährung, Landwirtschaft und Forsten, München

S. 78: 3 Logos „Offene Stalltür", „Bauernmärkte", „Bauernhof", Bayer. Bauernverband, München

S. 79: Karte „Joghurt-Transporte", Institut für Klima, Umwelt und Energie GmbH, Wuppertal

S. 82: Schaubild „Energiebilanz" und Text „Vitaminreicher Saft", nach P. Krieg: Der Mensch stirbt nicht am Brot allein, Verlag Zweitausendeins, Frankfurt 1984 und L.H. Lovins: Faktor 4, Droemer Knaur, München 1995

S. 84: Text „Dritte Welt", nach TransFair Österreich (Hg.): Die Weltschokoladenfabrik, ANG, Wien 1994

S. 84: Foto „Familie Oliveira", aus: Schokolade, TransFair, Köln

S. 84: Logo „gepa", Gesellschaft zur Förderung der Partnerschaft mit der dritten Welt mbH, Wuppertal

S. 84: Logo „TransFair", mit freundlicher Genehmigung von TransFair e. V., Köln

S. 119: Cartoon „Warnung", mit freundlicher Genehmigung von Dr. Jan Tomaschoff, Erkrath

S. 120: Schema „Fremdstoffe in der Nahrungskette", aus: DGE-Broschüre „Richtig essen", Deutsche Gesellschaft für Ernährung e. V., Frankfurt

S. 121 ff.: Texte und Angaben, nach: H. Grimm: Die Suppe lügt, Klett-Cotta, Stuttgart 1997

S. 123, 135: Zeichnung „Ernährungskreis", U. Baier

S. 126: Foto „Jugendliche", G. Hoffmann

S. 137u.: 4 Fotos, MEV-Verlag

S. 141: Statistik „Wer macht die Hausarbeit?", GLOBUS Infografik GmbH, Hamburg

S. 145: Gedicht „Kinder", Anar. Musikverlag, c./o. Bettina Wegner, Berlin

Gedruckt auf umweltbewusst gefertigtem, chlorfrei gebleichtem und alterungsbeständigem Papier.

3. überarbeitete und aktualisierte Auflage. 2005
© by Auer Verlag GmbH, Donauwörth
Alle Rechte vorbehalten
Das Werk und seine Teile sind urheberrechtlich geschützt. Jede Nutzung in anderen als den gesetzlich zugelassenen Fällen bedarf der vorherigen schriftlichen Einwilligung des Verlages. Hinweis zu § 52 a UrhG: Weder das Werk noch seine Teile dürfen ohne eine solche Einwilligung eingescant und in ein Netzwerk eingestellt werden. Dies gilt auch für Intranets von Schulen und sonstigen Bildungseinrichtungen.
Gesamtherstellung: Ludwig Auer GmbH, Donauwörth
ISBN 3-403-02939-5

Inhalt

Vorüberlegungen 4
Leitlinien des neuen Lehrplans 4
Schwerpunkte der 8. Jahrgangsstufe 4
Der soziale Bereich 5
EDV 6

Klassengebundener Lehrplan für die 8. Jahrgangsstufe, Hauswirtschaftlich-sozialer Bereich 7
Praktische Anmerkungen zum Lehrplan 7
Übersicht über die Lernbereiche 7
Klassengebundener Lehrplan für die 8. Jahrgangsstufe, HsB mit fächerübergreifenden Hinweisen 8

Realisierung des klassengebundenen Lehrplans 16
Praktische Tipps zum Einsatz der Unterrichtsmaterialien 16
Langfristige Organisation des Faches HsB 16

Unterrichtseinheiten 17
Der Arbeitsplatz Schulküche ist uns bekannt 17
Der sinnvolle Geräteeinsatz 25
Keine Angst vor dem Dampfdrucktopf 31
Übung macht den Meister/die Meisterin 37
Die Küche – ein Ort des Wirtschaftens und Arbeitens 43
Wir planen unsere Kochaufgabe 46
Lebensmittel haltbar machen und bevorraten – ein Thema mit Variationen ... 51
Tiefgefrieren – gewusst wie! 62
Der Vier-Sterne-Vorrat 66
Weihnachtliches Backen 70
Wir feiern ein Fest 73
Der lange Weg von Lebensmitteln 77
Schlemmen hat seinen Preis 82
Rund um den Mürbteig 87
Probekochen – Wir stellen unser Können unter Beweis 95
Nur ein bisschen Schimmel 100
Salmonellen – eine Gefahr für unsere Gesundheit 105
Kleinstlebewesen in ihrer Vielfalt 111
So natürlich wie möglich! 119
Ist Fastfood immer ein Genuss? 126
Die Ernährungsprofis 132
Die Betreuung von Mitmenschen *oder* Ich übernehme Verantwortung für Hilfsbedürftige in meiner Umgebung. 136
Wir planen einen Kontaktbesuch im Kindergarten 145
Der Umgang mit Kindern will geübt sein! (Schön waren die Zeiten … – im Kindergarten) 154
Einladungen machen neugierig! Wir schreiben eine Einladung mit dem Computer 159
Welche Berufe im sozialen Bereich sind für mich interessant? 161

Rezeptverzeichnis 166

Vorüberlegungen

Leitlinien des neuen Lehrplans

Die Hauptschule als weiterführende Schule hat ein sehr weites Aufgabenfeld. Einerseits soll sie eine fundierte Allgemeinbildung, d. h. einen verlässlichen Grundbestand an Wissen und Können vermitteln, andererseits individuelle Begabungen und Neigungen fördern:
„Die Hauptschule stimmt ihr Bildungsangebot auf die unterschiedlichen Begabungen, Interessen und Leistungen ihrer Schülerinnen und Schüler ab. Sie setzt Schwerpunkte durch ihr spezifisches Angebot an praxisbezogenen Fächern und durch die verstärkte Berücksichtigung praktischer Inhalte." Sowohl gesellschaftspolitische Grund- und Zeitfragen als auch Hilfen zur persönlichen Lebensgestaltung sind ihr ein Anliegen:
„Die Hauptschule hilft ihren Schülern, sich in der Vielfalt widersprüchlicher Werte zu orientieren." „Eine wichtige Aufgabe der Hauptschule ist die Hinführung zur Arbeits- und Wirtschaftswelt. Die Schüler erwerben wirtschaftliche, soziale, technische und rechtliche Grundkenntnisse …" (Lehrplan, Kapitel I).

Die Hauptschule hat nicht nur einen Bildungsauftrag, sondern auch die Erziehung spielt eine wichtige Rolle. Sie kann diesen Erziehungsauftrag nur erfüllen, wenn die Lehrkräfte ihn bejahen und die darin liegende Verantwortung für die Heranwachsenden auf sich nehmen. Eine gute Kooperation aller am Erziehungsprozess Beteiligten kann diese Arbeit wesentlich erleichtern.

Schwerpunkte der 8. Jahrgangsstufe

In der 7. Jahrgangsstufe kam es besonders darauf an, neues Selbstvertrauen aufzubauen und das Selbstwertgefühl zu stärken.
In der 8. Jahrgangsstufe rückt die Berufswahl näher und die Berufsorientierung wird zum besonderen Schwerpunkt dieser Jahrgangsstufe. In den praktischen Fächern kann sich der junge Mensch weiter erproben und unmittelbare Erfahrungen mit der Arbeitswelt machen: „Arbeit-Wirtschaft-Technik, Deutsch, aber auch die anderen Fächer bieten hierfür ihre Hilfen an. Mehr denn je wird es wichtig, dass die Schüler ihre eigenen Arbeiten organisieren können, sauber arbeiten, zuverlässig sind und mittels der gelernten und immer wieder zu vertiefenden Arbeits- und Lerntechniken in der Lage sind, fachlich richtig die ihnen aufgetragenen Aufgaben zu lösen und gebotene Chancen zu nutzen" (Lehrplan, Kapitel III, 1).

Der soziale Bereich

Die soziale Perspektive besitzt im Lehrplan eine besondere Bedeutung. In den Grundlagen und Leitlinien des Lehrplanes sowie in den fächerübergreifenden Unterrichts- und Erziehungsaufgaben findet man sehr viele Punkte, die diese Bedeutung unterstreichen:

„Die Schule setzt sich mit den Fragen und Herausforderungen der Zeit auseinander. Auch wenn sie diese nicht lösen kann, hat sie die Aufgabe, in der heranwachsenden Generation Verständnis für diese Anliegen anzubahnen und Bereitschaft zur Übernahme von Verantwortung zu wecken. Damit bereitet sie die Schüler auf die Wahrnehmung ihrer Rechte und Pflichten als mündige Bürger vor" (Lehrplan, Kapitel I, 2.4).

„Achtung vor der Würde jedes Menschen und Anerkennung der Menschenrechte sind Voraussetzungen für ein menschenwürdiges Zusammenleben. ... In der Schule und im alltäglichen Verhalten zwischen Buben und Mädchen, Jungen und Alten, Gesunden, Kranken und Hilfsbedürftigen, Menschen aus verschiedenen sozialen Gruppen, Ländern, Kulturkreisen und Religionen kann eingeübt werden, was die Achtung vor der Würde des Menschen praktisch bedeutet" (Kapitel II, 1.1).

„Die Schüler begegnen auch Menschen, die krank oder behindert oder aus anderen Gründen auf Hilfe angewiesen sind. Sie lernen, die Situation dieser Menschen richtig einzuschätzen, Rücksicht zu nehmen und sich ihnen gegenüber taktvoll zu verhalten. Sie entwickeln und erproben Möglichkeiten, wie sie ihnen helfen und mit ihnen zusammenleben können" (Kapitel II, 2.2).

„Die Schüler erfahren, welche Bedeutung die Zeit für das eigene Leben hat: als Arbeitszeit, Freizeit, Zeit zur Muße. ... Am wirkungsvollsten ist der Beitrag der Schule, wenn sie den Schülern in den Unterrichtsfächern und ... in außerschulischen Angeboten Erfahrungen ermöglicht, wenn sie Fertigkeiten einübt und durch das Tun Interessen weckt, die in entsprechenden Freizeitaktivitäten weitergeführt werden können" (Kapitel II, 2.4).

„Über grundlegende wirtschaftliche Sachverhalte und Zusammenhänge hinaus sind die Schüler auch über die Vielzahl ihrer beruflichen Möglichkeiten zu informieren. Sie erhalten Einblick in die Entwicklungstendenzen der Arbeits- und Wirtschaftswelt und erfahren, welche Anforderungen an Wissen und Können sowie an Einstellungen und Werthaltungen gestellt werden" (Kapitel II, 3.4).

Einerseits wird unsere Gesellschaft immer komplexer und schwieriger. Der Druck auf benachteiligte und schwächere Gruppen wird durch wirtschaftliche Probleme immer stärker. Die Basis der Solidargemeinschaft fängt an zu bröckeln. Eine wichtige Aufgabe der Schule ist es, dieser Entwicklung entgegenzuwirken.

Andererseits wurde das Fach Erziehungslehre aus dem Fächerkanon gestrichen. Umso wichtiger ist es, dass wir Fachlehrer/innen im Hauswirtschaftlich-sozialen Bereich das „S" in unserem Fach besonders groß schreiben.

Beispiel		Auswirkung
Die Schüler/innen lernen die Verhaltensregel: „Wir helfen schwächeren oder kleineren Schülern!"	**Wissen**	keine zwangsläufige Verhaltensänderung
Die Schüler/innen unterweisen als Experten im HsB Kinder im Plätzchenbacken	**Handeln**	positive Wirkung durch affektive Komponente
	Problembewusstsein	

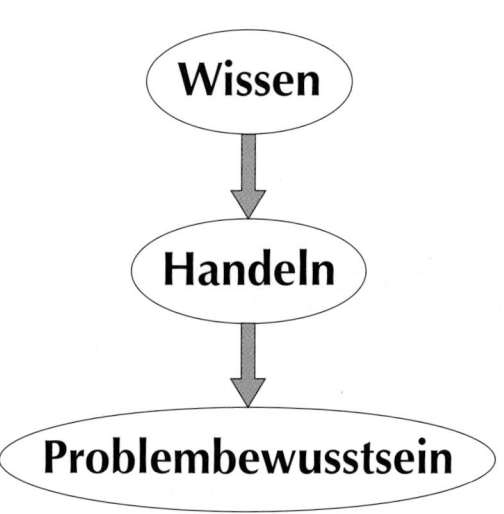

Unser Fach bietet die ideale Chance, soziales Verhalten einzuüben und Verhaltensänderungen anzubahnen. Hier sind wir als praktisches Fach dem Fach Erziehungslehre sogar weit überlegen. Wünschenswert wäre, das Fach HsB in der 8. Jahrgangsstufe verpflichtend für alle Schüler und Schülerinnen anzubieten.

EDV

„Eine neue Aufgabe wächst der Schule mit der Einführung in Grundlagen der Informations- und Kommunikationstechniken zu" (Lehrplan, Kapitel I).
Die Schüler/innen sollen eine Vielzahl von Einsatzmöglichkeiten des Computers in allen praktischen Lebens- und Arbeitsbereichen kennen lernen. Daher wurde dieser Lernbereich in der 8., 9. und 10. Jahrgangsstufe im Hs-Bereich neu eingeführt. Auf die Grundkenntnisse der 7. Jahrgangsstufe wird aufgebaut. Wir unterrichten jedoch Schüler/innen mit verschiedenen Vorkenntnissen.

Zu Lernbereich 8.8 „Einsatz des Computers zur Informationsbeschaffung und -verarbeitung" finden Sie zu folgendem Software-Programm/Anwenderprogramm Arbeitsblätter und Materialien (UE „Lebensmittel haltbar machen ...", S. 51 ff./ UE „Kleinstlebewesen in ihrer Vielfalt", S. 111 ff.):

„Mindestens haltbar bis ...",
Computerprogramm
Einzelplatzlizenz: Bestell-Nr. 3-3555,
ISBN 3-89661-724-9, € 26,00
Schullizenz: Bestell-Nr. 3-3583, ISBN 3-89661-770-2, € 102,00

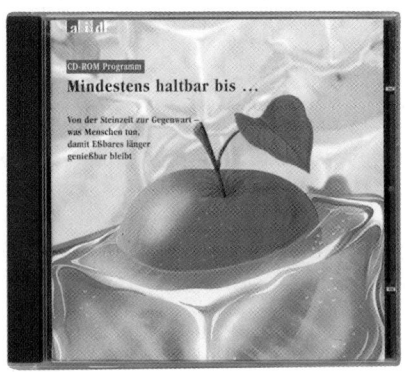

Bestelladresse:
aid infodienst
Verbraucherschutz, Ernährung, Landwirtschaft e. V.
Friedrich-Ebert-Straße 3
53177 Bonn
Telefon: 02 28/84 99-0
Fax: 02 28/84 99-1 77
Internet: www.aid.de
E-Mail: aid@aid.de
(Angaben Stand 2004! Bitte Programmvoraussetzung und Installationshinweise beachten!)

Diese EDV-Anwendungen stellen immer ein zusätzliches Differenzierungsangebot dar. Auch ohne den Einsatz dieses Anwenderprogramms können Sie den Anforderungen des Lehrplanes mit Hilfe der Kopiervorlagen gerecht werden.

Klassengebundener Lehrplan für die 8. Jahrgangsstufe, Hauswirtschaftlich-sozialer Bereich

Praktische Anmerkungen zum Lehrplan

„Der Lehrplan geht von einem durchschnittlichen Zeitbedarf von 25 Wochen aus. Bei insgesamt etwa 37 Unterrichtswochen steht ein entsprechender Freiraum zur Verfügung, der nicht von vornherein verplant werden darf. Er kann zur vertiefenden Behandlung einzelner Unterrichtsinhalte, zum Eingehen auf Schülerinteressen, zum erzieherischen Gespräch und für die Gestaltung des Schullebens verwendet werden" (Lehrplan, Kapitel I).

Fächerübergreifender Unterricht ist eine wichtige Forderung des Lehrplanes. Um thematische Überschneidungen zu vermeiden, muss die inhaltliche Stoffverteilung der einzelnen Fächer am Anfang des Schuljahres aufeinander abgestimmt werden. Um Ihnen diese Kooperation zu erleichtern, haben wir bei jeder Unterrichtseinheit auf mögliche fächerübergreifende Themen in anderen Fächern hingewiesen.

Übersicht über die Lernbereiche

Gesellschaftliche Ziele:
- Menschenwürde
- Frieden
- Freiheitliche Ordnung
- Deutschland, Europa, Welt
- Interkulturelle Erziehung
- Umwelt

Auftrag der Hauptschule Kapitel I

Persönliche Ziele:
- Gesundheit
- Sexualität, Partnerschaft, Familie
- Verbrauchererziehung
- Freizeit
- Medien
- Verkehrs- und Sicherheitserziehung

HsB, 8. Jahrgangsstufe
Übersicht über die Lernbereiche
Kapitel II und III

Aktuelle Entwicklungen
Lernbereich 5:
Aktuelle Informationen wahrnehmen und bewerten

Soziales Handeln im Bezugsrahmen des Haushalts
Lernbereich 6:
Soziale Verhaltensweisen in der Teamarbeit und in Betreuungssituationen

Lernbereich 7:
Pflege von Esskultur als Lebensstil

Haushalten/Ernähren
Lernbereich 1: Planen und Beschaffen
Lernbereich 2: Gesunderhaltung und Ernähren
Lernbereich 3: Lebensmittel auswählen und verarbeiten
Lernbereich 4: Orientierung über Tätigkeiten im privaten Haushalt und in einschlägigen Berufen

Nutzung des Computers
Lernbereich 8:
Einsatz des Computers zur Informationsbeschaffung und -verarbeitung

Projekt
Lernbereich 9:
Schüler arbeiten am Projekt „Generationen begegnen sich"

KtB, Deutsch, Geschichte/Sozialkunde/Erdkunde, Religion, Musik

Klassengebundener Lehrplan für die 8. Jahrgangsstufe, HsB mit fächerübergreifenden Hinweisen

UE	LZ	Praktische Arbeitsaufgabe	Thema	LZ	Fächerübergreifende Hinweise
1 (S. 17 ff.)	8.1.1 8.3.2 8.6.1	PAA: Türkisches Teegebäck *oder* Schweinsöhrchen *oder* Zwetschgendatschi *oder* Apfeldatschi GMA: Backen	**Der Arbeitsplatz Schulküche ist uns bekannt** – Arbeiten im Team – Ämterplan – Klären organisatorischer Punkte: Kochgeld, Kleidung, Mappenführung, Hygienemaßnahmen usw.		
2 (S. 25 ff.)	8.1.2 8.3.2	PAA: Feine Cremesuppen, Blätterteigmonde *oder* Spargelcocktail GMA: Kochen	**Der sinnvolle Geräteeinsatz** – Geräteeinsatz unter wirtschaftlichen, ergonomischen und umweltbewussten Gesichtspunkten – Arbeiten mit Bedienungsanleitungen – Beachten von Sicherheitsbestimmungen – Ökonomisches und ökologisches Handeln	8.5 8.1.2 8.2.2	**Physik/Chemie/Biologie** Umgang mit Elektrizität **Deutsch** Sich und andere informieren Sach- und Gebrauchstexte lesen, verstehen und beurteilen
3 (S. 31 ff.)	8.1.2 8.3.2	PAA: Reisfleisch *oder* Gulaschsuppe GMA: Druckgaren	**Keine Angst vor dem Dampfdrucktopf** – Geräteeinsatz unter wirtschaftlichen, ergonomischen und umweltbewussten Gesichtspunkten – Arbeiten mit Bedienungsanleitungen – Beachten von Sicherheitsbestimmungen	8.1.2 8.2.2	**Deutsch** Sich und andere informieren Sach- und Gebrauchstexte lesen, verstehen und beurteilen
4 (S. 37 ff.)	8.1.2 8.3.2	PAA: Pellkartoffeln mit Kräuterquark *oder* Erdäpfelkas mit Brot GMA: Druckgaren	**Übung macht den Meister/die Meisterin** – Schriftliche Probe – Wiederholung des Schnellkochtopfes		

UE	LZ	Praktische Arbeitsaufgabe	Thema	LZ	Fächerübergreifende Hinweise
5 (S. 43 ff.)	8.1.1 8.1.2 8.3.2	PAA: Brotzeitspieße oder Schweinsöhrchen (Whg.) oder Gulaschsuppe (Whg.)	**Die Küche – ein Ort des Wirtschaftens und Arbeitens** – Beschaffung – Produktion: Vorbereitung, Fertigung/Zubereitung, Wartezeit – Evtl. Absatz (Pausenverkauf)	8.1 8.1.2 8.1.3 8.1.4	**Arbeit-Wirtschaft-Technik** Der Betrieb als Ort des Wirtschaftens und Arbeitens – Beschaffung – Produktion – Absatz
6 (S. 46 ff.)	8.1.1 8.3.2 8.4.1 8.4.2 8.6.1 8.7.2	PAA: Torte schwarz-weiß oder Gefüllte Paprikaschoten, gedünsteter Reis GMA: Backen oder Dünsten, Druckgaren	**Wir planen unsere Kochaufgabe** – Arbeitsvorhaben in Arbeitsschritte gliedern – Organisationsplan – Sachgerechte, rationelle Ausführung – Wiederholung des Dampfdrucktopfes (Paprikaschoten)		
7 (S. 51 ff.)	8.1 8.2 8.3.1 8.3.2 8.8.1	PAA: Z. B. eingelegter Kürbis, Marmelade, getrocknete Kräuter …	**Lebensmittel haltbar machen und bevorraten – ein Thema mit Variationen** – Bedeutung der Vorratshaltung (früher – heute) – Individuelle Vorratshaltung – Einfache Konservierungsmaßnahmen – Bewertung: ökonomisch, ideell – Optionales Arbeiten mit einem Anwenderprogramm: „Mindestens haltbar bis …" (aid)		
8 (S. 62 ff.)	8.1 8.2 8.3	PAA: Verschiedene Gemüse einfrieren	**Tiefgefrieren – gewusst wie!** – Auswahl des Gefriergutes – Vorbereiten und Blanchieren von Gemüse – Geeignete Verpackung – Umgang mit dem Tiefkühlgut		

Klassengebundener Lehrplan für die 8. Jahrgangsstufe, HsB mit fächerübergreifenden Hinweisen

UE	LZ	Praktische Arbeitsaufgabe	Thema	LZ	Fächerübergreifende Hinweise
9 (S. 66 ff.)	8.1 8.2 8.3	PAA: Dünstgemüse, Blechkartoffeln GMA: Dünsten, Backen	**Der Vier-Sterne-Vorrat** – Bewerten des Schockfrostens – Lagerregeln – Umgang mit der Tiefkühlkost		
10 (S. 70 ff.)	8.3	PAA: Marillenringe GMA: Backen	**Weihnachtliches Backen** – Grundrezept Mürbteig – Herstellen und Verarbeiten eines Mürbteiges		
11 (S. 73 ff.)	8.1.1 8.3.2 8.7.1 8.7.2	PAA: Latkes, Tel Kadayif, Elisenlebkuchen, Vanillekipferl GMA: Backen VT: Plätzchen verzieren	**Wir feiern ein Fest** – Ein Fest der Juden: Chanukka – Ein Fest der Mohamedaner: Id al-Fitr (kleiner Beiram) – Ein Fest der Christen: Weihnachten – Brauchtum in Auswahl und Präsentation von Speisen und Getränken aufzeigen – Tischgestaltung unter Berücksichtigung des Jahresfestkreises	8.4.1 8.3.2	**Katholische Religionslehre** Jüdisches Glaubensleben – Frömmigkeit, Feste und Brauchtum **Evangelische Religionslehre** Miteinander verbunden – Gemeinsamkeiten im jüdischen und christlichen Glauben
12 (S. 77 ff.)	8.1.1 8.1.2 8.3.1 8.3.2	PAA: Kreolisches Reisgericht GMA: Dünsten	**Der lange Weg von Lebensmitteln** – Vergleich eines Lebensmittels aus der Region, dem europäischen Ausland (EU) und aus Übersee – Im- und Export von Obst und Gemüse – Verkehrsaufkommen und Konsum	8.1.2 8.4.1 8.4.2	**Physik/Chemie/Biologie** Bodenqualität – Gefährdung und Vernichtung des Bodens **Geschichte/Sozialkunde/Erdkunde** Boden als Nutzfläche Boden als Ernährungsgrundlage

UE	LZ	Praktische Arbeitsaufgabe	Thema	LZ	Fächerübergreifende Hinweise
13 (S. 82 ff.)	8.1.1 8.1.2 8.3.1 8.3.2	PAA: Marinierte Birnen oder Rhabarber-Erdbeergrütze GMA: Kochen	**Schlemmen hat seinen Preis** – Ökologische, ökonomische und soziale Konsequenzen – Naturbelassene, regionale, saisonale Lebensmittel mit Produkten der Lebensmittelindustrie vergleichen	8.4.2	**Geschichte/Sozialkunde/ Erdkunde** Boden als Ernährungsgrundlage in Deutschland
14 (S. 87 ff.)	8.1.1 8.3.2	PAA: Tomaten-Quiche GMA: Backen	**Rund um den Mürbteig** – Mengenverhältnis des Mürbteiges – Der pikante Mürbteig – Abwandlungsmöglichkeiten des Mürbteiges		
15 (S. 95 ff.)	8.1.1 8.3.2 8.7.1 8.7.2		**Probekochen – Wir stellen unser Können unter Beweis**		
16 (S. 100 ff.)	8.1.1 8.2.2 8.3.2	PAA: Pizzabaguette GMA: Überbacken	**Nur ein bisschen Schimmel** – Ursachen des Lebensmittelverderbs – Vorkommen von Mikroorganismen – Maßnahmen zur Vermeidung gesundheitlicher Gefährdung – Notwendige Hygienemaßnahmen bei Vorbereitung, Zubereitung und Lagerung von Lebensmitteln und Speisen		

Klassengebundener Lehrplan für die 8. Jahrgangsstufe, HsB mit fächerübergreifenden Hinweisen

UE	LZ	Praktische Arbeitsaufgabe	Thema	LZ	Fächerübergreifende Hinweise
17 (S. 105 ff.)	8.1.1 8.2.2 8.3.2 8.5.1 8.8.2	PAA: Hähnchenragout mit Tomaten, Baguette *oder* Sesamhähnchen mit Joghurtdip, gedünsteter Reis GMA: Schmoren	**Salmonellen – eine Gefahr für unsere Gesundheit** – Ursachen des Lebensmittelverderbs – Vergiftungserscheinungen – Maßnahmen zur Vermeidung gesundheitlicher Gefährdung – Aktuelle Informationen wahrnehmen und bewerten – Informationen nutzen und Informationen über Salmonellenvergiftungen einholen, z. B. im Internet	8.3.2 8.1.5 8.3 8.2.1	**Physik/Chemie/Biologie** Infektionskrankheiten **Sport** Hygiene und Ernährung **KtB** Telekommunikation/Internet **Informatik** Beschaffung und Auswertung von Informationen
18 (S. 111 ff.)	8.1.1 8.2.2 8.3.1	PAA: Hamburger *oder* Himbeer-Grießspeise GMA: Kochen oder Braten in der Pfanne	**Kleinstlebewesen in ihrer Vielfalt** – Arten und Vorkommen von Kleinstlebewesen – Wirkung – Maßnahmen zur Vermeidung gesundheitlicher Gefährdung	8.3.2 8.1.5	**Physik/Chemie/Biologie** Infektionskrankheiten **Sport** Hygiene und Ernährung
19 (S. 119 ff.)	8.1.2 8.2.1 8.2.2 8.3.1	PAA: Apfelstrudel (gekaufter Strudelteig), Vanillesoße GMA: Backen	**So natürlich wie möglich!** – Ursachen von Schadstoffbelastungen in Lebensmitteln – Erkennen der Risiken industriell hergestellter Nahrung – Regeln für eine gesunde Ernährung – Gerichte der konventionellen Herstellung mit Fertigprodukten vergleichen und bewerten	8.3.1	**Physik/Chemie/Biologie** Ernährung und Verdauung

UE	LZ	Praktische Arbeitsaufgabe		Thema	LZ	Fächerübergreifende Hinweise
20 (S. 126 ff.)	8.1.1 8.1.2 8.2.1 8.2.2 8.7.1	PAA: GMA:	Buntes Gyros, Paprikareis Braten in der Pfanne, Dünsten	**Ist Fastfood immer ein Genuss?** – Entwicklung des Ernährungsverhaltens: Arbeitssituation, Einfluss auf Altersgruppen usw. – Ernährungsphysiologische Bewertung – Ökologische und ökonomische Bewertung	8.3.1 8.1.5	**Physik/Chemie/Biologie** Ernährung und Verdauung **Sport** Hygiene und Ernährung
21 (S. 132 ff.)	8.1 8.2 8.3	PAA: oder oder GMA:	Fischstäbchen Chicken-Nuggets Getreideschrotbratlinge Braten in der Pfanne	**Die Ernährungsprofis** – Schriftliche Probe (Ernährungslehre)		
22 (S. 136 ff.)	8.4.1 8.4.2 8.6.1 8.6.2	PAA: GMA:	Zwetschgenbavesen Ausbacken	**Die Betreuung von Mitmenschen** – Lebenssituationen im Vergleich: Arbeiten, Haushalten, Ernähren, Zusammenleben, Feste und Feiern – Bedürfnisse von Menschen – Rollenveränderungen – Betreuung von Kindern und Hilfsbedürftigen – Soziale Einrichtungen	8.2.2	**Katholische Religion** Kirche in unserer Gesellschaft – Sozial-caritative und seelsorgliche Dienste
23 (S. 145 ff.)	8.1.1 8.4.1 8.4.2 8.6.1 8.6.2	PAA: GMA:	Freundschaftsplätzchen nett verpackt (Mitbringsel) Backen	**Wir planen einen Kontaktbesuch im Kindergarten** – Einrichtung Kindergarten – Umgang mit Kindern – Organisation des Besuches im Kindergarten	8.5.1	**Evangelische Religion** Lebendige Kirche – Diakonie am Ort – Besuch einer Einrichtung, z.B. Kindergarten
24 (S. 150)	8.4.1 8.4.2 8.6.1 8.6.2			**Wir sind Gast im Kindergarten** – Arbeit mit dem Erkundungsbogen		

Klassengebundener Lehrplan für die 8. Jahrgangsstufe, HsB mit fächerübergreifenden Hinweisen

UE	LZ	Praktische Arbeitsaufgabe	Thema	LZ	Fächerübergreifende Hinweise
25 (S. 154 ff.)	8.3.2 8.4.1 8.4.2 8.6.2	PAA: Würstchen im Teigmantel, Windräder, Fruchtkränzchen, Tomaten-Gurken-Schiffchen *oder* Brotzeitspieße (Whg.) GMA: Backen	**Der Umgang mit Kindern will geübt sein** – Schön waren die Zeiten im Kindergarten! – Was Kinder gerne essen	8.3 8.3.3	**Arbeit-Wirtschaft-Technik** Die persönliche Berufsorientierung Entscheidungsphase und kritische Bestandsaufnahme des eigenen Berufswahlprozesses
26 (S. 159 ff.)	8.8.1 8.8.3		**Einladungen machen neugierig** – Wir gestalten eine Einladung für den Besuch der Kinder – Arbeiten mit Anwenderprogrammen – Erstellen und Formatieren eines vorgegebenen Textes	8.3.1 8.2	**Deutsch** Texte vorbereiten, schreiben und überarbeiten **KtB** Dokumentbearbeitung/ -gestaltung
27	8.3.2 8.6.1 8.6.2	PAA: Zubereitung der ausgewählten Aufgaben	**Wir haben Gäste** – Durchführen einer Aktion mit einer ausgewählten Zielgruppe, Gegenbesuch der Kinder – Eigene Fähigkeiten bei der Betreuung reflektieren		

UE	LZ	Praktische Arbeitsaufgabe	Thema	LZ	Fächerübergreifende Hinweise
28 (S. 161 ff.)	8.3.2 8.4.1 8.4.2	PAA: Spaghetti Bolognese GMA: Kochen	**Welche Berufe im sozialen Bereich sind für mich interessant?** – Überblick über Berufe im sozialen Bereich – Erfahrungen im Hinblick auf eine berufliche Orientierung – Erforderliche Fähigkeiten – Persönliche Interessen und Neigungen – Selbsteinschätzung hinsichtlich des eigenen Berufswunsches – Erfahrungen, Erlebnisse reflektieren	8.3 8.2.2 8.5 8.2	**Arbeit-Wirtschaft-Technik** Die persönliche Berufsorientierung **Katholische Religionslehre** Kirche in unserer Gesellschaft – Verantwortung übernehmen **Evangelische Religionslehre** Verantwortung übernehmen – Dienste der Kirche an der Gesellschaft **Ethik** Das Leben in die eigenen Hände nehmen

Realisierung des klassengebundenen Lehrplans

Praktische Tipps zum Einsatz der Unterrichtsmaterialien

Zu jeder UE finden Sie:

- Artikulation
- Lernziele
- Medienübersicht
- evtl. unterrichtspraktische Hinweise
- Medien als Kopiervorlagen zur Gestaltung des Unterrichts, z. B. Bilder, Arbeitsaufträge, Lernzirkel, Spiele usw.
- evtl. Rezeptbaustein(e) zum Austauschen
- Arbeitsblatt bzw. -blätter als Kopiervorlage(n) für die Hand der Schüler/innen
- Lösungsvorschläge für die Arbeitsaufgaben (z. T. verkleinert)

Umgang mit Kopiervorlagen

Für manche Unterrichtsmaterialien, wie z. B. Spiele, ist es ratsam, diese evtl. auf farbiges Papier zu kopieren und zu laminieren.

Bei manchen Stundenvorschlägen finden Sie Rezeptbausteine zum Austauschen vor. So können Sie die Arbeitsblätter auch individuell neu zusammenstellen. Schüler/innen genießen es, wenn sie zwischen 2 Alternativen wählen können!

Zu allen relevanten Arbeitsaufgaben und Arbeitsblättern gibt es Lösungsvorschläge, die nicht verbindlich sind, aber eine Orientierung bieten sollen. Diese sind zumeist verkleinert und – wo möglich – nahe bei den Arbeitsaufgaben (mit Seitenangabe) abgedruckt.

Langfristige Organisation des Faches HsB

UE „Lebensmittel haltbar machen …", S. 51 ff.: Gläser mit Schraubverschlüssen, Gefrierbehälter, z. B. Eisdosen sammeln.

UEs aus dem sozialen Bereich (z. B. S. 154 ff.): Bilder, z. B. Kalenderblätter, die Emotionen auslösen können, diverse Einladungskarten, Kassetten mit ruhiger Musik (Meditation) sammeln.

Halten Sie einige Zeit vor UEs zum sozialen Bereich Ausschau in der Presse nach aktuellen Artikeln/Schlagzeilen über Flüchtlingsprobleme, Heimskandale, Abschiebehaft, Amnesty International usw.

Unterrichtseinheiten

Der Arbeitsplatz Schulküche ist uns bekannt

Artikulation:

Anfangsphase: Sammlung von Wünschen: S schreiben Wünsche auf Plakatstreifen, L ordnet in Gruppen und stellt Wünsche vor

1. Teilziel: Wir arbeiten im Team: Goldene Regeln für den Unterricht in HsB, Kochgruppeneinteilung, Ämterverteilung

2. Teilziel: Zubereiten der Kochaufgabe in Teamarbeit

3. Teilziel: Klären organisatorischer Punkte: Ämterplan, Kochgeld, Mappenführung

4. Teilziel: Hygienemaßnahmen, Partnerarbeit (Differenzierungsangebot für schnellere Gruppen)

GZF: Durchgängiges Unterrichtsprinzip „Einer für alle, alle für einen", Diskussion

Lernziele:

Die Schüler/innen sollen ...
... den Wert der Teamarbeit erkennen und schätzen.
... Regeln zum Unterricht im HsB aufstellen und kennen.
... Hygienemaßnahmen nennen und befolgen.

Medien:

Plakatstreifen, Klebepunkte, Folien, Stifte, Arbeitsblätter, Spiel für Gruppeneinteilung

Hinweise:

– Nach der Anfangsphase werden die Vorstellungen der Schüler/innen ausgewertet.
  Erkenntnis: Jede/r hat persönliche Vorstellungen und setzt andere Schwerpunkte. Um gut miteinander auszukommen und einen harmonischen, effektiven Unterricht zu erleben, müssen Kompromisse gefunden und gemeinsame Regeln befolgt werden. Je nach Zeit können die Regeln gelesen und besprochen oder im Klassenverband erarbeitet werden.
– Möglichkeiten der Kochgruppeneinteilung:
  1. Nach persönlichen Vorlieben der Schüler/innen (Vorsicht!)
  2. Getrennte Mädchen- und Jungengruppen (bewährte Lösung!)
  3. Zufällige Gruppeneinteilung mittels Spiel
– Für das 3. Teilziel sind nur bedingt Unterlagen erstellt (Ämterplan), da die zu behandelnden Punkte zu schulspezifisch sind bzw. zu sehr der Vorstellung der einzelnen Lehrkraft unterliegen.

Plakatstreifen (Anfangsphase)

(Die Plakatstreifen hängen an der Tafel. Jeder erhält 5 Wertungspunkte und vergibt sie an Aussagen, die für ihn von besonderer Bedeutung sind – einzeln oder gehäuft. Ergänzungen sind gewünscht!)

Im HsB möchte ich ...	... erfahren, wie man ein Fest vorbereitet
... nur meine Zeit absitzen	... viele einheimische Gerichte kochen
... viel über gesunde Ernährung erfahren	... den Einsatz neuer Geräte, z. B. Mikrowelle, Dampfdrucktopf erproben
... einen Beitrag zum Umweltschutz leisten	... in einer netten Gruppe arbeiten
... viele ausländische Gerichte kochen	... moderne Methoden der Haushaltsführung kennen lernen
... Berufsmöglichkeiten im Hauswirtschaftlich-sozialen Bereich kennen lernen	... mit dem PC arbeiten

Spiel zur Kochgruppeneinteilung

a) Beliebiges handelsübliches Quartett (Austeilen oder Ziehenlassen der Karten – passende Spielkarten bilden eine Kochgruppe).
b) Selbstgemachtes Quartett: Je nach Schülerzahl gibt man drei oder vier Karten aus, bei 17 Schülern und mehr die übergeordnete Karte zusätzlich.

Ämterplan = Herdamt, Spülamt, Trockenamt, Ordnungsamt
Kaffeeservice = Tasse, Untertasse, Kuchenteller, Tortenplatte
Besteck = Gabel, Messer, Suppenlöffel, Teelöffel
Kochgeschirr = Kuchenblech, Pfanne, Topf, Backform

ÄMTERPLAN	KAFFEESERVICE	BESTECK	KOCHGESCHIRR
HERDAMT	TASSE	GABEL	KUCHENBLECH
SPÜLAMT	UNTERTASSE	MESSER	PFANNE
TROCKENAMT	KUCHENTELLER	SUPPENLÖFFEL	TOPF
ORDNUNGSAMT	TORTENPLATTE	TEELÖFFEL	BACKFORM

Rezeptbaustein zum Austauschen

Schweinsöhrchen

Menge	Zutaten	Zubereitung
1 Packung (300 g) etwa 100 g	tiefgefrorener Blätterteig Zucker	

Zubereitung:
1. Blätterteigscheiben nebeneinander legen und auftauen lassen.
2. Die Scheiben mit etwas Zucker bestreuen. Scheiben aufeinander legen und auf einer gezuckerten Arbeitsfläche zu einer Platte (20 cm × 30 cm) ausrollen.
3. Die Längsseiten zur Mitte hin zusammenschlagen.
4. Das Teigblatt bezuckern und nochmals zusammenschlagen.
5. Von diesem Teigpaket 1 cm breite Scheiben abschneiden.
6. Das Backblech mit kaltem Wasser abspülen, die Scheiben mit der Schnittfläche aufs Blech legen, genügend Zwischenraum lassen.

Backzeit: 8–12 Min., nach 6 Min. wenden
Backtemperatur: 220° C

Der Arbeitsplatz Schulküche ist uns bekannt

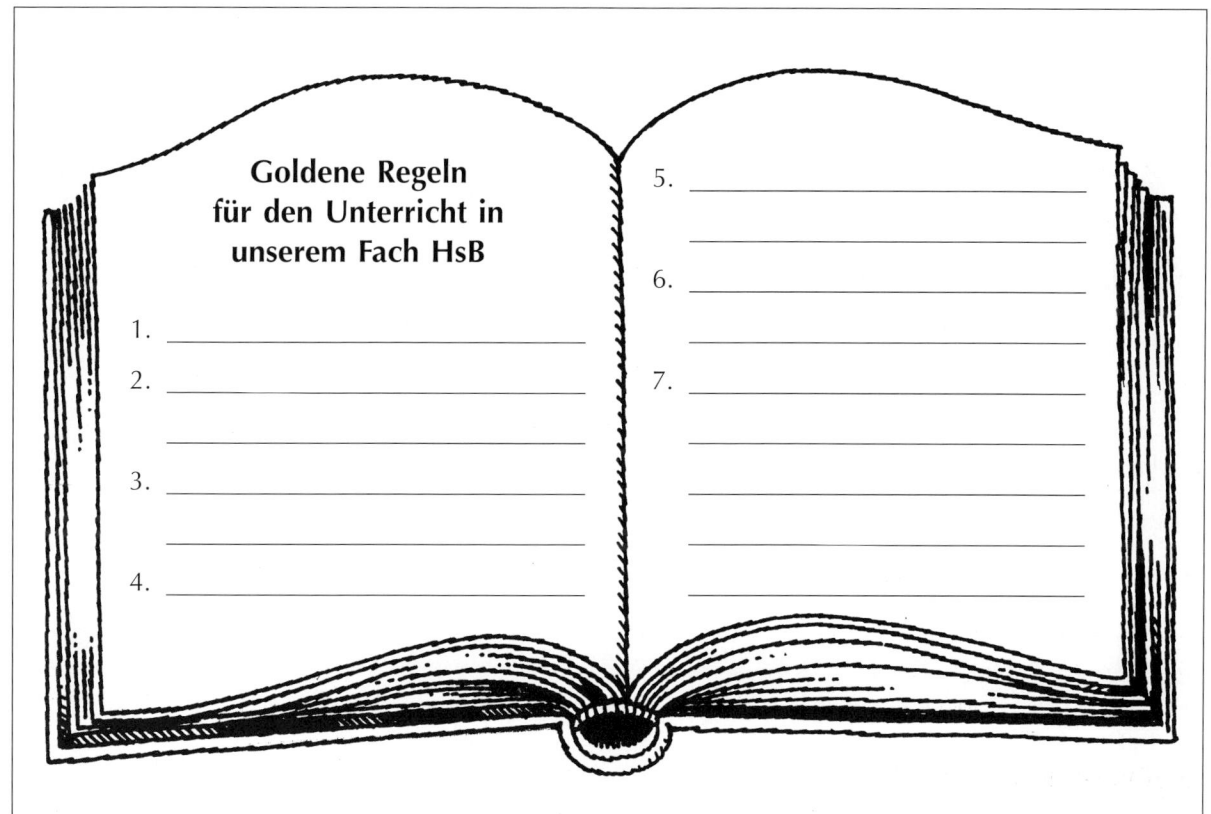

Goldene Regeln für den Unterricht in unserem Fach HsB

1. ___
2. ___
3. ___
4. ___
5. ___
6. ___
7. ___

Türkisches Teegebäck

Menge	Zutaten	Zubereitung
400 g	Mehl	Zutaten mit dem Rührgerät zu Brösel verarbeiten
200 g	Zucker	
200 g	Margarine oder Butter	
1 TL	Margarine	– Blech fetten, bröseligen Teig auf das Blech drücken
		– nach dem Backen noch heiß in Rauten schneiden
	Puderzucker	– mit Puderzucker bestäuben

Backzeit: 15 Min.
Backtemperatur: 200° C

Lösungsvorschlag zu S. 19

| Name: | Klasse: 8 | Datum: | HsB | Nr.: |

Der Arbeitsplatz Schulküche ist uns bekannt

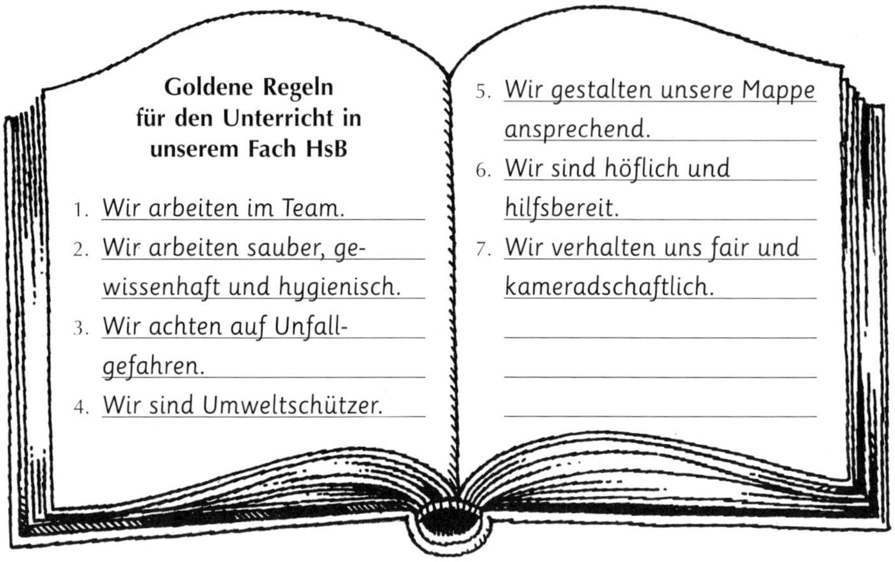

Goldene Regeln für den Unterricht in unserem Fach HsB

1. <u>Wir arbeiten im Team.</u>
2. <u>Wir arbeiten sauber, gewissenhaft und hygienisch.</u>
3. <u>Wir achten auf Unfallgefahren.</u>
4. <u>Wir sind Umweltschützer.</u>
5. <u>Wir gestalten unsere Mappe ansprechend.</u>
6. <u>Wir sind höflich und hilfsbereit.</u>
7. <u>Wir verhalten uns fair und kameradschaftlich.</u>

Arbeitsteilige Partnerarbeit (4. Teilziel)

Aufgabe: Warum ist Hygiene in der Küche unerlässlich?

Medien: Arbeitsblatt, evtl. als Folie, Bleistift oder Folienstift

Der Arbeitsplatz „Küche" verlangt in besonderer Weise, dass sauber gearbeitet wird. Unser Wohlergehen und unsere Gesundheit sind davon abhängig.
In der Schulküche arbeiten mehrere Schüler in einer Koje zusammen und erstellen gemeinsam ein Gericht. Es möchte sicher jeder, dass er diese Mahlzeit in der Schule wie auch daheim – mit Appetit verzehren kann, dass er sich wohl fühlt und nicht krank wird. Hierfür muss jeder in der Gruppe Verantwortung tragen und seinen Beitrag leisten.

Arbeitsaufträge:

Gruppe 1 und 2 – Persönliche Hygiene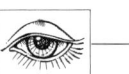

1. Betrachte die Bilder auf dem Arbeitsblatt genau. Formuliere zu jedem Bild eine treffende Hygieneregel.
2. Trage sie unter die jeweilige Abbildung ein.
3. Versuche, diese Regel mündlich zu begründen. Lies dazu den obigen Text.

Gruppe 3 und 4 – Hygiene am Arbeitsplatz

1. Betrachte die Bilder auf dem Arbeitsblatt genau.
   Formuliere für die 1. Bildreihe eine gemeinsame Hygieneregel,
   für jedes Bild der 2. Bildreihe eine passende Hygieneregel.
2. Trage sie unter die jeweilige Abbildung ein.
3. Versuche, diese Regel mündlich zu begründen. Lies dazu den obigen Text.

Der Arbeitsplatz Schulküche ist uns bekannt

Der Arbeitsplatz Küche verlangt in besonderer Weise, dass sauber gearbeitet wird, deshalb achten wir auf

1. Persönliche Hygiene

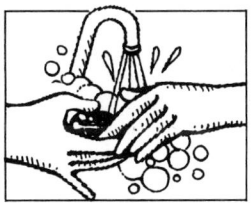 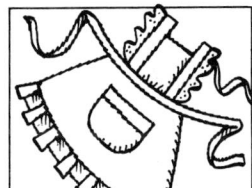  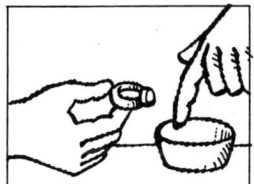

   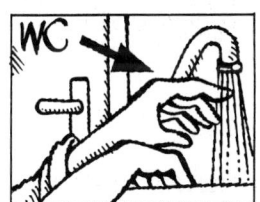

2. Hygiene am Arbeitsplatz

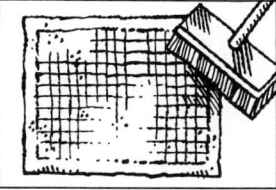 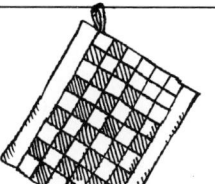 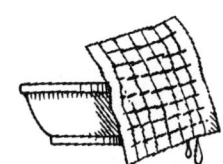 

| Name: | Klasse: 8 | Datum: | **HsB** | Nr.: |

_____

Folgende Arbeiten sind vor dem Unterricht zu erledigen:

_____
_____
_____

Amt	vor dem Unterricht	während des Unterrichts	nach dem Unterricht
Herdamt		helfen	
Spülamt		wir	
Trockenamt		alle	
Ordnungsamt		zusammen	

Lösungsvorschlag zu S. 21

Name: | Klasse: 8 | Datum: | HsB | Nr.:

Der Arbeitsplatz Schulküche ist uns bekannt

Der Arbeitsplatz Küche verlangt in besonderer Weise, dass sauber gearbeitet wird, deshalb achten wir auf

1. Persönliche Hygiene

Hände gründlich waschen	Schürze anziehen	Haare zusammenbinden	Schmuck ablegen
Speisen mit Probierlöffel abschmecken	Wunden sauber verbinden	nach dem Husten oder Naseputzen Hände waschen	nach dem Toilettengang Hände reinigen

2. Hygiene am Arbeitsplatz

Tücher bereitlegen und entsprechend ihres Zweckes verwenden

Abfallschüssel benutzen	Ordnungstopf aufstellen	für Sauberkeit am Arbeitsplatz sorgen

---

Lösungsvorschlag zu S. 22

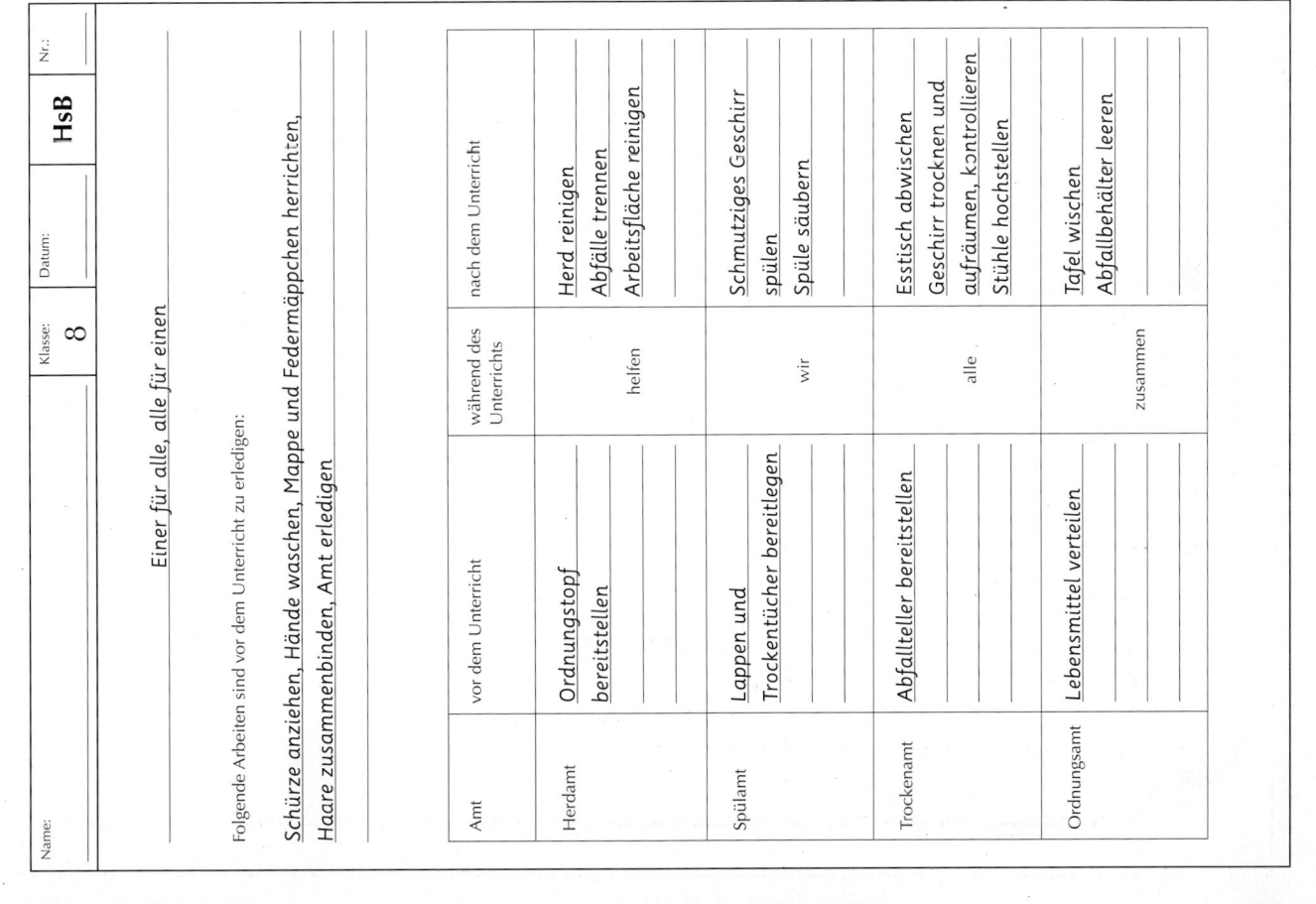

Name: | Klasse: 8 | Datum: | HsB | Nr.:

Einer für alle, alle für einen

Folgende Arbeiten sind vor dem Unterricht zu erledigen:

Schürze anziehen, Hände waschen, Mappe und Federmäppchen herrichten, Haare zusammenbinden, Amt erledigen

Amt	vor dem Unterricht	während des Unterrichts	nach dem Unterricht
Herdamt	Ordnungstopf bereitstellen	helfen	Herd reinigen, Abfälle trennen, Arbeitsfläche reinigen
Spülamt	Lappen und Trockentücher bereitlegen	wir	Schmutziges Geschirr spülen, Spüle säubern
Trockenamt	Abfallteller bereitstellen	alle	Esstisch abwischen, Geschirr trocknen und aufräumen, kontrollieren, Stühle hochstellen
Ordnungsamt	Lebensmittel verteilen	zusammen	Tafel wischen, Abfallbehälter leeren

Unterrichtssequenzen Hauswirtschaftlich-sozialer Bereich, © Auer Verlag GmbH, Donauwörth
Als Kopiervorlage freigegeben

Zwetschgendatschi

Menge	Zutaten	Zubereitung	Mengenverhältnis der Zutaten
Grundrezept:	**Quark-Öl-Teig**		
150 g	Quark	⎫	
75 g	Zucker	⎬ verrühren	
1 Päckchen	Vanillezucker	⎪	
6 El	Öl	⎪	
6 EL	Milch	⎭	
300 g	Mehl	⎫ mischen, sieben, die Hälfte	1 Teil 2 Teile 4 Teile
1 Päckchen	Backpulver	⎬ unterrühren, den Rest unterkneten	Zucker Quark Mehl
1 TL	Margarine	– Blech fetten, Teig auswellen	25 g 50 g 100 g
Belag:			
1,5 kg	Zwetschgen	– waschen, abtropfen, an der Naht einschneiden, entsteinen, die Hälften von der Spitze her nochmals einschneiden	2 EL Öl 2 EL Milch 1 TL Backpulver
		– die Zwetschgen in dichten Reihen dachziegelartig auf den Teig legen	
		Backzeit: 20–30 Min. **Backtemperatur:** 200–220° C	
50 g	Zucker	⎫ auf den noch warmen	
½ TL	Zimt	⎭ Kuchen streuen	

Variation: Apfeldatschi

Menge	Zutaten	Zubereitung
1,5 kg	Äpfel	– schälen, vierteln, entkernen und in schmale Spalten schneiden
100 g	Mandelblättchen	⎫
50 g	Zucker	⎬ vor dem Backen darüberstreuen
½ TL	Zimt	⎭

Der sinnvolle Geräteeinsatz

Artikulation:

Anfangsphase: Verschiedene Geräte/Maschinen
1. Teilziel: Vorbereiten der Kochaufgabe
2. Teilziel: Arbeitsteilige Gruppenarbeit
3. Teilziel: Fertigstellen der Kochaufgabe, Bewerten der Geräte
GZF: Benoten/Bewerten des Geräteeinsatzes, Arbeitsblatt

Medien:

Verschiedene Küchengeräte, Arbeitsblatt, Folien

Hinweis:

Der Auftrag der Gruppe 4 ist für die schwächste Gruppe geeignet.

Lernziele:

Die Schüler/innen sollen ...
... ein sinnvolles Gerät zum Pürieren einer Suppe auswählen und die Wahl begründen können.
... wissen, welche zwei Zeichen die Betriebssicherheit gewährleisten.
... wissen, wovon der Einsatz/Kauf eines Gerätes abhängt und wann der Einsatz/Kauf eines Elektrogerätes sinnvoll ist.

Arbeitsteilige Gruppenarbeit (2. Teilziel)

Gruppe 1

Medien: Arbeitsblatt evtl. als Folie, Folienstift

1. Lies den Text genau durch.
2. Wann ist der Einsatz eines elektrischen Küchengerätes sinnvoll?
3. Trage deine Ergebnisse stichpunktartig im Arbeitsblatt ein.

Häufig werden mehrere Gerätetypen angeboten, mit denen man im Grunde die gleiche Arbeit im Haushalt ausüben kann – technisch einfache bis technisch aufwändige Geräte. Mit allen fünf folgenden Geräten kann man z. B. Eiklar zu Eischnee schlagen.

  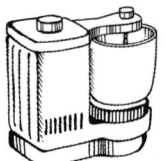

Mit technischen Geräten hat man einen guten Arbeitserfolg, wenn sie in kurzer Zeit ein möglichst gutes Arbeitsergebnis liefern.
Weiterentwickelte Geräte, vor allem elektrisch betriebene Geräte, können zu besseren Arbeitsergebnissen führen als einfache Handgeräte. Teige z. B., die mit dem Elektroquirl oder der Küchenmaschine hergestellt werden, können noch lockerer werden als mit dem Schneebesen.
Dass elektrische Geräte schneller arbeiten, wird besonders deutlich, wenn man größere Mengen zubereitet.
Elektrische Geräte sind oft aufwändiger in der Vorbereitung (z. B. Küchenmaschine aufbauen) und in der Reinigung (mehrere Teile müssen abgespült werden).
Überlege also immer, welches Gerät für die jeweilige Arbeit am geeignetsten ist.

Gruppe 2

Medien:
Arbeitsblatt evtl. als Folie, Folienstift

1. Lies den Text genau durch.
2. Woraus setzen sich die Kosten für ein Küchengerät zusammen? Ergänze das Arbeitsblatt.
3. Wovon hängt es ab, ob sich eine Familie ein Küchengerät kauft? Ergänze das Arbeitsblatt.

Bei der Wirtschaftlichkeit eines Gerätes geht es darum, die Gesamtkosten zu ermitteln und sie im Verhältnis zu dem erreichten Nutzen zu sehen.
Vor dem Kauf sollten die Gesamtkosten überdacht werden. Diese setzen sich aus verschiedenen Teilbeträgen zusammen:
- *Die Anschaffungskosten, also der Preis eines Gerätes.*
- *Betriebskosten sind die Kosten, welches ein Gerät verursacht, z. B. Strom oder Reinigungsmittel.*
- *Nicht zu vergessen sind die Reparatur- und Entsorgungskosten, die evtl. anfallen können.*
- *Die voraussichtliche Lebensdauer eines Gerätes sollte man auch mit einbeziehen.*
- *Eine lange Lebensdauer rechtfertigt z. B. hohe Anschaffungskosten.*

Die Entscheidung, ob ein bestimmtes größeres technisches Gerät gekauft werden soll, hängt auch noch von der jeweiligen Situation eines Haushaltes ab. Wie viel Geld steht der Familie zur Verfügung (Einkommen)? Auch die Anzahl der Personen, die im Haushalt leben, ist zu berücksichtigen und schließlich, ob Hausmann/-frau berufstätig ist/sind.
Der Wohn- und Lebensstil einer Familie schwankt zwischen großen und kleinen Ansprüchen.

Gruppe 3

Medien:
Arbeitsblatt evtl. als Folie, Folienstift

1. Lies den Text genau durch. Sieh dir die Zeichen an.
2. Beschrifte die Zeichen am Arbeitsblatt.
3. Bilde einen Merksatz.

Betriebssicherheit:

Wie dir aus dem Physikunterricht bekannt ist, können Elektrogeräte nur dann gefahrlos genützt werden, wenn Elektroinstallationen (Steckdosen, Kabel) und die Geräte selbst in einwandfreiem Zustand sind.
Auf vielen Geräten findest du Prüfzeichen, die einen sicheren und reibungslosen Einsatz gewährleisten. Nur Geräte mit den folgenden Zeichen sollten gekauft werden:

Das VDE-Zeichen

VDE ist die Abkürzung für „Verein deutscher Elektrotechniker". Auf Wunsch der Herstellungsfirma prüft er Elektroartikel wie Sicherungen, Stecker und Leuchten auf ihre elektrische Sicherheit. Ebenso werden Elektrogeräte wie Haartrockner und Waschmaschinen geprüft. Im Zweifel sollte man nur Geräte mit dem VDE-Zeichen kaufen.

Das GS-Zeichen

Bei Produkten mit dem Zeichen für „Geprüfte Sicherheit" wird von einer behördlich zugelassenen Prüfstelle getestet, ob sie die Bestimmungen des Gerätesicherheitsgesetzes erfüllen. Gültig ist das Symbol nur, wenn die Prüfstelle angegeben ist (z. B. „GS-TÜV-Rheinland"). Dann sind mechanische Sicherheit (z. B. Standfestigkeit) und elektrische Sicherheit (z. B. Kabelanschluss bei Toastern) garantiert.

Gruppe 4

1. Suche in deiner Koje Geräte heraus, mit denen du die Suppe pürieren oder mixen kannst.
2. Welches Gerät würdest du heute zum Pürieren der Suppe verwenden?
3. Welche Geräte würdest du dir auch kaufen?
   Begründe deine Entscheidung.

Medien:
verschiedene Küchengeräte

Folie (GZF)

(Eventuell auf die Rückseite des Arbeitsblattes von S. 30 kopieren.)

| Name: | Klasse: 8 | Datum: | HsB | Nr.: |

Welche Geräte eignen sich zum Pürieren/Mixen der Suppe?

Aufgabe: Bewerte die einsetzbaren Geräte anhand der Auswahlkriterien. Benote mit 1, 2 oder 3.

Kriterien:	Geräte		
	Pürierstab	Mixer	Passiersieb
Arbeitserfolg/-ergebnis			
Arbeitserleichterung			
Betriebssicherheit			
Wirtschaftlichkeit (Preis)			

Rezeptbausteine zum Austauschen

Kerbel- oder Basilikumcremesuppe

Menge	Zutaten	Zubereitung
1 Bund	Suppengrün	– waschen, putzen, kleinschneiden
150 g	Kartoffeln	– waschen, schälen, würfeln
1	Zwiebel	– würfeln
1 EL	Butter	– Zwiebel, Gemüse und Kartoffeln andünsten
¾ l	Fleisch- oder Gemüsebrühe	– aufgießen, ca. 20 Min. garen
1 Bund	Kerbel oder Basilikum	– waschen, fein schneiden oder hacken, zur Suppe geben und diese pürieren (etwas Kräuter zum Garnieren zurückbehalten)
etwas	Salz	⎫
1 Prise	Pfeffer	⎬ Suppe abschmecken
1 Prise	Muskat	⎭
½ Becher	Schlagsahne	Suppe verbessern, mit Kräutern und
½ Becher	saure Sahne oder Crème fraîche	Sahnehäubchen anrichten

Brokkoli- oder Lauchcremesuppe

Menge	Zutaten	Zubereitung
750 g	Brokkoli oder	– putzen, waschen, in Röschen teilen, Stielenden klein hacken
2 Stangen	Lauch	– putzen, der Länge nach halbieren, waschen, in feine Ringe schneiden
1	Zwiebel	– fein würfeln, in
2 EL	Butter	– andünsten
		Brokkoli oder Lauchringe zugeben, andünsten
1½ Tassen	Instant Haferflocken	– zum Gemüse geben, mitdünsten
¾ l	Gemüsebrühe	– aufgießen, Suppe garen 20–25 Min., pürieren
etwas	Salz, Pfeffer	⎫ würzen
1 Prise	Muskat	⎭
½ Packung	tiefgekühlte Kräutermischung	– zugeben
	Zitronensaft	– abschmecken
¼ l	Sahne	– verbessern
		Suppe mit Blätterteigmonden anrichten

Blätterteigmonde

Menge	Zutaten	Zubereitung
1	Scheibe Blätterteig (TKK)	leicht auswellen Monde ausstechen (evtl. mit einem Glas)
1	Ei	verquirlen Monde mit dem Ei bestreichen
1 EL oder	Leinsamen Sesam, Mohn	Monde bestreuen, backen **Backzeit:** 8–10 Min. **Temperatur:** 180–200° C Monde auf die fertige Suppe legen

Spargelcocktail

Menge	Zutaten	Zubereitung
1 Glas	Spargel	abtropfen, in ca. 3 cm lange Stücke schneiden
150 g	Cocktailtomaten	waschen, evtl. schneiden
1 kleine	Avocado	schälen, halbieren, entkernen, in Spalten schneiden
2 El	Zitronensaft	Avocado beträufeln
	Basilikum	waschen, schneiden, alle Zutaten vorsichtig mischen, in Gläser füllen
100 g	Frischkäse	} glatt rühren
3 EL	Milch	
	Salz, Pfeffer	würzen, Frischkäsemasse auf den Spargelcocktail geben
	Zitronenscheiben	garnieren

Lösungsvorschlag zu S. 30

Name:		Klasse: 8	Datum:	HsB	Nr.:

Der sinnvolle Geräteeinsatz

Der Einsatz elektrischer Küchengeräte ist sinnvoll, wenn sie Folgendes gewährleisten:

- <u>guter Arbeitserfolg (z. B. eine bessere Schaummasse)</u>
- <u>Arbeitserleichterung (z. B. bei großen Mengen)</u>
- <u>Zeitersparnis</u>
- Betriebssicherheit:

 <u>Geprüfte</u> <u>Sicherheit</u>

 <u>Verein deutscher</u> <u>Elektrotechniker</u>

Merke: Kaufe nur Elektrogeräte, die diese Zeichen tragen.

Bedenke bei der Anschaffung eines Küchengerätes die Wirtschaftlichkeit und Haushaltssituation wie z. B.:

- die Kosten: <u>Anschaffungskosten</u> <u>Reparaturkosten</u>
  <u>Betriebskosten</u> <u>Entsorgungskosten</u>
- die Familiensituation: <u>Anzahl der Familienmitglieder</u>
  - <u>Einkommen</u>
  - <u>Lebensstil</u>

| Name: | Klasse: 8 | Datum: | HsB | Nr.: |

Der sinnvolle Geräteeinsatz

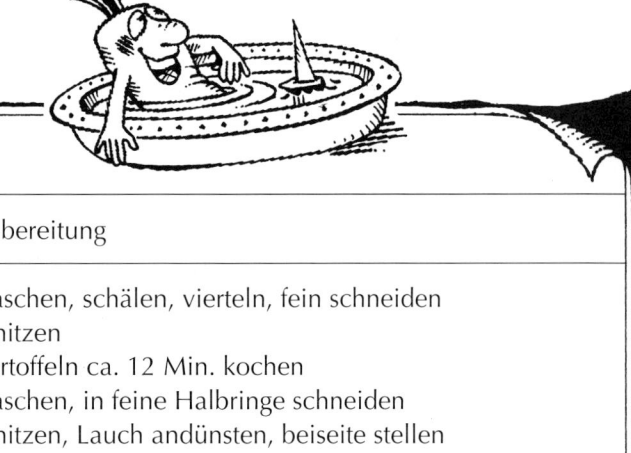

Feine Kartoffelrahmsuppe

Menge	Zutaten	Zubereitung
3	mittelgroße Kartoffeln	waschen, schälen, vierteln, fein schneiden
¾ l	Brühe	erhitzen
		Kartoffeln ca. 12 Min. kochen
½ Stange	Lauch	waschen, in feine Halbringe schneiden
15 g	Butter	erhitzen, Lauch andünsten, beiseite stellen
100 ml	Sahne	zu den Kartoffeln gießen
		Kartoffelsuppe pürieren/mixen
1 Prise	Zucker	abschmecken
		Lauch zugeben
½ Bund	Petersilie	waschen, zupfen, wiegen, Suppe garnieren

Der Einsatz elektrischer Küchengeräte ist sinnvoll, wenn sie Folgendes gewährleisten:

- _____
- _____
- _____

- **Betriebssicherheit**

 _____  _____

Merke: _____

Bedenke bei der Anschaffung eines Küchengerätes die Wirtschaftlichkeit und Haushaltssituation wie z. B.:

- die Kosten:
  - _____
  - _____
  - _____
  - _____

- die Familiensituation:
  - _____
  - _____
  - _____

Keine Angst vor dem Dampfdrucktopf

Artikulation:

Anfangsphase: Folie „Steckbrief"
1. Teilziel: Vorbereiten der Kochaufgabe
2. Teilziel: Einsatz des Dampfdrucktopfes, L-S-Vorarbeit, Arbeiten mit Bedienungsanleitung, Sicherung (Arbeitsblatt, Plakat)
3. Teilziel: Zubereitung der Kochaufgabe
4. Teilziel: Beurteilung wirtschaftlicher, ergonomischer und umweltbewusster Gesichtspunkte des Dampfdrucktopfes, Partnerarbeit, Diskussion, Sicherung (Plakat)
GZF: Geschichte über die Entwicklung des Druckgarens (Text, Folie)

Lernziele:

Die Schüler/innen sollen ...

... die Teile des Dampfdrucktopfes benennen können.
... mit der Bedienungsanleitung arbeiten.
... den Topf bei der Nahrungszubereitung fachgerecht einsetzen.
... Regeln zum sicheren Gebrauch des Dampfdrucktopfes formulieren.
... die Garmachungsart Druckgaren definieren.
... den Einsatz des Dampfdrucktopfes unter wirtschaftlichen, ergonomischen und umweltbewussten Gesichtspunkten beurteilen.

Medien:

Folie „Steckbrief", Wortkarten mit Bedienungsanleitung, Plakat mit Wortkarten, Folien, Arbeitsblatt

Folie (Anfangsphase)

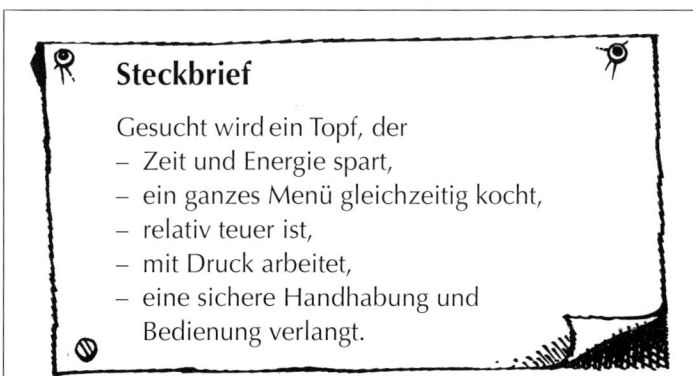

Steckbrief

Gesucht wird ein Topf, der
- Zeit und Energie spart,
- ein ganzes Menü gleichzeitig kocht,
- relativ teuer ist,
- mit Druck arbeitet,
- eine sichere Handhabung und Bedienung verlangt.

Wortkarten: Einsatz des Dampfdrucktopfes (2. Teilziel)

Füllen

Damit der nötige Dampf zum Dampfgaren entstehen kann, muss mindestens ¼ l Flüssigkeit zugegeben werden.

Schließen

1. Wische den Topfrand mit einem sauberen Tuch ab.
2. Lege den Deckel so auf, dass die Markierung am Deckel über dem Topfgriff steht.
3. Drücke leicht auf den Deckel und schiebe die Griffe zueinander, bis die Verriegelung einrastet.

Garen

1. Schalte die Herdplatte auf die höchste Stufe.
2. Wenn Dampf austritt, den Kochregler schließen.
3. Wenn der 1. Ring sichtbar wird, die Herdplatte auf die Hälfte zurückschalten.
4. Die eigentliche Garzeit beginnt erst, wenn der 2. Ring des Druckanzeigers sichtbar ist.

Achtung! Den Dampfdrucktopf während der gesamten Garzeit im Auge behalten.

Öffnen

Um Unfälle zu vermeiden, darf der Topf erst geöffnet werden, wenn der Druckanzeiger abgesunken und somit kein Druck mehr im Topf ist.

Es gibt 3 Möglichkeiten:
1. Topf einfach abkühlen lassen, bis der Druckanzeiger ganz zurückgegangen ist.
2. Topf in das Spülbecken stellen und kaltes Wasser über den Deckel laufen lassen. Vorsicht, der Druckanzeiger soll nicht vom Wasserstrahl getroffen werden!
3. Topf mit Hilfe des Kochreglers abdampfen. Vorsicht, Verbrühgefahr durch austretenden Dampf!

Plakat (Sicherung 2. Teilziel)

Der Dampfdrucktopf

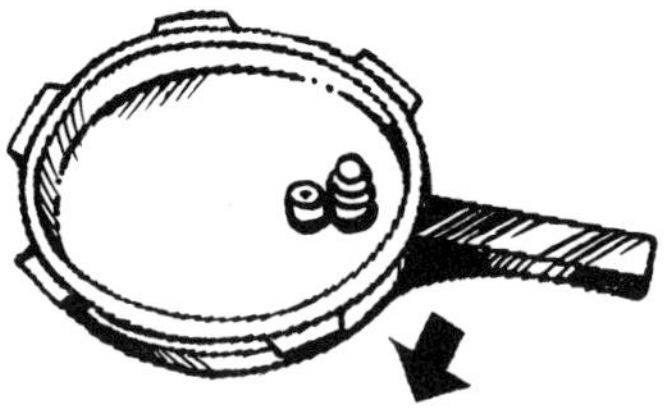

Vorteile und **Nachteile** des Dampfdrucktopfes

- Druckanzeiger
- Kochregler
- Griffe
- Deckel mit Gummiring

- Zeitersparnis
- Energieersparnis
- nährstoffschonend
- weniger Kochdunst
- teuer
- Gefahr: heißer Dampf
- Beobachtungsaufwand

Partnerarbeit (4. Teilziel: Bewertung)

Aufgabe: Wir bewerten den Einsatz des Dampfdrucktopfes

Medien:
Wortkarten für die Sicherungsphase, Plakat

1. Lies den Text genau durch.
2. Unterstreiche die Vor- und Nachteile des Dampfdrucktopfes.

Im verriegelten Dampfdrucktopf steigt die Temperatur durch Druck auf 105–120° C. Weniger Kochdunst strömt aus.

Im herkömmlichen Kochtopf siedet Wasser bei 100° C. Durch die höhere Temperatur im Dampfdrucktopf garen die Speisen bis zu 70% schneller.

	Dampfdrucktopf	Normaler Topf
Garzeit für Rindfleisch	12 Min.	40 Min.

Durch die Garzeitverkürzung spart man viel Energiekosten; die Vitamine und andere Nährstoffe bleiben besser erhalten. Die Lebensmittel verlieren weniger von ihrem Eigengeschmack.

Der Umgang mit dem Dampfdrucktopf muss allerdings gelernt sein. Sowohl beim Garen als auch beim Öffnen gibt es ein hohes Unfallrisiko.

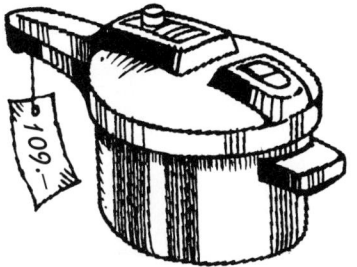 

Text (GZF)

Geschichte über die Entwicklung des Dampfdrucktopfes

Um das Jahr 1800 wurde der französische Feinschmecker Brillant Savarin von einem Vetter zu einem Gastmahl geladen. Er kam vorzeitig und fand das Ehepaar in heftigem Streit über die Zubereitung eines Steinbutts, weil er größer war als alle vorhandenen Töpfe. Der Vetter wollte ihn zweiteilen, die Gattin nicht. Auch Savarin wollte den Fisch ungeteilt zubereiten und fand einen genialen Ausweg. Ein Waschkessel mit wenig Wasser wurde angeheizt, ein Weidengeflecht daraufgelegt und auf dieses eine Lage aus feinen Küchenkräutern. Dann legte er den Fisch darauf und deckte ihn mit Kräutern zu. Über das Ganze wurde ein Holzfass gestülpt und rundum trockener Sand aufgehäuft, der das Entweichen des Dampfes verhindern sollte.

Das Ergebnis war ein wunderbar weißes Fischfleisch von hervorragend feinem Geschmack.

Die Gäste erklärten bei dem Festmahl, noch nie einen so herrlichen Fisch gegessen zu haben.

Folie (GZF)

Bild auf DIN A5 vergrößern

Rezeptbaustein zum Austauschen

Gulaschsuppe

Menge	Zutaten	Zubereitung
300 g	mageres Rindfleisch	– waschen, in kleine Würfel schneiden
50 g	Fett	– Fleisch anbraten
3	Zwiebeln	– würfeln, zugeben
1 Zehe	Knoblauch	– zerdrücken, zugeben
2 TL	Paprika	⎱ zum Würzen
	Salz	⎰
1–2 EL	Mehl	– über das Fleisch stauben, etwas anrösten
1 Prise	Thymian	⎱ zum Würzen
je ½ TL	Majoran und Kümmel	⎰
2–3 EL	Tomatenmark	– unterrühren
1–1½ l	Brühe	– aufgießen, garen
etwas	Sahne	– zum Abschmecken

Garzeit im Dampfdrucktopf: 20 Min.
GMA: Druckgaren

Lösungsvorschlag zu S. 35

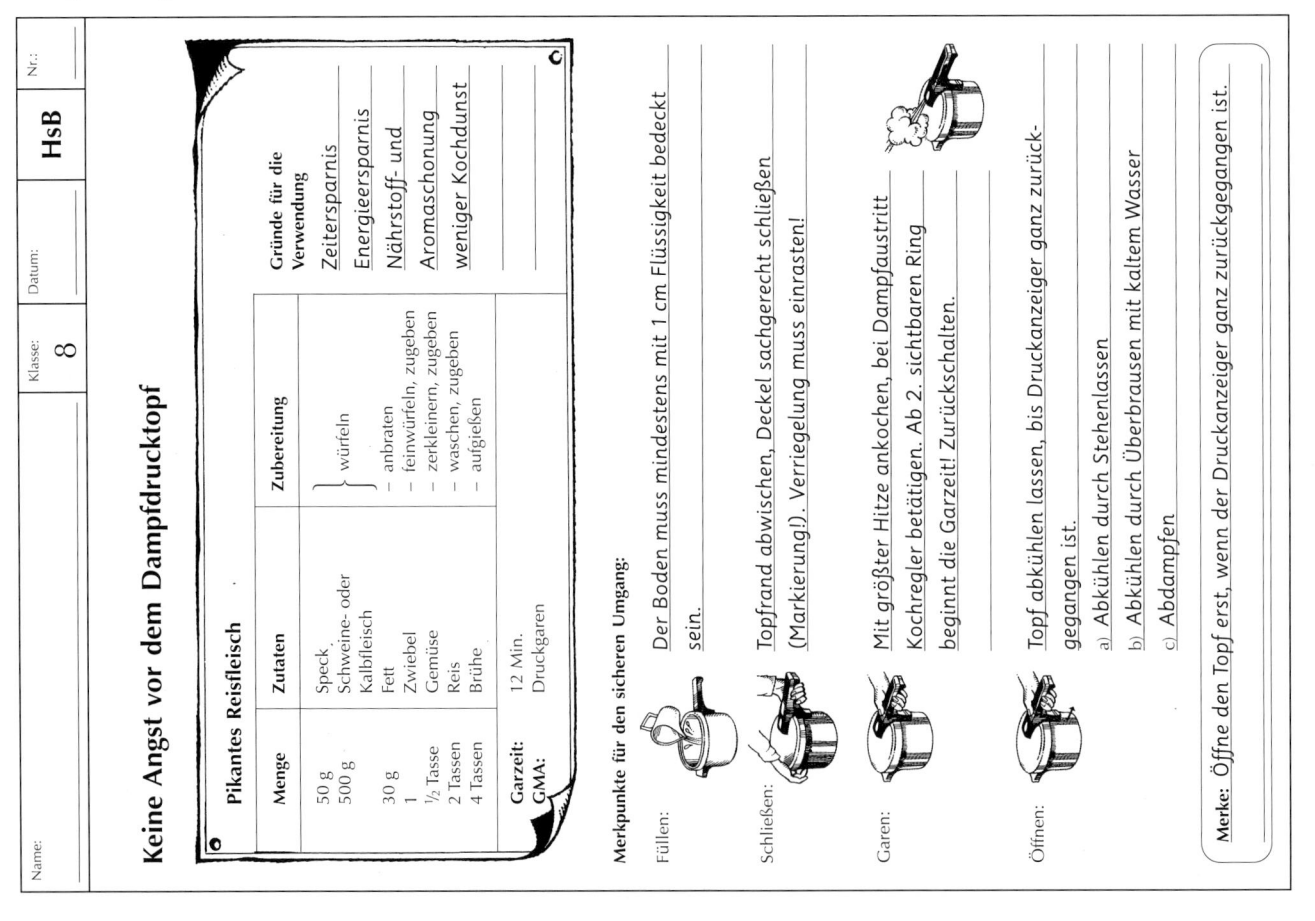

Name: _____ Klasse: 8 Datum: _____ HsB Nr.: _____

Keine Angst vor dem Dampfdrucktopf

Pikantes Reisfleisch

Menge	Zutaten	Zubereitung
50 g	Speck,	⎱ würfeln
500 g	Schweine- oder Kalbfleisch	⎰
30 g	Fett	– anbraten
1	Zwiebel	– feinwürfeln, zugeben
½ Tasse	Gemüse	– zerkleinern, zugeben
2 Tassen	Reis	– waschen, zugeben
4 Tassen	Brühe	– aufgießen

Garzeit: 12 Min.
GMA: Druckgaren

	Gründe für die Verwendung
	Zeitersparnis
	Energieersparnis
	Nährstoff- und Aromaschonung
	weniger Kochdunst

Merkpunkte für den sicheren Umgang:

Füllen: Der Boden muss mindestens mit 1 cm Flüssigkeit bedeckt sein.

Schließen: Topfrand abwischen, Deckel sachgerecht schließen (Markierung!). Verriegelung muss einrasten!

Garen: Mit größter Hitze ankochen, bei Dampfaustritt Kochregler betätigen. Ab 2. sichtbaren Ring beginnt die Garzeit! Zurückschalten.

Öffnen: Topf abkühlen lassen, bis Druckanzeiger ganz zurückgegangen ist.
a) Abkühlen durch Stehenlassen
b) Abkühlen durch Überbrausen mit kaltem Wasser
c) Abdampfen

Merke: Öffne den Topf erst, wenn der Druckanzeiger ganz zurückgegangen ist.

| Name: | Klasse: 8 | Datum: | **HsB** | Nr.: |

Keine Angst vor dem Dampfdrucktopf

Pikantes Reisfleisch

Menge	Zutaten	Zubereitung
50 g	Speck	} würfeln
500 g	Schweine- oder Kalbfleisch	
30 g	Fett	– anbraten
1	Zwiebel	– fein würfeln, zugeben
½ Tasse	Gemüse	– zerkleinern, zugeben
2 Tassen	Reis	– waschen, zugeben
4 Tassen	Brühe	– aufgießen

Garzeit: 12 Min.
GMA: Druckgaren

Gründe für die Verwendung

_____
_____
_____
_____
_____
_____
_____

Merkpunkte für den sicheren Umgang:

Füllen: _____

Schließen: _____

Garen: _____

Öffnen: _____
a) _____
b) _____
c) _____

Merke: _____

Rohe Salate

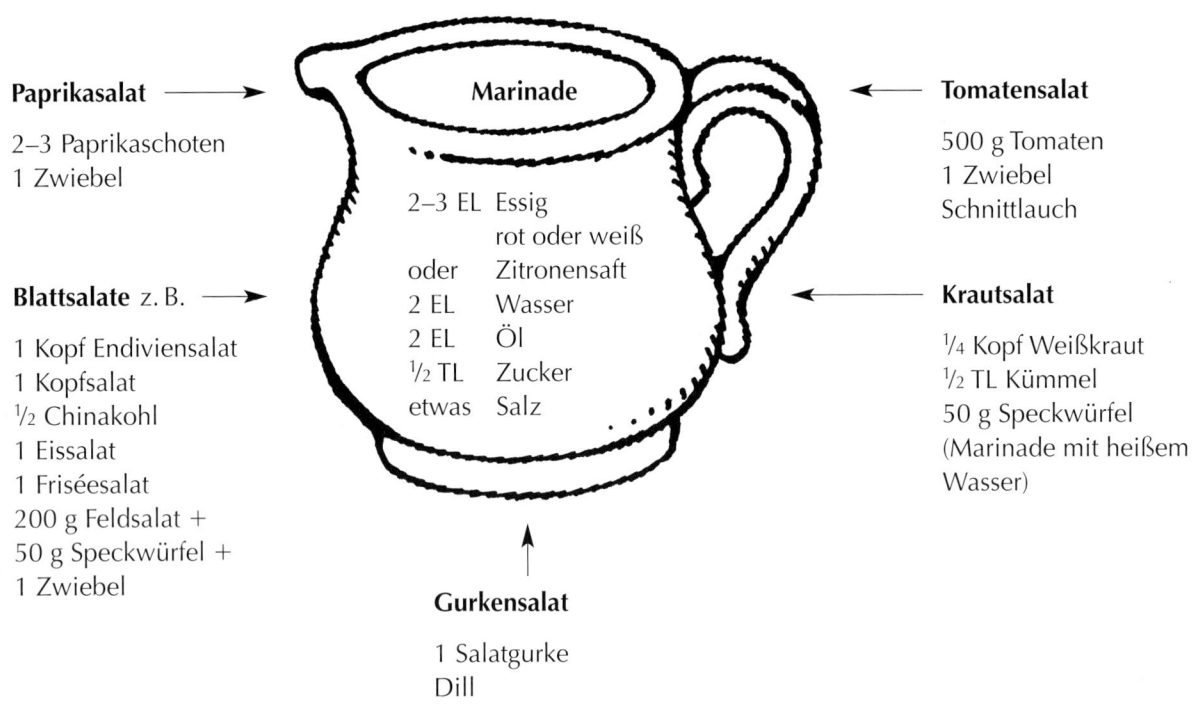

Paprikasalat
2–3 Paprikaschoten
1 Zwiebel

Blattsalate z. B.
1 Kopf Endiviensalat
1 Kopfsalat
½ Chinakohl
1 Eissalat
1 Friséesalat
200 g Feldsalat +
50 g Speckwürfel +
1 Zwiebel

Marinade
2–3 EL Essig
     rot oder weiß
oder Zitronensaft
2 EL Wasser
2 EL Öl
½ TL Zucker
etwas Salz

Gurkensalat
1 Salatgurke
Dill

Tomatensalat
500 g Tomaten
1 Zwiebel
Schnittlauch

Krautsalat
¼ Kopf Weißkraut
½ TL Kümmel
50 g Speckwürfel
(Marinade mit heißem Wasser)

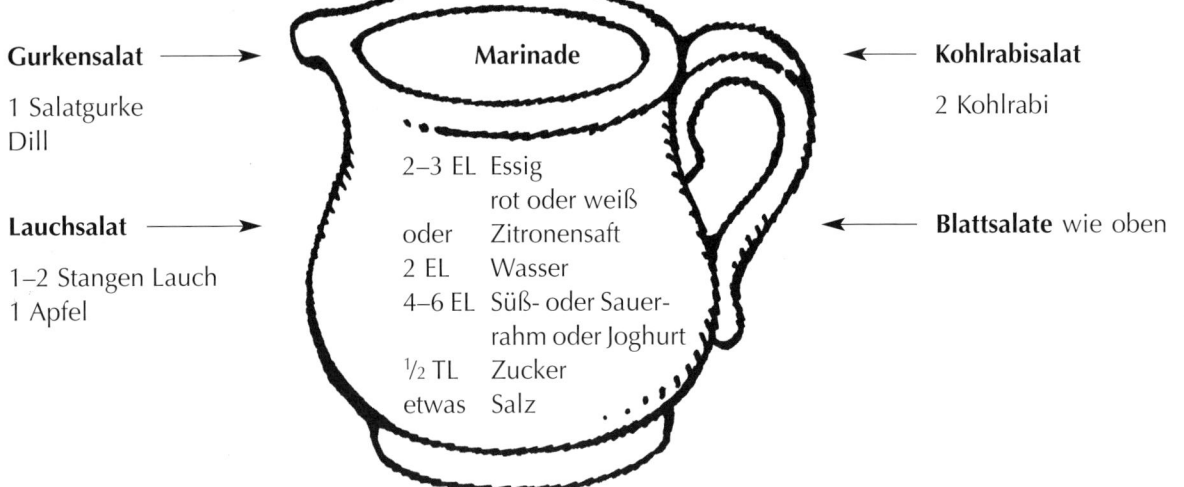

Gurkensalat
1 Salatgurke
Dill

Lauchsalat
1–2 Stangen Lauch
1 Apfel

Marinade
2–3 EL Essig
     rot oder weiß
oder Zitronensaft
2 EL Wasser
4–6 EL Süß- oder Sauer-
      rahm oder Joghurt
½ TL Zucker
etwas Salz

Kohlrabisalat
2 Kohlrabi

Blattsalate wie oben

Merke:
1. Zwiebeln und Kräuter in der Marinade ziehen lassen!
2. Salatmarinaden trotz der Mengenangaben immer abschmecken!
3. Angemachte Salate nochmals abschmecken!

Übung macht den Meister/die Meisterin

Artikulation:

Anfangsphase: Sprichwörter (Folie):
Bezugnehmend auf die letzte Stunde suchen die Schüler/innen aus verschiedenen Sprichwörtern das heutige Stundenthema aus, um Sicherheit im Umgang mit dem Dampfdrucktopf zu erhalten.
1. Teilziel: Schriftlicher Leistungsnachweis
2. Teilziel: Zubereiten der Kochaufgabe
– Rezeptbesprechung
– Praktische Wiederholung der Bedienung des Dampfdrucktopfes
– Vertiefung: Kennenlernen weiterer Abkühlungsmöglichkeiten (L-Vorführung, Achtung Unfallgefahr!)
GZF: Kreuzworträtsel

Lernziele:

Die Schüler/innen sollen ...
… einen schriftlichen Leistungsnachweis erbringen.
… Sicherheit im Umgang mit dem Dampfdrucktopf erhalten.
… den Dampfdrucktopf zur Kochaufgabe fachlich richtig und selbstständig bedienen.
… die Garzeit von Pellkartoffeln im Dampfdrucktopf und im Normalkochtopf vergleichen und die Vorteile des Dampfdrucktopfes ableiten.

Medien:

Folien, Arbeitsblatt, Probe

Folie (Anfangsphase)

Was der Bauer nicht kennt, isst er nicht.

Wenn's dem Esel zu gut geht, geht er aufs Eis.

Morgenrot – Schlechtwetterbot

Morgenstund hat Gold im Mund.

Übung macht den Meister!

Folie: Versuch im Klassenverband (2. Teilziel)

(Auftrag für 1 Schüler/in)

Aufgabe:	**Vergleich der Garzeiten im Dampfdrucktopf und im Normalkochtopf**
Versuchsanordnung:	Die gleiche Menge gewaschener Kartoffeln wird gleichzeitig in einem Kartoffeldämpfer (oder Normalkochtopf) und in einem Dampfdrucktopf gekocht.
Durchführung:	1. Wähle für den Versuch Kartoffeln in ähnlicher Größe aus. 2. Wasche sie sorgfältig und fülle sie mit mind. ¼ l Wasser in die Töpfe ein. 3. Messe die Ankochzeit. Sie beginnt mit dem Einschalten der Kochstelle und endet, wenn das Wasser siedet, bzw. die gewünschte Druckstufe erreicht ist. Trage die Ankochzeit in die Tabelle ein. 4. Schalte zum Fortkochen zurück. Messe die Fortkochzeit. Sie beginnt mit dem Zurückschalten der Kochstelle und endet, wenn die Garzeit vorüber ist bzw. die Kartoffeln gar sind. Beim Dampfdrucktopf entspricht die Garzeit der Fortkochzeit. Trage die Fortkochzeit in die Tabelle ein. 5. Vergleiche nun die Zeit.

	Dampfdrucktopf	Normalkochtopf
Ankochzeit		
Fortkochzeit	10–12 Min.	

Auswertung: _____

Methodisch-didaktische Anregungen zum Versuch

- Treffpunkt zum Versuch und zum Kennenlernen des Siebeinsatzes nach dem Waschen der Kartoffeln in einer Koje.
- Vorstellen des Versuchs anhand der Folie.
Der Versuch findet nur in einer Koje statt.
Befüllen des Normalkochtopfes oder Kartoffeldämpfers durch L-Vorarbeit.
Befüllen und Schließen des Dampfdrucktopfes durch S-Vorarbeit.
- S, der/die für die Kartoffeln zuständig ist, misst und notiert die Zeiten und trägt sie in die Tabelle ein.

Rezeptbausteine zum Austauschen

Erdäpfelkas mit Brot

Menge	Zutaten	Zubereitung
750 g	mehlige Kartoffeln	– waschen, garen, schälen, durch die Kartoffelpresse drücken
½ Becher	saure Sahne	} zugeben
½ Becher	süße Sahne	} vermengen
1	Zwiebel	– fein geschnitten zugeben
	Salz	} abschmecken
	Pfeffer	}
	Butterstückchen	– zum Garnieren
	Brotscheiben	– Erdäpfelkas aufs Brot streichen

Garzeit im Dampfdrucktopf: 10–12 Min.

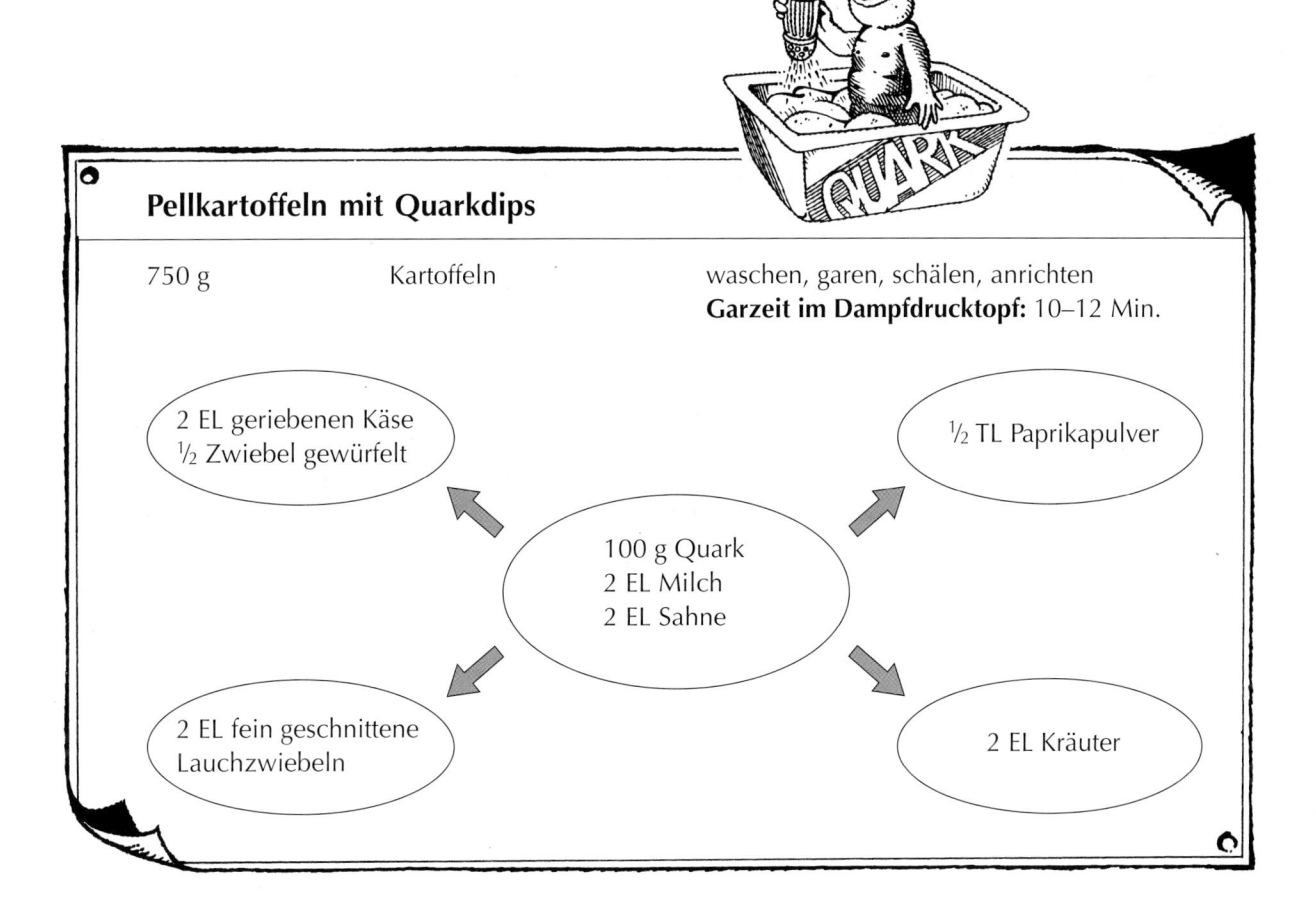

Pellkartoffeln mit Quarkdips

750 g   Kartoffeln   waschen, garen, schälen, anrichten
Garzeit im Dampfdrucktopf: 10–12 Min.

- 2 EL geriebenen Käse
- ½ Zwiebel gewürfelt

- ½ TL Paprikapulver

- 100 g Quark
- 2 EL Milch
- 2 EL Sahne

- 2 EL fein geschnittene Lauchzwiebeln

- 2 EL Kräuter

Lösung zu S. 40

| Name: | Klasse: 8 | Datum: | HsB | Nr.: |

Bist du fit?

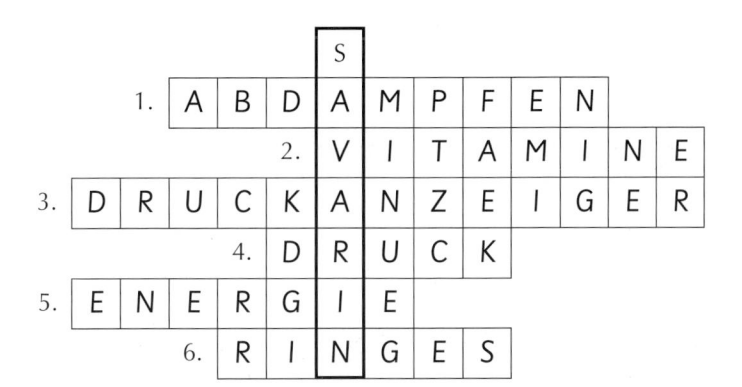

```
          S
1. A B D A M P F E N
      2. V I T A M I N E
3. D R U C K A N Z E I G E R
         4. D R U C K
5. E N E R G I E
      6. R I N G E S
```

1. Eine weitere Möglichkeit zum Abkühlen des Dampfdrucktopfes
2. Welche Nährstoffe werden im Dampfdrucktopf besonders geschont?
3. Welcher Teil des Deckels muss vor dem Öffnen abgesunken sein?
4. Der verwendete Topf arbeitet mit Dampf und …
5. Durch die Verwendung des Dampfdrucktopfes spart man Zeit und …
6. Die Garzeit beginnt nach dem Erscheinen des 2. …

Lösung: _____ Savarin _____ war der Erfinder des Dampfdrucktopfes.

Unterrichtssequenzen Hauswirtschaftlich-sozialer Bereich, © Auer Verlag GmbH, Donauwörth
Als Kopiervorlage freigegeben

| Name: | Klasse: 8 | Datum: | HsB | Nr.: |

Übung macht den Meister/die Meisterin

Pellkartoffeln mit Kräuterquark

Menge	Zutaten	Zubereitung
750 g	Kartoffeln	– gründlich waschen, in den Siebeinsatz des Dampfdrucktopfes geben, garen
250 g	Magerquark	
4–6 EL	Milch	} verrühren
½ TL	Salz	
1 Bund	Schnittlauch	– waschen, Schnittlauch in feine Röllchen schneiden, übrige Kräuter fein wiegen, etwas Kräuter zum Garnieren zurückbehalten, Rest unter den Quark rühren
etwas	Petersilie	
etwas	Dill	– Kartoffeln und Quark anrichten

Garzeit im Dampfdrucktopf: 10–12 Min.

Bist du fit?

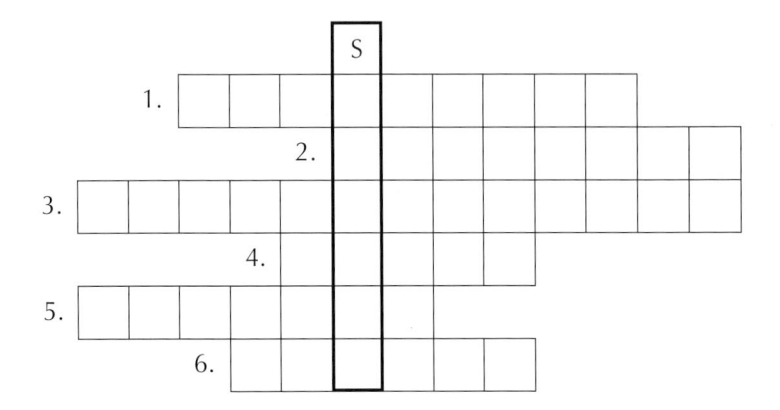

(Kreuzworträtsel mit Lösungsspalte **S**)

1. Eine weitere Möglichkeit zum Abkühlen des Dampfdrucktopfes
2. Welche Nährstoffe werden im Dampfdrucktopf besonders geschont?
3. Welcher Teil des Deckels muss vor dem Öffnen abgesunken sein?
4. Der verwendete Topf arbeitet mit Dampf und …
5. Durch die Verwendung des Dampfdrucktopfes spart man Zeit und …
6. Die Garzeit beginnt nach dem Erscheinen des 2. …

Lösung: _____ war der Erfinder des Dampfdrucktopfes.

| Name: | Klasse: 8 | Datum: | **HsB** | Nr.: |

Probe aus dem HsB

	mögl. Punkte	erreichte Punkte
1. Benenne die wichtigsten Topfteile.	2	
2. Der Dampfdrucktopf bietet viele Vorteile. Zähle 3 auf.	3	
3. Bei der Bedienung des Dampfdrucktopfes muss man einige Merkpunkte beachten. Beim Füllen: _____ Beim Schließen: _____	3	
4. Wann beginnt die eigentliche Garzeit? Kreuze an. ☐ Sobald der Topf geschlossen ist ☐ Gleich nach dem Schließen des Kochreglers ☐ Nach Erscheinen des 2. Ringes / der 2. Farbe ☐ Bei Dampfaustritt	2	
5. Um Unfälle beim Öffnen zu vermeiden, musst du unbedingt einen Merksatz beachten:	1	
6. Ein allein stehender Geschäftsmann möchte sich eine hochmoderne, teure Küchenmaschine kaufen. Er überlegt, ob es sinnvoll ist, da er häufig auf Geschäftsreise ist oder in Restaurants zu Mittag oder Abend isst. Was würdest du ihm raten? Nenne deine Gründe, warum du ihm zu- oder abrätst?	3	
7. Was garantiert dir dieses Zeichen? **Viel Erfolg!**	2	

Punkteschlüssel: 16 – 15 = 1
14 – 13 – 12 = 2 / 11 –10 – 9 = 3
8 – 7 – 6 = 4 / 5 – 4 –3 = 5 / 2 –1 – 0 = 6

Lösungsvorschlag zu S. 41

| Name: | Klasse: 8 | Datum: | HsB | Nr.: |

Probe aus dem HsB

	mögl. Punkte	erreichte Punkte

1. Benenne die wichtigsten Topfteile. — **2**

   <u>Deckel mit</u>   <u>Druckanzeiger</u>
   <u>Gummiring</u>   <u>Kochregler</u>
                            <u>Griffe</u>

2. Der Dampfdrucktopf bietet viele Vorteile. Zähle 3 auf. — **3**

   <u>weniger Kochdunst   Nährstoffschonung</u>
   <u>Zeitersparnis</u>

3. Bei der Bedienung des Dampfdrucktopfes muss man einige Merkpunkte beachten. — **3**

   Beim Füllen: <u>Der Boden muss mindestens mit 1 cm Flüssigkeit</u>
   <u>bedeckt sein.</u>

   Beim Schließen: <u>Topfrand abwischen, auf Markierungen achten,</u>
   <u>Verriegelung muss einrasten.</u>

4. Wann beginnt die eigentliche Garzeit? Kreuze an. — **2**

   ☐ Sobald der Topf geschlossen ist
   ☐ Gleich nach dem Schließen des Kochreglers
   ☒ Nach Erscheinen des 2. Ringes / der 2. Farbe
   ☐ Bei Dampfaustritt

5. Um Unfälle beim Öffnen zu vermeiden, musst du unbedingt einen Merksatz beachten: — **1**

   <u>Öffne den Topf erst, wenn der Druckanzeiger ganz</u>
   <u>zurückgegangen ist.</u>

6. Ein allein stehender Geschäftsmann möchte sich eine hochmoderne, teure Küchenmaschine kaufen. Er überlegt, ob es sinnvoll ist, da er häufig auf Geschäftsreise ist oder in Restaurants zu Mittag oder Abend isst.
   Was würdest du ihm raten? Nenne deine Gründe, warum du ihm zu- oder abrätst? — **3**

   <u>Ich rate ihm ab. Er braucht die Maschine selten. Er hat viel</u>
   <u>Vorbereitungs- und Reinigungsarbeit. Eine Küchenmaschine</u>
   <u>rentiert sich nur bei großen Mengen.</u>

7. Was garantiert dir dieses Zeichen?   **Viel Erfolg!** — **2**

   <u>Elektrische</u>
   <u>Sicherheit</u>

   Punkteschlüssel: 16 – 15 = 1
   14 – 13 – 12 = 2 / 11 – 10 – 9 = 3
   8 – 7 – 6 = 4 / 5 – 4 – 3 = 5 / 2 – 1 – 0 = 6

Die Küche – ein Ort des Wirtschaftens und Arbeitens

Artikulation:

Anfangsphase: Folie „Betrieb und Küche – vergleichbar?"
1. Teilziel: Vergleich: Betrieb und privater Haushalt, Partner- oder Einzelarbeit (Arbeitsblatt)
2. Teilziel: Produktion der Brotzeitspieße
3. Teilziel: Preiskalkulation
GZF: Nachkalkulation (nächste UE)

Lernziele:

Die Schüler/innen sollen …

… anhand eines Lebensmittel verarbeitenden Betriebes die Arbeitsabläufe mit denen im privaten Haushalt vergleichen.
… die Notwendigkeit einer finanziellen Kalkulation erkennen.
… die Brotzeitspieße verkaufsfördernd präsentieren.

Medien:

Folien, Arbeitsblatt, Kassenzettel für die Preiskalkulation

Hinweise:

– Die Begriffe zum „Betrieb" (Arbeitsblatt) stammen aus dem Lernfeld Arbeit – Wirtschaft – Technik.
– Brotzeitspieße können evtl. in der Pause verkauft werden, falls die Stunde vor der Pause liegt.
– Auf den Punkt „Lohn" wurde bei der Preiskalkulation bewusst verzichtet.
– Vorbereitende Hausaufgabe für die nächste UE: „Lebensmittel haltbar machen und bevorraten – ein Thema mit vielen Variationen":
Informiere dich in eurem Haushalt über die Vorratssituation: Lagermöglichkeiten, Lagerdauer, Art der Vorräte …

Folie: Betrieb und Küche – vergleichbar? (Anfangsphase)

Betrieb   Küche

Unterrichtssequenzen Hauswirtschaftlich-sozialer Bereich, © Auer Verlag GmbH, Donauwörth
Als Kopiervorlage freigegeben

Folie: Preiskalkulation (3. Teilziel)

Preiskalkulation	
Zutaten	Preis (€)
Vollkornbrot	
Frischkäse	
Salami	
Hartkäse	
Paprika	
Wiener Würstchen	
Gurken	
Schaschlikspieße	
Gesamtsumme:	
Anzahl der Spieße =	
Materialpreis (1 Spieß)	
Verkaufspreis (1 Spieß)	
Gewinn (1 Spieß) (= Differenz)	
Gesamtgewinn	

Medien:
Kassenzettel

Lösungsvorschlag zu S. 45

Name:	Klasse: 8	Datum:	HsB	Nr.:

Die Küche – ein Ort des Wirtschaftens und Arbeitens

Betrieb	Privater Haushalt z. B. Herstellen von Brotzeitspießen
Beschaffung – Materialeinkauf – Lagerhaltung – Neuinvestition bzw. Wartung	Lebensmitteleinkauf – Lebensmittel einkaufen – Lagerung im Kühlschrank – Schleifen des Messers
Produktion – Produktdesign – Fertigung der Produkte – Arbeitskräfte	Nahrungszubereitung – Lebensmittel vorbereiten – Brotzeitspieße zubereiten – Brotzeitspieße anrichten – Aufräumungsarbeiten
Absatz – Preiskalkulation – Marketing – Verkauf	Verkaufsaktion – Verkaufspreis ermitteln – Werbung: Durchsage – Verkauf bzw. Verzehr

Merke: Der private Haushalt muss wie ein Betrieb wirtschaften und organisieren.

| Name: | Klasse: 8 | Datum: | **HsB** | Nr.: |

Die Küche – ein Ort des Wirtschaftens und Arbeitens

Betrieb	**Privater Haushalt** z. B. Herstellen von Brotzeitspießen
Beschaffung – Materialeinkauf – Lagerhaltung – Neuinvestition bzw. Wartung	_____ – _____ – _____ – _____
Produktion – Produktdesign – Fertigung der Produkte – Arbeitskräfte	_____ – _____ – _____ – _____
Absatz – Preiskalkulation – Marketing – Verkauf	_____ – _____ – _____ – _____

Aufgabe: Ein privater Haushalt ist ähnlich organisiert wie ein Betrieb. Ordne die Arbeitsschritte zu. Bedenke auch die Reihenfolge.

| Lebensmitteleinkauf | Verkaufsaktion | Nahrungszubereitung |

- Werbung: Durchsage
- Lagerung im Kühlschrank
- Lebensmittel vorbereiten
- Brotzeitspieße anrichten
- Schleifen des Messers
- Brotzeitspieße zubereiten
- Lebensmittel einkaufen
- Aufräumungsarbeiten
- Verkauf bzw. Verzehr
- Verkaufspreis ermitteln

Brotzeitspieße

Menge pro Spieß	Zutaten	Zubereitung
1 Scheibe	Vollkornbrot	mit
10 g	Frischkäse	bestreichen und in 12 Würfel schneiden
1 Scheibe	Salami	rollen
1 Scheibe	Hartkäse	in Würfel schneiden
1/8	Paprika	putzen, in Würfel schneiden
1/4	Wiener Würstchen	in Stücke schneiden
4 Scheiben	Gurken	
1	Schaschlikspieß	**Fertigstellung:** Alle Zutaten auf einen Spieß stecken. Auf Platten anrichten.

Merke:

Wir planen unsere Kochaufgabe

Artikulation:

Anfangsphase: Folie/Plakat „Erst denken, dann arbeiten!"
1. Teilziel: Zubereitung der Kochaufgabe
2. Teilziel: Formulieren von kurzen Arbeitsschritten, arbeitsgleiche Einzel- oder Partnerarbeit (Folie „Erst denken, dann arbeiten!", Arbeitsblatt)
3. Teilziel: Erstellen des Organisationsplanes, Gruppenarbeit oder Klassenverband
GZF: Schüler/innen erstellen für andere Gerichte einen Organisationsplan, Gruppenarbeit oder Klassenverband, Folie/Plakat

Lernziele:

Die Schüler/innen sollen ...
... den Sinn einer überlegten Arbeitsplanung erkennen.
... Arbeiten nach Vor- und Zubereitungsarbeiten unterscheiden.
... Arbeitsschritte formulieren und einen Organisationsplan erstellen.

Medien:

Arbeitsblatt, Folien (bzw. Plakat, Wortkarten)

Hinweis:

In schwachen Gruppen ist es empfehlenswert, das Erstellen des Organisationsplanes im Klassenverband zu erarbeiten.

Folie/Plakat (Anfangsphase, 2. Teilziel und GZF)

Gedankenblasen:
- Zutaten und Geräte bereitstellen
- Zutaten vorbereiten
- Gericht(e) herstellen
- Gericht(e) garen
- Gericht(e) kühl stellen
- Gericht(e) fertig stellen
- Gericht(e) servieren

Erst denken, dann arbeiten!

Folgende Bild-Bausteine für die Folie/das Plakat bei Bedarf evtl. auch für andere Rezepte verwenden:

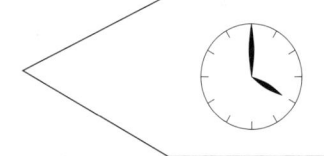

Wartezeit nutzen!
z. B. abspülen, Tisch decken, aufräumen

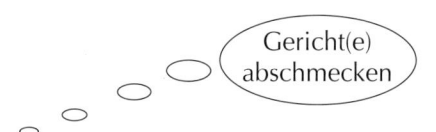

Gericht(e) abschmecken

Folie/Wortkarten: Erstellen des Organisationsplanes für Torte schwarz-weiß (3. Teilziel)

(4× auf Folie kopieren und zerschneiden und evtl. vergrößern für die Tafelanschrift!)

1. Geräte und Zutaten bereitstellen, Zutaten abwiegen
2. Biskuitteig herstellen
3. Biskuit backen 🕐   Wartezeit, 20 Min.!
4. Füllung herstellen
5. Boden aus der Form nehmen und kühl stellen 🕐.
6. Abspülen
7. Tisch decken
8. Torte fertig stellen

Folie (Schlussphase)

(Diese Folie kann in den nächsten Wochen zum Üben weiterer Organisationspläne eingesetzt werden.)

Aufgabe: Organisationsplan für

1. Lies das Rezept genau durch.
2. Formuliere die Arbeitsschritte und erstelle einen Organisationsplan.

1. _____
2. _____
3. _____
4. _____
5. _____
6. _____
7. _____
8. _____
9. _____
10. _____

Bedenke!

🕐 Nutze Wartezeiten sinnvoll!

⇉ Schiebe Arbeitsschritte ineinander!

Medien: Arbeitsblatt mit Rezept, Folie/Plakat „Erst denken, dann arbeiten!"

Unterrichtssequenzen Hauswirtschaftlich-sozialer Bereich, © Auer Verlag GmbH, Donauwörth
Als Kopiervorlage freigegeben

Rezeptbaustein zum Austauschen

Gefüllte Paprikaschoten im Dampfdrucktopf

Menge	Zutaten	Zubereitung	Arbeitsschritte
3	Paprika	Deckel abschneiden, putzen und waschen in Würfel schneiden	1. _____
1	Zwiebel		
250 g	Hackfleisch	Zutaten mischen, würzen und Masse in die Paprikaschoten füllen	2. _____
1	Ei		
1–2 EL	Semmelbrösel		
	Salz, Pfeffer, Paprika		
1–2 EL	Öl	im Dampfdrucktopf erhitzen und Schoten kurz anbraten	3. _____
1 kleine Dose	Tomatenmark	verrrühren und über die Paprikaschoten gießen	4. _____
400 ml	heißes Wasser		
1 TL	gekörnte Brühe		
		Sobald der 2. Ring sichtbar ist, **Garzeit:** 6 Min.	5. _____
etwas	Sahne Petersilie	Soße evtl. mit Sahne verfeinern und abschmecken	

Gedünsteter Reis

Menge	Zutaten	Zubereitung	Arbeitsschritte
½	Zwiebel	in Würfel schneiden	
1 EL	Öl	erhitzen	1. _____
1 Tasse	Vollkornreis	andünsten, bis er glasig ist	
2 Tassen	Wasser	Zwiebel zugeben und mit Wasser aufgießen	2. _____
	Salz, Pfeffer	**Garzeit:** 30 Min.	

Folie/Wortkarten: Erstellen des Organisationsplanes für Paprikaschoten mit Reis (3. Teilziel)

1. Geräte und Zutaten bereitstellen
2. Hackfleischteig herstellen
3. Paprikaschoten füllen
4. Paprikaschoten garen 🕐   Wartezeit, 6 Min.!
5. Reis vorbereiten
6. Reis garen 🕐   Wartezeit, 20 Min.!
7. Abspülen   Tisch decken
8. Soße fertig stellen
9. Servieren

Lösungsvorschlag zu S. 48 und S. 50

Name: _____ Klasse: 8 Datum: _____ HsB Nr.: _____

Wir planen unsere Kochaufgabe

Aufgabe: Überlege, wie die Zubereitung zu kurzen Arbeitsschritten zusammengefasst werden kann. Verwende dazu die Wörter in den Gedankenblitzen des Koches.

Gefüllte Paprikaschoten im Dampfdrucktopf

Menge	Zutaten	Zubereitung	Arbeitsschritte
3	Paprika	Deckel abschneiden, putzen und waschen in Würfel schneiden	1. Geräte und Zutaten bereitstellen
1 250 g 1 1–2 EL	Zwiebel Hackfleisch Ei Semmelbrösel Salz, Pfeffer, Paprika	Zutaten mischen, würzen und Masse in die Paprikaschoten füllen	2. Hackfleischteig herstellen
1–2 EL	Öl		3. Paprikaschoten füllen
1 kleine Dose 400 ml 1 TL	Tomatenmark heißes Wasser gekörnte Brühe	im Dampfdrucktopf erhitzen und Schoten kurz anbraten verrühren und über die Paprikaschoten gießen Sobald der 2. Ring sichtbar ist, **Garzeit:** 6 Min.	4. Paprikaschoten garen
etwas	Sahne Petersilie	Soße evtl. mit Sahne verfeinern und abschmecken	5. Soße herstellen

Gedünsteter Reis

Menge	Zutaten	Zubereitung	Arbeitsschritte
½ 1 EL 1 Tasse 2 Tassen	Zwiebel Öl Vollkornreis Wasser Salz, Pfeffer	in Würfel schneiden erhitzen andünsten, bis er glasig ist Zwiebel zugeben und mit Wasser aufgießen **Garzeit:** 30 Min.	1. Reis vorbereiten 2. Reis garen

Organisationsplan

Vorbereitung 1. Geräte und Zutaten bereitstellen
Durchführung 2. Hackfleischteig herstellen
3. Paprikaschoten füllen
4. Reis vorbereiten
5. Reis garen
6. Paprikaschoten garen
7. Aufräumen, abspülen, Tisch decken
8. Gerichte fertig stellen und servieren

Bedenke! Wartezeiten sinnvoll nützen! Arbeitsschritte ineinander schieben

---

Lösungsvorschlag zu S. 50

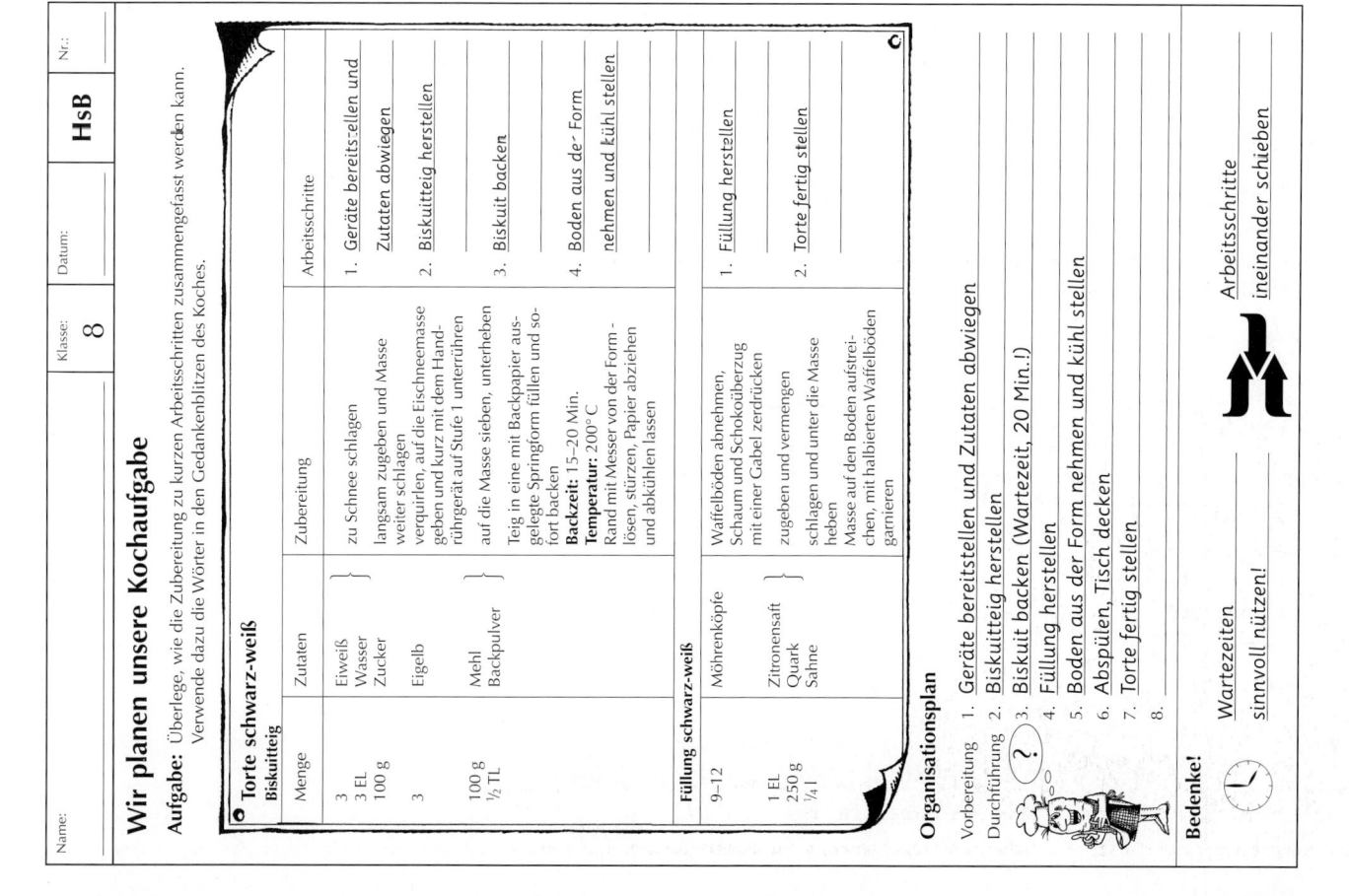

Name: _____ Klasse: 8 Datum: _____ HsB Nr.: _____

Wir planen unsere Kochaufgabe

Aufgabe: Überlege, wie die Zubereitung zu kurzen Arbeitsschritten zusammengefasst werden kann. Verwende dazu die Wörter in den Gedankenblitzen des Koches.

Torte schwarz-weiß
Biskuitteig

Menge	Zutaten	Zubereitung	Arbeitsschritte
3 3 EL 100 g	Eiweiß Wasser Zucker	zu Schnee schlagen langsam zugeben und Masse weiter schlagen	1. Geräte bereitstellen und Zutaten abwiegen
3	Eigelb	verquirlen, auf die Eischneemasse geben und kurz mit dem Handrührgerät auf Stufe 1 unterrühren	2. Biskuitteig herstellen
100 g ½ TL	Mehl Backpulver	auf die Masse sieben, unterheben Teig in eine mit Backpapier ausgelegte Springform füllen und sofort backen **Backzeit:** 15–20 Min. **Temperatur:** 200° C Rand mit Messer von der Form lösen, stürzen, Papier abziehen und abkühlen lassen	3. Biskuit backen 4. Boden aus der Form nehmen und kühl stellen

Füllung schwarz-weiß

Menge	Zutaten	Zubereitung	Arbeitsschritte
9–12	Möhrenköpfe	Waffelböden abnehmen, Schaum und Schokoüberzug mit einer Gabel zerdrücken	1. Füllung herstellen
1 EL 250 g ¼ l	Zitronensaft Quark Sahne	zugeben und vermengen schlagen und unter die Masse heben Masse auf den Boden aufstreichen, mit halbierten Waffelböden garnieren	2. Torte fertig stellen

Organisationsplan

Vorbereitung 1. Geräte bereitstellen und Zutaten abwiegen
Durchführung 2. Biskuitteig herstellen
3. Biskuit backen (Wartezeit, 20 Min.!)
4. Füllung herstellen
5. Boden aus der Form nehmen und kühl stellen
6. Abspülen, Tisch decken
7. Torte fertig stellen
8. _____

Bedenke! Wartezeiten sinnvoll nützen! Arbeitsschritte ineinander schieben

Lösungsvorschlag siehe S. 49

Name: _____ Datum: _____ **HsB** Nr.: ____

Wir planen unsere Kochaufgabe

Aufgabe: Überlege, wie die Zubereitung zu kurzen Arbeitsschritten zusammengefasst werden kann. Verwende dazu die Wörter in den Gedankenblitzen des Koches.

Torte schwarz-weiß

Biskuitteig

Menge	Zutaten	Zubereitung	Arbeitsschritte
3 3 EL 100 g	Eiweiß Wasser Zucker	zu Schnee schlagen langsam zugeben und Masse weiter schlagen	1. _____ _____
3	Eigelb	verquirlen, auf die Eischneemasse geben und kurz mit dem Handrührgerät auf Stufe 1 unterrühren	2. _____ _____
100 g ½ TL	Mehl Backpulver	auf die Masse sieben, unterheben Teig in eine mit Backpapier ausgelegte Springform füllen und sofort backen **Backzeit:** 15–20 Min. **Temperatur:** 200° C Rand mit Messer von der Form lösen, stürzen, Papier abziehen und abkühlen lassen	3. _____ _____ 4. _____ _____

Füllung schwarz-weiß

Menge	Zutaten	Zubereitung	Arbeitsschritte
9–12	Möhrenköpfe	Waffelböden abnehmen, Schaum und Schokoüberzug mit einer Gabel zerdrücken	1. _____ _____
1 EL 250 g ¼ l	Zitronensaft Quark Sahne	zugeben und vermengen schlagen und unter die Masse heben Masse auf den Boden aufstreichen, mit halbierten Waffelböden garnieren	2. _____ _____

Organisationsplan

Vorbereitung 1. _____
Durchführung 2. _____
3. _____
4. _____
5. _____
6. _____
7. _____
8. _____

Bedenke!

_____   _____
_____   _____

Lebensmittel haltbar machen und bevorraten – ein Thema mit Variationen

Artikulation:

Anfangsphase: Folie „Wohin nur mit all dem Obst?", Sprichwort „Spare in der Zeit, dann hast du in der Not!"
1. Teilziel: Konservieren von Lebensmitteln
TZV: Infokarten zu den Konservierungsmethoden
2. Teilziel: Lernzirkel
GZF: Ideeller Aspekt: Selbst gemachte Vorräte als persönliche Geschenke und Mitbringsel

Medien:

Folien, Aufgaben als Folien, Folienstifte, gekaufte Marmelade derselben Fruchtart (in Glas/Plastikschale, teure und billige Marke), Infokarten in 4facher Ausfertigung (laminiert), Wäsche- bzw. Büroklammern, Klebeetiketten, Stoffreste und Bänder zum Verzieren der Gläser
Beim optionalem Arbeiten mit einem Anwenderprogramm benötigen Sie:
Computer, CD-ROM „Mindestens haltbar bis ..." (aid), Bestelladresse siehe S. 6 in den Vorüberlegungen

Lernziele:

Die Schüler/innen sollen ...
... Einblick erhalten in die „Geschichte" der Vorratshaltung.
... die Bedeutung der Vorratshaltung im privaten Haushalt erkennen.
... Möglichkeiten des Einsparens von Geld erkennen und bewerten.
... Merkpunkte für die Vorratshaltung formulieren.
... einfache Konservierungsarten kennen lernen und anwenden.
... Eigenproduktion mit Fertigprodukten vergleichen und bewerten.
... gezielt Informationen einem Software-Programm entnehmen (optional).

Hinweise:

– Von den Schüler/innen Gläser mit Schraubdeckel zum Einfüllen mitbringen lassen.
– Aus der Rezeptvielfalt soll am besten gemeinsam mit den Schüler/innen ausgewählt werden.
– Die Aufgaben zum Arbeiten mit einem Anwenderprogramm sind wahlweise, zusätzlich oder anstatt einsetzbar.

Folie (Anfangsphase)

Wohin nur mit all dem Obst?

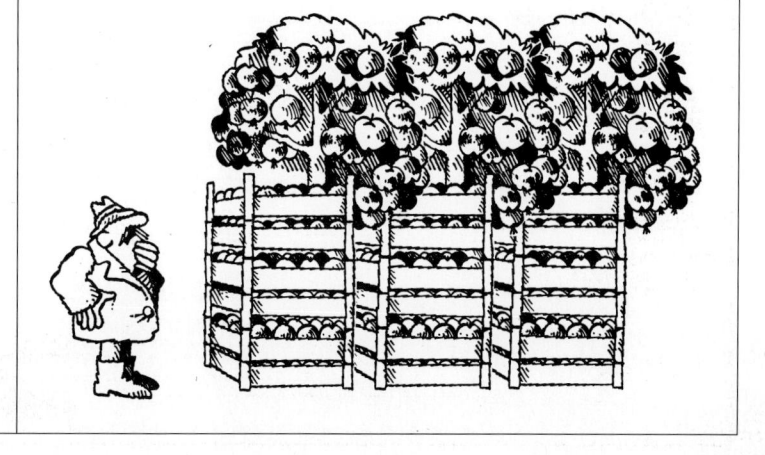

Folie: Anleitung für das Lernprogramm (Einsatz optional!)
„Mindestens haltbar bis ..." vom aid (Kapitel: Geschichte der Vorratshaltung, Haltbarmachen)

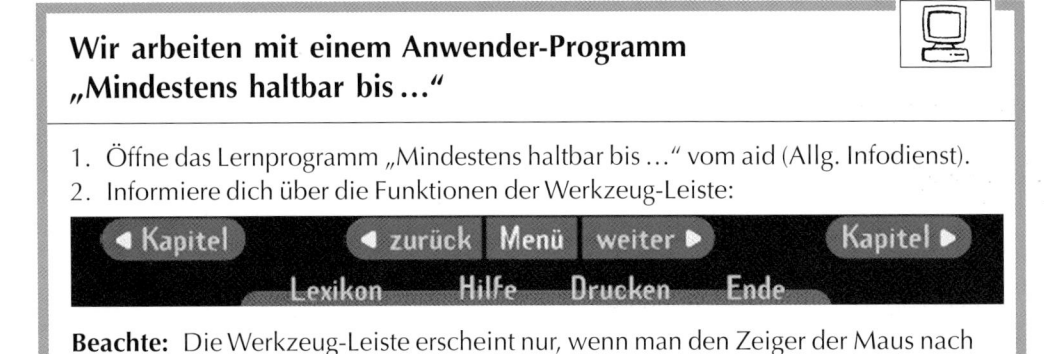

Wir arbeiten mit einem Anwender-Programm „Mindestens haltbar bis ..."

1. Öffne das Lernprogramm „Mindestens haltbar bis ..." vom aid (Allg. Infodienst).
2. Informiere dich über die Funktionen der Werkzeug-Leiste:

◀ Kapitel   ◀ zurück Menü weiter ▶   Kapitel ▶
Lexikon   Hilfe   Drucken   Ende

Beachte: Die Werkzeug-Leiste erscheint nur, wenn man den Zeiger der Maus nach unten bewegt!

Medien: Computer, CD-ROM „Mindestens haltbar bis ...", aid, jeweilige Aufgabenkarte

---

Lernzirkel (2. Teilziel)

Aufgabe: Vorratshaltung in früherer Zeit

1. Lies den Text genau durch.
2. Welche Bedeutung hatte die Vorratshaltung früher?

Eine ausreichende Vorratshaltung war früher entscheidend, um den Winter überleben zu können. So gab es während der Wintermonate z. B. keine frischen Eier. Man legte sie deshalb im Herbst in haltbar machende Wasserglas- oder Kalkmilchlösungen ein. Von Obst und Gemüse gab es nur die lange lagerfähigen Sorten wie Äpfel, Birnen, Kraut, Rüben und Kartoffeln, die in kalten Kellern bzw. Vorratsräumen gelagert wurden. Obst wurde auch oft zu Marmelade und Kompott eingekocht, Kraut in Fässern mit Salz zu Sauerkraut verarbeitet. Fleisch wurde in Salz eingelegt oder geräuchert, damit es nicht so schnell verdarb. Dauerte der Winter sehr lange, wurde der Vorrat oftmals knapp und viele mussten dann hungern! Die Menschen hatten kaum die Möglichkeit und konnten es sich nicht leisten, Lebensmittel zu kaufen. So mussten sie das haltbar machen, was im Sommer und Herbst geerntet wurde.

Medien: Aufgabe als Kopie oder Folie

Oder optional die Aufgabe, in der das Anwenderprogramm „Mindestens haltbar bis ..." vom aid eingesetzt wird:

Aufgabe: Geschichte der Vorratshaltung

1. Öffne im Lernprogramm „Mindestens haltbar bis ..." das Kapitel „Geschichte der Vorratshaltung".
2. Betrachte die Dia-Show „Eisgekühlt & tiefgefroren" (Zeit: 7 Min.).

Medien: Computer, CD-ROM „Mindestens haltbar bis ...", aid

Aufgabe: Vorratshaltung in unserer Zeit

1. Vergleiche die Gegenüberstellung der Vor- und Nachteile der Vorratshaltung. Welche Bedeutung hat die Vorratshaltung für uns?
2. Wie kann man durch sinnvolle Vorratshaltung Geld sparen? Unterstreiche mindestens 3 „Schlagworte".
3. Notiere auf deinem Arbeitsblatt, welche Bedeutung Vorratshaltung hat.

Trotz der vielen Einkaufsmöglichkeiten ist es auch in unserer Zeit noch sinnvoll, einen Vorrat an Lebensmitteln zu Hause zu haben. Vor- und Nachteile müssen aber gegeneinander abgewogen werden.

Vorteile: **Nachteile:**

Vorrat sorgt für Abwechslung, weil man eine größere Auswahl an Lebensmitteln hat. ⟷ Mehr Auswahl verleitet aber auch zum Mehrverbrauch.

Vorrat beruhigt und sorgt vor bei Notfällen (plötzliche Krankheit) und Überraschungen (unerwarteter Besuch). ⟷ Vorräte brauchen Platz zum Lagern und Strom, z. B. Tiefkühlvorräte.

Vorrat spart Geld, weil man Sonderangebote und Marktschwemmen, z. B. bei Obst, nutzen kann. ⟷ Finanzielle Verluste durch verdorbene Lebensmittel, die nicht rechtzeitig verbraucht wurden.

Vorrat spart Zeit, man muss nicht so oft zum Einkaufen gehen. ⟷ Alle Lagerorte müssen gesäubert und die Vorräte kontrolliert werden.

Vorräte selbst machen macht Spaß und man weiß, was drin ist. ⟷ Vorräte selbst machen kostet Zeit und macht Mühe.

Medien: Aufgabe als Folie, Folienstift, Arbeitsblatt

Optionale Aufgabe zur Differenzierung:

Aufgabe: Methoden der Haltbarmachung

1. Öffne im Lernprogramm „Mindestens haltbar bis…" das Kapitel „Haltbarmachung".
2. Betrachte das Video im Unterkapitel „Grundlagen des Haltbarmachens".
3. Informiere dich über die verschiedenen Methoden. Verbinde mit Pfeilen.

Einlegen — Wasserentzug hemmt das Wachstum von Mikroorganismen.

Einkochen — Aufbewahren unter Luftabschluss entzieht den Mikroorganismen die Lebensgrundlage.

Trocknen — Säuern hemmt die Aktivität von Enzymen in Lebensmitteln.

Vergären — Bei Temperaturen von 100° C werden die meisten Bakterien abgetötet.

4. Informieren dich im Unterkapitel „Verfahren zum Haltbarmachen" über die verschiedenen Methoden.
5. Nenne 3 physikalische Verfahren: _____
6. Nenne 3 chemische Verfahren: _____

Medien: Computer, CD-ROM „Mindestens haltbar bis…", aid, Aufgabe als Folie, Folienstift

Aufgabe: Vorratshaltung – gewusst wie!

1. Ordne die Lebensmittel dem richtigen Lagerort per Pfeil zu.
2. Vorratshaltung soll Geld sparen helfen. Überlege dir Merkpunkte zu folgenden Stichpunkten und notiere sie auf deinem Arbeitsblatt:
   - Haltbarkeit/Lagerdauer
   - Hygiene/Ungeziefer
   - Familiengröße/Lagermenge
   - Lagerort/Temperatur

Vorräte:

Frischvorräte, z. B. Eier, Milch, Wurst

Frischobst und -gemüse

Konserven/Dosen

Trockenvorräte, z. B. Mehl, Zucker, Gewürze

Gefriervorräte

Lagermöglichkeiten:

– in gut schließenden Vorratsbehältern, z. B. Gläser, Plastikdosen

– in der Gefriertruhe, im Gefrierschrank oder -fach im Kühlschrank

– im Vorratsschrank (z. B. Küche)

– in einem kühlen, trockenen Raum

– im Kühlschrank

Medien:
Aufgabe als Folie, Folienstift, Arbeitsblatt

Aufgabe: Lohnt es sich noch in unserer Zeit, Vorräte selbst herzustellen?

1. Betrachte die Bilder.
2. Welche Gründe sprechen dafür, Vorräte selbst zu machen?

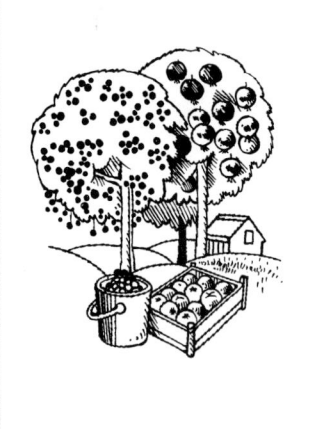

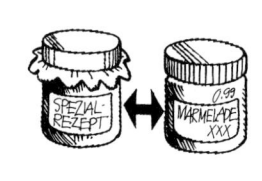

Zutatenliste:
40 % Fruchtzucker, Konservierungsstoffe, Farbstoffe, Geschmacksverstärker

Mein Hobby ist Kochen!

Medien:
gekaufte Marmelade, Aufgabe als Folie, Arbeitsblatt

Spiel-/Info-Karten (Vertiefung 1. Teilziel oder GZF) (in 4facher Ausfertigung)

Vorbereiten der Karten:

Entlang der gestrichelten Linie falten und flächig zusammenkleben, dann laminieren oder mit selbstklebender Folie beziehen. Einzelkarten erst auseinander schneiden!

Gebrauchsanleitung:

Jede/r Schüler/in erhält eine Büro- oder Wäscheklammer (bzw. pro Gruppe mind. 2–3 Klammern), er/sie wählt sich eine Karte, betrachtet das Bild und soll mit der Klammer die richtige Haltbarmachungsart anklammern. Auf der Rückseite sind ein Kontrollpunkt und Zusatzinformationen zu der Haltbarmachungsart. Anschließend Klammer wieder entfernen und eine andere Karte auswählen.

Tipps:

Die Anwendung der Klammern den Schüler/innen demonstrieren! Bei Verwendung von Büroklammern diese vorsichtig aufschieben! Sollten keine Klammern zur Verfügung stehen, können die Karten auch mit Daumen und Zeigefinger an der richtigen Stelle gehalten werden. Zur Kontrolle muss dann auf der Rückseite der Punkt verdeckt sein.

Vorderseite | Rückseite

Falten ↓

Karte 1 – Vorderseite:
- Trocknen
- Einkochen
- Milchsauer vergären
- Tiefgefrieren
- Einlegen in Essig oder Essig-Zucker-Lösung
- Räuchern

Karte 1 – Rückseite:
- **Geeignet für: Kräuter, Obst, Gemüse, Hülsenfrüchte, Fleisch, Fisch, Tee**
- Zählt zu den ältesten Haltbarmachungsmöglichkeiten
- Kann auch ohne viele Hilfsmittel (z. B. Strom) durchgeführt werden
- Durch Luft und Wärme wird die Feuchtigkeit entzogen
- Farb-, Aroma- und Vitaminverluste
- Getrocknete Lebensmittel müssen trocken aufbewahrt werden, damit sie lange halten
- **Lagerdauer:** bis zu 1 Jahr

Karte 2 – Vorderseite:
- Trocknen
- Einkochen
- Milchsauer vergären
- Tiefgefrieren
- Einlegen in Essig oder Essig-Zucker-Lösung
- Räuchern

Karte 2 – Rückseite:
- **Geeignet für: Obst, Gemüse, Fleisch**
- Durch Temperaturen von 75–100° C über einen bestimmten Zeitraum werden Mikroorganismen abgetötet
- Hoher Vitaminverlust
- Je nach Lebensmittel kann die konservierende Wirkung durch Zugabe von Zucker oder Salz erhöht werden
- **Lagerdauer:** bis zu 1 Jahr

Karte 3 – Vorderseite:
- Trocknen
- Einkochen
- Milchsauer vergären
- Tiefgefrieren
- Einlegen in Essig oder Essig-Zucker-Lösung
- Räuchern

Karte 3 – Rückseite:
- **Geeignet für: Kraut, Gemüse**
- Zählt zu den ältesten Haltbarmachungsmöglichkeiten
- Milchsäurebakterien wandeln in sauerstoffarmer Umgebung die Kohlenhydrate in Milchsäure um
- Salz unterstützt die konservierende Wirkung
- Milchsaure Lebensmittel sind sehr gesund für die Verdauung und reich an Vitamin C
- **Lagerdauer:** einige Monate

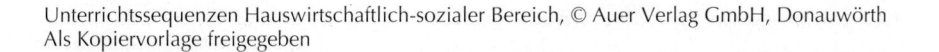

Unterrichtssequenzen Hauswirtschaftlich-sozialer Bereich, © Auer Verlag GmbH, Donauwörth
Als Kopiervorlage freigegeben

Vorderseite　　　　　　　　**Rückseite**

Falten ↓

Trocknen Einkochen Milchsauer vergären Tiefgefrieren Einlegen in Essig oder Essig-Zucker-Lösung Räuchern	– **Geeignet für: Obst, Gemüse, Fleisch, Fisch, Backwaren, Fertiggerichte** – Wärmeentzug auf –18° C oder kälter – Mikroorganismen unterbrechen ihr Wachstum, werden aber nicht abgetötet – Bei sachgerechter Durchführung eine sehr schonende Konservierungsart (Nährstoffe und Eigengeschmack bleiben erhalten) – Nutzung für Privathaushalte in Deutschland erst nach dem 2. Weltkrieg – Erfordert ein spezielles Gerät (Kosten für Anschaffung, Strom, Reparaturen) – **Lagerdauer:** einige Monate bis 1 Jahr
Trocknen Einkochen Milchsauer vergären Tiefgefrieren Einlegen in Essig oder Essig-Zucker-Lösung Räuchern	– **Geeignet für: Gurken, Obst, Gemüse, Knoblauch, Fisch** – Essig schafft ein saures Milieu (Absenkung des pH-Wertes) – Mikroorganismen werden im Wachstum gehemmt, bei hoher Konzentration sogar abgetötet – Zucker, Salz, Hitze und/oder chem. Konservierungsmittel verlängern die Haltbarkeit – Andere Einlegemöglichkeiten sind Öl und Alkohol – **Lagerdauer:** einige Monate
Trocknen Einkochen Milchsauer vergären Tiefgefrieren Einlegen in Essig oder Essig-Zucker-Lösung Räuchern	– **Geeignet für: Fleisch, Fisch, Wurstwaren** – Entzug von Feuchtigkeit durch Wärmeeinwirkung bei gleichzeitiger Raucheinwirkung – Vorheriges Salzen oder Pökeln unterstützt die konservierende Wirkung – Mikroorganismen werden im Wachstum gehemmt, zum Teil abgetötet – Spezielle/r Räucherkammer oder -ofen ist erforderlich – Rauch kann eine Reihe gesundheitsschädlicher Stoffe enthalten, z. B. Teerprodukte – **Lagerdauer:** Wochen bis Monate

Rezeptbausteine zum Austauschen

Getrocknete Kräuter

Zutaten	Zubereitung
Verschiedene Frischkräuter, z. B. Petersilie, Dill, Majoran, Salbei, Basilikum usw.	– putzen und verlesen – bundweise zusammenbinden und an einem warmen, luftigen Ort (nicht in der Küche) zum Trocknen aufhängen – in getrocknetem Zustand zerreiben und in gut schließenden Behältern aufbewahren

Getrocknete Apfelringe

Zutaten	Zubereitung
Äpfel	– waschen, schälen, Kernhaus ausstechen, in etwa fingerdicke Scheiben schneiden – auf Pergamentpapier legen, je nach Trocknungsart passende Unterlage wählen **Trocknen in der Mikrowelle:** 90 Watt, ca. 45 Min. **Trocknen an der Luft:** warmer, luftiger Ort, einige Tage, dabei mind. einmal wenden – trocken und luftdicht verpackt lagern

Kürbis süß-sauer

Zutaten	Zubereitung
1 kg Kürbis (netto) ½ l Apfelessig 500 g Zucker ½ Zitrone, Schale und Saft 1–2 Zimtstangen ½ gestr. EL gem. Nelken oder 1 Pr. ger. Ingwer	– Kürbis zerteilen, schälen und in 2–3 cm große Stücke schneiden – Sud unter Rühren aufkochen lassen – Kürbis darin kochen (nicht zu weich!) – Kürbis mit dem Schaumlöffel herausnehmen und in vorbereitete Schraubgläser füllen, den Sud noch weitere 5 Min. kochen lassen – Zitronenschale entfernen, den heißen Sud über die Kürbisstücke gießen, bis sie bedeckt sind, Gläser sofort verschließen

Hausgemachter Senf

Zutaten	Zubereitung
250 g Senfmehl gelb 125 g Senfmehl grün 450 g brauner Zucker	– in einer Schüssel gut vermischen
700 ml milder Weinessig 450 ml Wasser 5 ganze Gewürznelken 1–2 Lorbeerblätter einige Pfefferkörner ½–1 Zwiebel, gewürfelt	– in einem Topf zum Kochen bringen – 5 Minuten kochen lassen – Sud (ohne Gewürze) heiß über die Senfmehl-Mischung geben, gut verrühren, zugedeckt abkühlen lassen – in Schraubgläser füllen

Anmerkung: Der Senf ist nach dem Anrühren ziemlich flüssig, wird nach dem Erkalten dicker und nach 2–3 Wochen milder.

Paprika-Relish

Zutaten	Zubereitung
500 g Paprikaschoten	– waschen, Strunk entfernen, in 1-cm-Würfel schneiden
400 g Tomaten	– waschen, ebenfalls in 1-cm-Würfel schneiden
200 g Zwiebeln	– schälen, würfeln
5 Knoblauchzehen	– in dünne Scheiben schneiden
1 TL Salz ¼ l Weinessig 150 g brauner Zucker 100 g Rosinen, heiß gewaschen	– mit den oberen Zutaten in einen Topf geben und unter Rühren aufkochen lassen
2 EL Paprikapulver, edelsüß 1 TL Senfkörner ½ TL geriebener Ingwer	– zugeben, abschmecken – Masse pürieren und bei schwacher Hitze einkochen, bis sie dicklich wird – heiß in vorbereitete Gläser füllen und sofort verschließen **Gekühlt bis zu 3 Monate haltbar!** (Etikett: Mind. haltbar bis …)

Tomaten-Chutney

Zutaten	Zubereitung
500 g reife Tomaten	– waschen, in kleine Stücke schneiden
2 Zwiebeln	– schälen, würfeln
2 Knoblauchzehen	– schälen, in feine Scheiben schneiden
1–2 grüne Chilis	– waschen, von den Kernen befreien, fein schneiden
½ Bund Petersilie	– waschen, fein hacken
¼ l Weinessig	– mit Tomate und Zwiebel zum Kochen bringen
1 Stange Zimt 1 EL Salz 250 g brauner Zucker 1 TL geriebener Ingwer 6 Gewürznelken	– die restlichen Zutaten untermischen und unter Rühren 10 Min. kochen lassen
⅛ l Öl 2 EL Senfkörner	– erhitzen, Senfkörner unter Rühren 1 Min. darin braten, zum Chutney geben und kochen lassen, bis es dicklich wird – heiß in vorbereitete Gläser füllen und sofort verschließen

Scharfe Curry-Gurken

Zutaten	Zubereitung
2 Schlangengurken	– waschen, schälen, halbieren und in ca. 2 cm breite Stücke schneiden
350 ml Weinessig 150 ml Apfelsaft 200 g Zucker	– erhitzen
1 EL Curry 2 EL Mango Chutney 1 Zimtstange ½ TL gemahlener Koriander 1 EL Senfkörner 1 TL Pfefferkörner (weiße)	– zugeben und den Sud 5 Min. kochen lassen – Gurkenstücke zugeben und aufkochen lassen
	– Gurken dicht an dicht in vorbereitete Gläser füllen, mit dem heißen Sud übergießen und verschließen **Mindestens 10 Tage an einem kühlen Ort ziehen lassen!**

Eingelegte Champignons

Zutaten	Zubereitung
500 g Champignons	– putzen, evtl. halbieren
2 Zwiebeln	– schälen, in Ringe schneiden
¼ l Weißweinessig ¼ l Obstessig ¾ l Wasser 250 g Zucker 2 EL Senfkörner 1 gehäufter EL Pfefferkörner 1 EL Wacholderbeeren 1 EL Salz etwas Estragon	– zum Kochen bringen – Zwiebelringe zugeben und 5 Min. kochen lassen – Champignons zugeben und kurz aufkochen lassen
	– Champignons in vorbereitete Gläser verteilen, mit dem kochend heißen Sud übergießen und verschließen **Mindestens 10 Tage an einem kühlen Ort ziehen lassen!**

Eingelegte Knoblauchzehen

Zutaten	Zubereitung
500 g Knoblauch	– schälen, Knoblauchzehen kalt waschen
250 ml Rotweinessig 150 ml Wasser 100 ml roter Traubensaft 1 gehäufter EL Salz 4 gehäufte EL Zucker 2 Lorbeerblätter 3 Gewürznelken 15 Pfefferkörner	– Sud kochen – Knoblauchzehen hineingeben und aufkochen lassen, zugedeckt über Nacht stehen lassen – am nächsten Tag nochmals 10 Min. kochen lassen – heiß in vorbereitete Gläser füllen (der Sud muss die Knoblauchzehen bedecken!)
Olivenöl	– ca. ½ cm dicke Schicht oben aufgießen, Gläser sofort verschließen **Mindestens 4 Wochen an einem kühlen Ort ziehen lassen!** (Verzehrdatum auf das Etikett schreiben!)

Apfel-Orangen-Fruchtaufstrich

Zutaten	Zubereitung
75 g getrocknete Äpfel 50 g getrocknete, saftige Feigen 2 unbehandelte Orangen	– klein schneiden oder im Mixer zerkleinern – heiß abwaschen, Schale dünn abreiben, anschließend mit dem Messer schälen und das Fruchtfleisch in Stücke teilen – alle Zutaten nochmals mit dem Mixer kurz durchmixen – Marmelade in heiß gespülte Gläser füllen, verschließen und im Kühlschrank aufbewahren **Haltbarkeit im Kühlschrank: 8–10 Tage** Auf das Etikett: Gekühlt haltbar bis ...

Roh gerührte Himbeermarmelade

Zutaten	Zubereitung
500 g reife Himbeeren (evtl. tiefgefrorene Früchte) 125 g fester Honig, z. B. Klee- oder Rapshonig	– Früchte verlesen, nach Möglichkeit nicht waschen, pürieren – stückchenweise dazugeben und so lange durchrühren, bis eine einheitliche Masse entstanden ist – in kleine Schraubgläser füllen und im Kühlschrank aufbewahren **Haltbarkeit im Kühlschrank: ca. 14 Tage** Auf das Etikett: Gekühlt haltbar bis ...

Erdbeer-Kiwi-Konfitüre

Zutaten	Zubereitung
750 g Erdbeeren 250 g Kiwis ½ Zitrone (Saft und geriebene Schale) 1 kg Gelierzucker 1:1	– waschen, putzen, halbieren, pürieren – schälen, vierteln, in kleine Stücke schneiden, zu der Erdbeermasse geben – zugeben – zugeben, unter Rühren zum Kochen bringen, laut Anleitung kochen lassen, Gelierprobe machen – heiß in vorbereitete Gläser füllen und sofort verschließen

Lösungsvorschlag zu S. 61

Welche Bedeutung hat die Vorratshaltung?	Worauf ist bei der Vorratshaltung zu achten?
✓ Sie bringt Abwechslung durch größere Auswahl. ✓ Sie beruhigt, z. B. bei unerwartetem Besuch, plötzlicher Krankheit. ✓ Sie spart Geld, man kann Sonderangebote nutzen. ✓ Sie spart Zeit; man muss nicht so oft einkaufen gehen.	– Die Menge der Vorräte richtet sich nach der Familiengröße und den Lagermöglichkeiten. – Vorräte kühl, dunkel und gut verpackt lagern. ✓ – Auf die Haltbarkeit achten. ✓ – Vorräte kontrollieren, z. B. Verdorbenes, Ungeziefer.

Wir stellen unseren Vorrat selbst her!

Wann lohnt es sich, Lebensmittel selbst haltbar zu machen?

Wenn man dazu Zeit hat; Obst und Gemüse nichts oder nur wenig kosten (eigener Garten); außerdem kann man eigene Wünsche (Geschmacksrichtungen) erfüllen; man weiß was drin ist; es macht Spaß!

| Name: | | Klasse: 8 | Datum: | HsB | Nr.: |

Welche Bedeutung hat die Vorratshaltung?

_____
_____
_____
_____
_____

Worauf ist bei der Vorratshaltung zu achten?

_____
_____
_____
_____
_____

Wir stellen unseren Vorrat selbst her!

Wann lohnt es sich, Lebensmittel selbst haltbar zu machen?

Schnelle Dillgurken

Zutaten	Zubereitung
1 kg Gurken	– schälen, halbieren, in 2-cm-Stücke schneiden
400 ml Weinessig 200 ml Wasser 100 g Zucker ½ EL Salz ½ Bund Dill, zerpflückt ½ Zwiebel, gewürfelt 1 EL mittelscharfer Senf 1 EL grüne Pfefferkörner	– zum Kochen bringen
	– mit den Gurkenstücken in den kochenden Sud geben, 5 Min. kochen lassen
	– sofort in vorbereitete Gläser verteilen, mit dem heißen Sud übergießen und verschließen

Mind. eine Woche an einem kühlen Ort stehen lassen.

Marmelade

Zutaten	Zubereitung
1 kg Obst (gewogen nach der Vorbereitung)	– waschen, je nach Art vorbereiten und klein schneiden
1 kg Gelierzucker 1:1 ½ Zimtstange oder Saft von ½ Zitrone	– zugeben und gut verrühren
	– zum Kochen bringen, ab und zu umrühren
	– unter ständigem Rühren 5 Min. sprudelnd kochen lassen, Gelierprobe machen
	– heiß in vorbereitete Gläser füllen und sofort verschließen

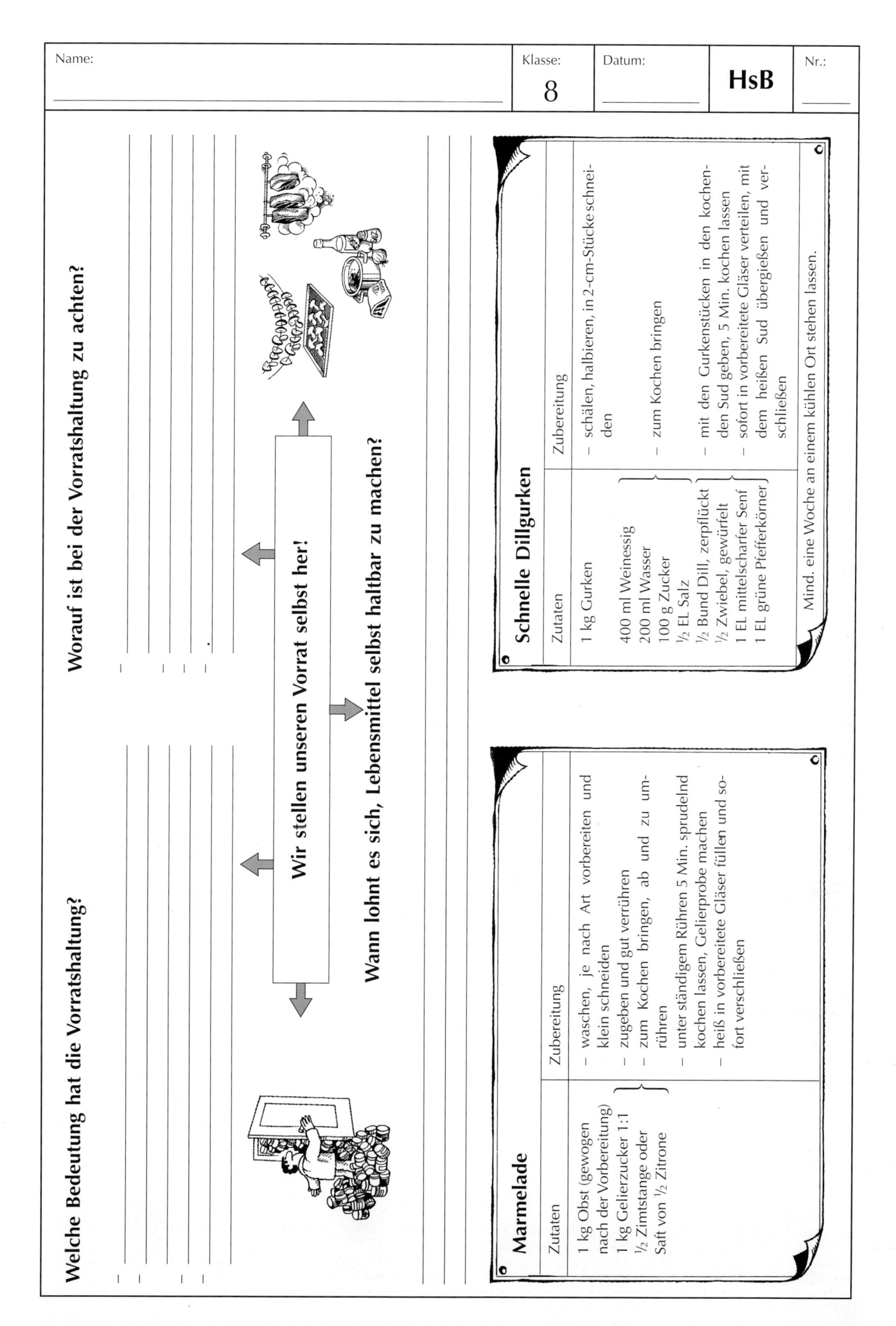

Tiefgefrieren – gewusst wie!

Artikulation:

Anfangsphase: Folie „Tiefgefrieren – (k)eine Erfindung des 20. Jahrhunderts!"
1. Teilziel: Lernzirkel „Tiefgefrieren"
GZF: Merkblatt zum sachgerechten Tiefgefrieren: Merkpunkte unterstreichen

Medien:

Folien für die Anfangs- und Schlussphase; Stationenkarten; Merkblatt; zum Einfrieren pro Gruppe ca. 500–1000 g Gemüse, z. B. Karotten, Lauch, Sellerie; geeignetes/ungeeignetes Verpackungsmaterial; Gebrauchsanleitung des TK-Gerätes der Schulküche

Lernziele:

Die Schüler/innen sollen …
… wissen, welche Anforderungen an das Gefriergut gestellt werden bzw. welche Lebensmittel zum Tiefgefrieren ungeeignet sind.
… das Gefriergut sachgerecht vorbereiten und blanchieren.
… den Begriff „Blanchieren" erklären können.
… geeignete Verpackungsmaterialien kennen und begründet auswählen.
… das Tiefkühlgerät zum Einfrieren richtig bedienen.
… den Vorgang des „Schockfrostens" erklären können.

Hinweise:

– Während die Schüler den Lernzirkel durchlaufen, wird das Wasser zum Blanchieren aufgesetzt. Das Blanchieren wird im Klassenverband durchgeführt (Lehrervorarbeit wegen Unfallgefahr!).
– Anstatt des Lernzirkels kann das Tiefgefrieren als Anleitungsaufgabe mit Hilfe des Merkblattes erarbeitet werden.
– Die richtige Verarbeitung und die Vor- und Nachteile der Tiefkühlkost werden im Unterrichtsgespräch erarbeitet.

Folie (Anfangsphase)

Tiefgefrieren – (k)eine Erfindung des 20. Jahrhunderts!

Transport von Eistafeln, ca. 1871

Eisverladung um 1900

Stationen für den Lernzirkel (1. Teilziel)

- Die Stationen werden einzeln bzw. nach Absprache von einzelnen Schüler/innen aus der Gruppe bearbeitet.
- Die Stationen 1–3 werden in jeder Koje vorbereitet, damit es keinen Streit um das Gemüse gibt und damit die Schüler/innen mit ihrem Gemüse nicht quer durch die Küche laufen müssen. Außerdem muss jede Gruppe ihre Koje später wieder selbst sauber machen und aufräumen. Die Schüler/innen sollen mind. 2 Stationen durchlaufen.
- Für sehr schnelle Schüler/innen gibt es Zusatzstationen.
- Die Stationen 4 und 5 können von einzelnen Schüler/innen aus der Gruppe erledigt werden.
- Die Station 7 ist eine Kann-Station.

Station 1: Karotten

Vorbereiten des Gemüses

1. Bereite den Arbeitsplatz überlegt vor.
2. Bereite das Gemüse zum Einfrieren vor:
   Waschen, schälen, putzen, in dünne Scheiben schneiden.
3. Informiere dich auf dem Merkblatt, welche Lebensmittel zum Einfrieren ungeeignet sind.

Medien: Karotten, Merkblatt

Station 2: Lauch

Vorbereiten des Gemüses

1. Bereite den Arbeitsplatz überlegt vor.
2. Bereite das Gemüse zum Einfrieren vor:
   Der Länge nach halbieren, gründlich waschen und putzen, in feine Streifen schneiden.
3. Informiere dich auf dem Merkblatt, was mit dem Gemüse vor dem Einfrieren gemacht werden soll.

Medien: Lauch, Merkblatt

Station 3:

Vorbereiten des Gemüses

1. Bereite den Arbeitsplatz überlegt vor.
2. Bereite das Gemüse zum Einfrieren vor:
   Je nach Art waschen, schälen, putzen und in gleich große Stücke schneiden.
3. Informiere dich auf dem Merkblatt, was man unter „Blanchieren" versteht.

Medien: Gemüse nach Angebot, Merkblatt

Station 4:

Geeignete Verpackungen

1. Betrachte die Auswahl an Verpackungsmaterialien. Es haben sich einige völlig ungeeignete Verpackungen zum Einfrieren eingeschlichen!
2. Wähle 1–2 Verpackungsmöglichkeiten aus, die dir geeignet erscheinen. Besprich dich mit deiner Gruppe. Ihr sollt die Wahl begründen können!

Medien: Verschiedene geeignete und ungeeignete Verpackungsmaterialien, evtl. Broschüren

Station 5:

Beschriften der Verpackung

1. Beschrifte das Etikett für das Gemüse deiner Gruppe.

   Folgende Angaben stehen dir zur Verfügung:
   Uhrzeit beim Einfrieren – Menge des Gemüses – dein Name – Gruppen-Nr. – heutiges Datum – „Gemüse-Allerlei" – „Lieblingsgemüse" – „Gemüse in Scheiben" – Stückzahl der Gemüsesorten – Wochentag – heutiges Wetter

   Wähle 3–4 Angaben überlegt aus.

Medien: Klebe-Etiketten, Stift

Station 6:

Bedienung des Tiefkühlgerätes

1. Lies in der Gebrauchsanleitung durch, wie das Gefriergerät zum Einfrieren von größeren Mengen an Lebensmitteln richtig „vorbereitet" wird (bzw. lies auf dem Merkblatt den entsprechenden Absatz durch).
2. Was bedeutet die „gelbe Kontrollleuchte"?
3. Suche nach einem „Zeichen", das dir sagt, dass das Gerät zum Tiefgefrieren von Lebensmitteln geeignet ist.

Medien:
Gebrauchsanleitung des Gerätes der Schulküche, Merkblatt

Station 7:

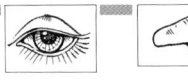

Lebensmittel im Vergleich: Dose – Tiefkühlkost – Frischware

1. Betrachte die verschiedenen Gemüse. Was stellst du fest?
2. Rieche daran und probiere sie.
3. Welches Gemüse würdest du für welches Gericht verwenden? Ordne die Wortkarten zu.

Medien:
Dosengemüse, TK-Gemüse, Frischgemüse Wortkarten (3fache Ausfertigung)

| Rohkostsalat | Dünstgemüse | Cremesuppe | Eintopf |

Zusatzstation A:

„Schockfrosten" – Was geschieht dabei im Lebensmittel?

1. Betrachte die zwei Abbildungen. Sie stellen die Zellen von tiefgefrorenen Lebensmitteln dar. Ein Lebensmittel wurde schnell, das andere sehr langsam eingefroren.

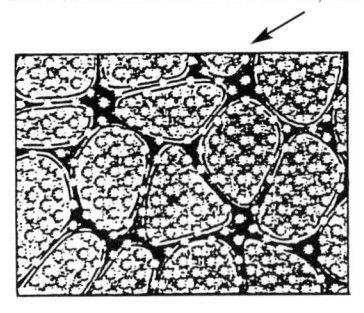

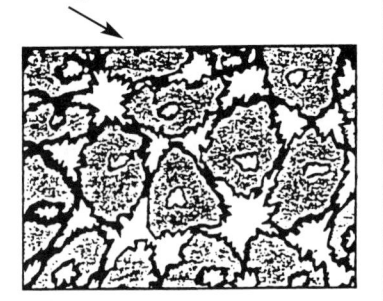

2. Überlege dir, welche Auswirkungen ein langsames Gefrieren (bei zu wenig Kälte) auf die Lebensmittelqualität hat.

Zusatzstation B:

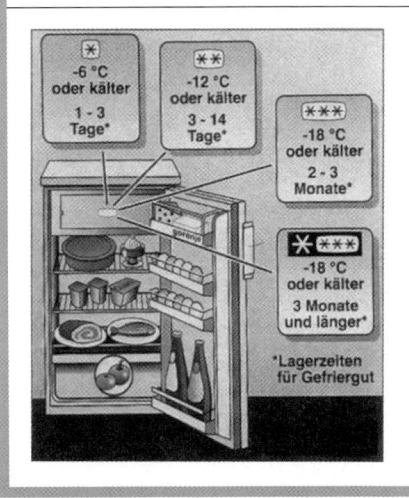

Tiefkühlkost richtig lagern!

1. Betrachte die Abbildung.
2. Überlege dann Merkpunkte zur Lagerung von Tiefkühlkost.

Die Lagerzeit richtet sich auch nach der Art des Lebensmittels und sollte nicht überschritten werden, da es sonst zu einer Minderung der Qualität kommt! Die maximale Lagerzeit beträgt für:

- Fleisch (je nach Art)   3–12 Monate
- Gemüse   6–12 Monate
- Obst   8–12 Monate
- Gebäck, Brot   bis 6 Monate

Die Haltbarkeit der Tiefkühlkost hängt von der Zahl der Sterne ab.

| Name: | Klasse: 8 | Datum: | HsB | Nr.: |

Merkblatt zum sachgerechten Tiefgefrieren!

1. Auswahl der Lebensmittel:

– Nur frische und einwandfreie Lebensmittel eignen sich zum Tiefgefrieren.
– Ungeeignet sind z. B. Blattsalate, ganze Tomaten, Weintrauben, Gurken (zu hoher Wassergehalt), rohe Kartoffeln (Geschmacksveränderung – Stärke wird zu Zucker!).

2. Vorbereiten der Lebensmittel:

– Feste Lebensmittel (z. B. Fleisch, Brot) und Fertiggerichte müssen portioniert werden.
– Obst und Gemüse müssen vor dem Gefrieren geputzt, gewaschen und zerkleinert werden.
Gemüse sollte zusätzlich durch Blanchieren vorbereitet werden!

Zweck: Farbe, Geschmack und Nährstoffe bleiben erhalten. Mikroorganismen werden abgetötet.

Vorgehensweise: Das vorbereitete Gemüse **kurzzeitig** in **kochendes Wasser** (pro kg Gemüse 4 l Wasser) geben und anschließend sofort mit **kaltem Wasser** überbrausen, gut abtropfen und abkühlen lassen.

Blanchierzeiten: (Siehe Gebrauchsanleitung des TK-Gerätes!) Je nach Härte und Größe des Gemüses: 1–4 Minuten.

3. Richtiges Einfrieren:

• **Geeignetes Verpackungsmaterial:**

– Folgende Eigenschaften müssen erfüllt werden, damit Qualität und Eigengeschmack erhalten bleiben: wasser- und luftdicht, geruchs- und geschmacksneutral, haltbar, gefrierfest, hygienisch.
– Wiederverwendbare Materialien, z. B. Gefrierdosen, sind umweltfreundlich und kommen auf die Dauer billiger.
– Die Verpackung muss dicht verschlossen sein. Außerdem muss die Luft so gut wie möglich entfernt werden, damit das Lebensmittel rasch durchgefrieren kann!
– Die Größe der Verpackung richtet sich nach der Menge des einzufrierenden Lebensmittels.

• **Beschriften:**

Mit Klebe-Etiketten oder Folienstift wird die Verpackung gekennzeichnet.
Folgende Angaben sind notwendig: – Inhalt
– Menge
– Einfrierdatum

500 g Gulaschfleisch
25. 1. 05

Zusätzlich ist eine **Lagerliste** sinnvoll, um die Übersicht zu bewahren und die Überwachung der Lebensmittel zu erleichtern.

• **Umgang mit dem Tiefkühlgerät:**

Damit die Qualität der Lebensmittel erhalten bleibt, muss der Gefriervorgang möglichst schnell ablaufen. Bei größeren Mengen muss das Gerät einige Stunden vorher auf **Schockfrosten** gestellt werden.

Normalbetrieb   Kontrollleuchte für die Temperatur (zu warm!)
Thermostat →   grün   gelb   rot   Ein Aus   Schockfrosten

Wenn die Lebensmittel „bis zum Kern" durchgefroren sind, muss das Gerät wieder auf Normalbetrieb gestellt werden. Jetzt reicht eine **Lagertemperatur von –18° C** aus.

GZF = Gesamtzusammenfassung

Der Vier-Sterne-Vorrat

Artikulation:

Anfangsphase: Wiederholung: Sachgerechtes Einfrieren, Schüler/innen stellen sich gegenseitig Fragen anhand des Merkblattes
1. Teilziel: Zubereiten des Gerichtes
TZV: Verarbeitung von Tiefkühlkost
2. Teilziel: Bewerten des Tiefkühlvorrates
Auswerten der Zusatzstationen der Vorwoche
TZV: Tiefkühlvorrat hat nicht nur Vorteile!
GZF: Folie „Wir sind die ‚Tiefkühl-Profis'!"

Medien:

Merkblatt (siehe S. 65), Dosen- und Tiefkühlgemüse, z. B. Karotten zum sensorischen Vergleich, Folie, Arbeitsblatt

Hinweis:

Verarbeitung des eingefrorenen Gemüses der Vorstunde.

Lernziele:

Die Schüler/innen sollen …
… Merkpunkte zur Lagerung und zum Umgang mit dem Tiefkühlgerät wissen.
… Vor- und Nachteile der Tiefkühlkost erkennen.

Folie (GZF)

Wir sind die „Tiefkühl-Profis"!

- Welche Lebensmittel sind ungeeignet zum Tiefgefrieren und warum?
- Wie werden Lebensmittel zum Tiefgefrieren sachgerecht vorbereitet?
- Gemüse verlangt eine besondere Behandlung. Benenne und beschreibe den Vorgang!
- Welche Verpackungsmaterialien sind gut geeignet?
- Welche Angaben müssen unbedingt auf der Verpackung stehen?
- Worauf ist beim Einfrieren der Lebensmittel zu achten?
- Wie wird das Gerät richtig zum Einfrieren großer Mengen vorbereitet?
- Was geschieht beim „Schockfrosten" im Lebensmittel?
- Welche Geräte sind zum Einfrieren geeignet?
- Nenne 2 Lagermerkpunkte!
- Wie werden tiefgefrorene Lebensmittel sachgerecht zubereitet?
- Welche Vorteile hat das Tiefgefrieren?
- Welche Nachteile hat das Tiefgefrieren?

Name:	Klasse: 8	Datum:	**HsB**	Nr.:

Dünstgemüse

Zutaten	Zubereitung
500 g Gemüse 1 kleine Zwiebel 20 g Butter Salz, Pfeffer, Gewürze ca. 100 ml warmes Wasser	– waschen, putzen, zerkleinern – fein würfeln – schmelzen, Zwiebel glasig dünsten, Gemüse zugeben und mit andünsten – würzen – zum Aufgießen, nach Bedarf zugeben **Garzeit:** 10–30 Min., je nach Gemüse
1 EL Crème fraîche fein gehackte Kräuter	– zum Verfeinern – zum Garnieren

Dieses Rezept ist geeignet für folgende Gemüsesorten:

Blech-Kartoffeln

Zutaten	Zubereitung
Fett 1 Zwiebel nach Belieben 100 g magerer Speck 3–4 mittelgroße Kartoffeln Salz, Pfeffer	– Backblech einfetten, Ofen vorheizen – würfeln – würfeln – waschen, schälen, in 1-cm-Würfel schneiden – alle Zutaten mischen und auf dem Blech verteilen – würzen
Kümmelkartoffeln: Kümmel (ganz oder gemahlen)	– nach Geschmack würzen
Kräuterkartoffeln: Kräuter nach Belieben (frisch oder getrocknet, einzeln oder gemischt)	– über die Kartoffeln streuen
Paprikakartoffeln: Paprikapulver 1 fein gewürfelte Paprikaschote	– nach Geschmack würzen – über die Kartoffeln verteilen **Backen im Ofen:** ca. 30 Min. bei 220° C

Zur Nacharbeit: Unterstreiche die Lebensmittel in den Rezepten, die sich gut zum Einfrieren eignen.

| Name: | Klasse: 8 | Datum: | HsB | Nr.: |

Der „Vier-Sterne"-Vorrat

Das Tiefgefrieren ist die schonendste Art der Haltbarmachung, bei der die Lebensmittel ihre „Frisch"-Qualität weitgehend beibehalten, wenn verschiedene Bedingungen beachtet werden!

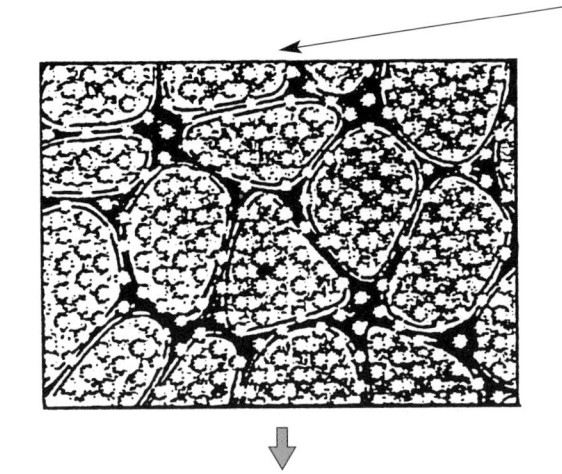

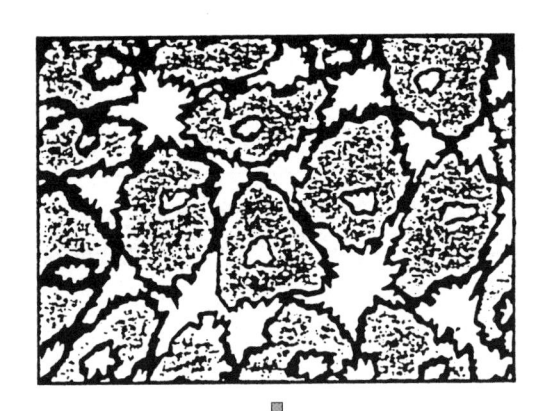

- **Die Lebensmittel müssen** _____ **werden!**

⬇ _____ ⬇ _____

_____   _____

_____   _____

_____   _____

_____   _____

- **Tiefgefrorene Lebensmittel richtig lagern!**

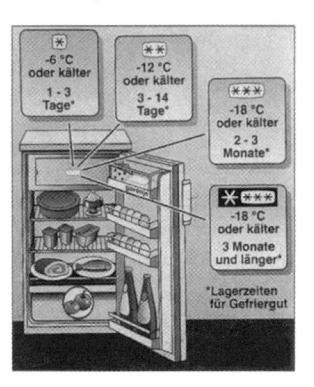

Merke:

- **Die Dauer der Lagerfähigkeit ist abhängig von:**

  ↙ _____ ↘ _____

- **Das Tiefkühlgerät muss regelmäßig** _____

  _____

- **Tiefkühlkost sachgerecht zubereiten!**

Vor der Zubereitung:

– Große Fleisch- und Fischstücke, ganzes Geflügel: _____

– Kuchen und Obst für den Rohverzehr: _____

– Fertiggerichte und Lebensmittel mit kurzer Garzeit: _____

Auftauwasser _____

An- und aufgetaute Lebensmittel _____

Grundsätzlich ist die Garzeit _____

Lösungsvorschlag zu S. 68

| Name: | Klasse: 8 | Datum: | HsB | Nr.: |

Der „Vier-Sterne"-Vorrat

Das Tiefgefrieren ist die schonendste Art der Haltbarmachung, bei der die Lebensmittel ihre „Frisch"-Qualität weitgehend beibehalten, wenn verschiedene Bedingungen beachtet werden!

- **Die Lebensmittel müssen** _schockgefrostet_ **werden!**

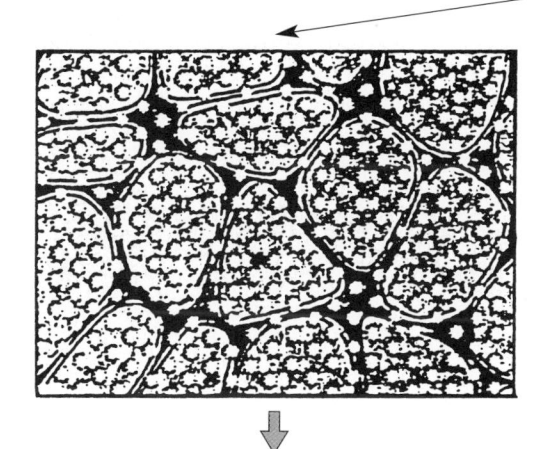

schneller Temperaturabfall bei minus 25–36° C
- schockartige Kälteerstarrung
- es bilden sich winzige Eiskristalle
- Zellstruktur bleibt erhalten

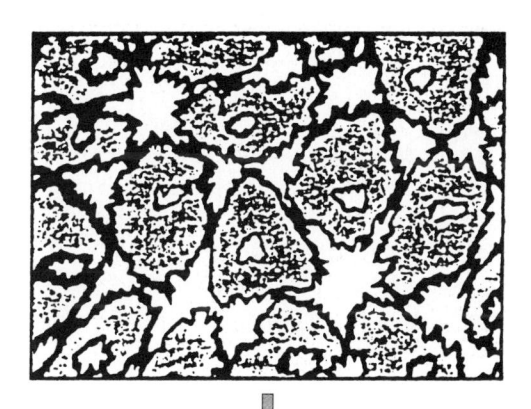

langsamer Temperaturabfall
- langsam wachsende Eiskristalle zerstören die Zellstruktur
- Qualität (Aussehen, Geschmack, Farbe) leidet beim Auftauen

- **Tiefgefrorene Lebensmittel richtig lagern!**

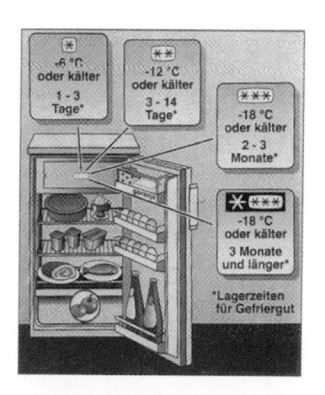

Merke:
- Die Dauer der Lagerfähigkeit ist abhängig von:

  der Art des Lebensmittels   _der Lagertemperatur_

- Das Tiefkühlgerät muss regelmäßig _kontrolliert, abgetaut und gereinigt werden._

- Tiefkühlkost sachgerecht zubereiten!

Vor der Zubereitung:
- Große Fleisch- und Fischstücke, ganzes Geflügel: _ganz auftauen_
- Kuchen und Obst für den Rohverzehr: _ganz auftauen_
- Fertiggerichte und Lebensmittel mit kurzer Garzeit: _kurz auftauen_

Auftauwasser _sofort wegschütten („Tummelplatz" für Bakterien)!_
An- und aufgetaute Lebensmittel _dürfen nur gegart wieder eingefroren werden!_
Grundsätzlich ist die Garzeit _etwas verkürzt!_

Weihnachtliches Backen

Artikulation:

Anfangsphase: Schüler/innen probieren ein Plätzchen, Zutatenanalyse
1. Teilziel: Herstellen eines gehackten Mürbteiges
2. Teilziel: Herstellen der Plätzchen, Sicherung: Nummerieren der Arbeitsschritte auf dem Arbeitsblatt
GZF: Mürbteig-Puzzle

Lernziele:

Die Schüler/innen sollen …
… den süßen Mürbteig mit seinen Abwandlungsmöglichkeiten kennen lernen.
… einen gehackten Mürbteig sachgerecht herstellen können.
… das Mengenverhältnis der Zutaten eines Mürbteiges erkennen.
… Mürbteig sachgerecht auswellen und Plätzchen sachgerecht ausstechen.

Medien:

Plätzchen als Kostprobe, Puzzle mehrmals auf Tonpapier kopieren und evtl. laminieren, kleinen Puzzlestern in Teile schneiden, Lösungsblatt für Selbstkontrolle kopieren, Arbeitsblatt, Folie

Hinweis:

In den einzelnen Kochgruppen können verschiedene Abwandlungsmöglichkeiten des Mürbteiges hergestellt werden. Verzieren der Plätzchen erfolgt in der nächsten UE.

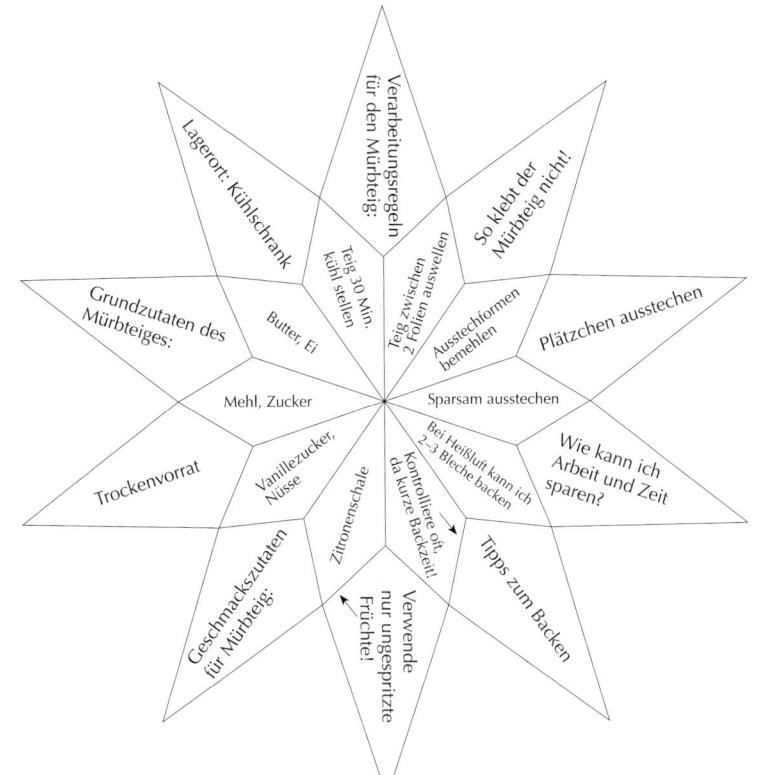

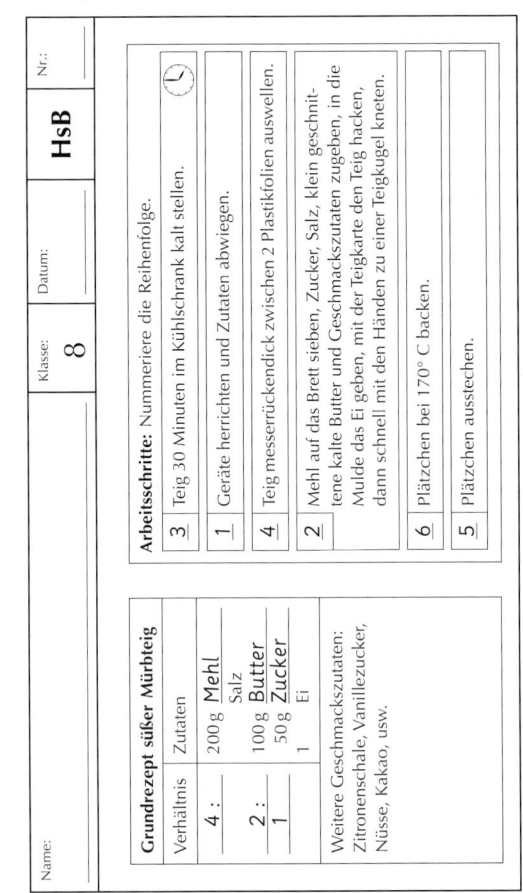

Lösung zu S. 71

Mürbteig-Puzzle (Stern):
- Verarbeitungsregeln für den Mürbteig:
- Lagerort: Kühlschrank
- Teig 30 Min. kühl stellen
- So klebt der Mürbteig nicht!
- Teig zwischen 2 Folien auswellen
- Ausstechformen bemehlen
- Grundzutaten des Mürbteiges:
- Butter, Ei
- Mehl, Zucker
- Plätzchen ausstechen
- Sparsam ausstechen
- Trockenvorrat
- Vanillezucker, Nüsse
- Bei Heißluft kann ich 2-3 Bleche backen
- Wie kann ich Arbeit und Zeit sparen?
- Geschmackszutaten für Mürbteig:
- Zitronenschale
- Kontrolliere oft, da kurze Backzeit!
- Verwende nur ungespritzte Früchte!
- Tipps zum Backen

Lösung zu S. 72

Klasse: 8 **Datum:** ___ **HsB** **Nr.:** ___
Name: ___

Arbeitsschritte: Nummeriere die Reihenfolge.

3	Teig 30 Minuten im Kühlschrank kalt stellen.
1	Geräte herrichten und Zutaten abwiegen.
4	Teig messerrückendick zwischen 2 Plastikfolien auswellen.
2	Mehl auf das Brett sieben, Zucker, Salz, klein geschnittene kalte Butter und Geschmackszutaten zugeben, in die Mulde das Ei geben, mit der Teigkarte den Teig hacken, dann schnell mit den Händen zu einer Teigkugel kneten.
6	Plätzchen bei 170° C backen.
5	Plätzchen ausstechen.

Grundrezept süßer Mürbteig

Verhältnis	Zutaten
4 :	200 g Mehl
	Salz
2 :	100 g Butter
1	50 g Zucker
	1 Ei

Weitere Geschmackszutaten: Zitronenschale, Vanillezucker, Nüsse, Kakao, usw.

Mürbteig-Puzzle

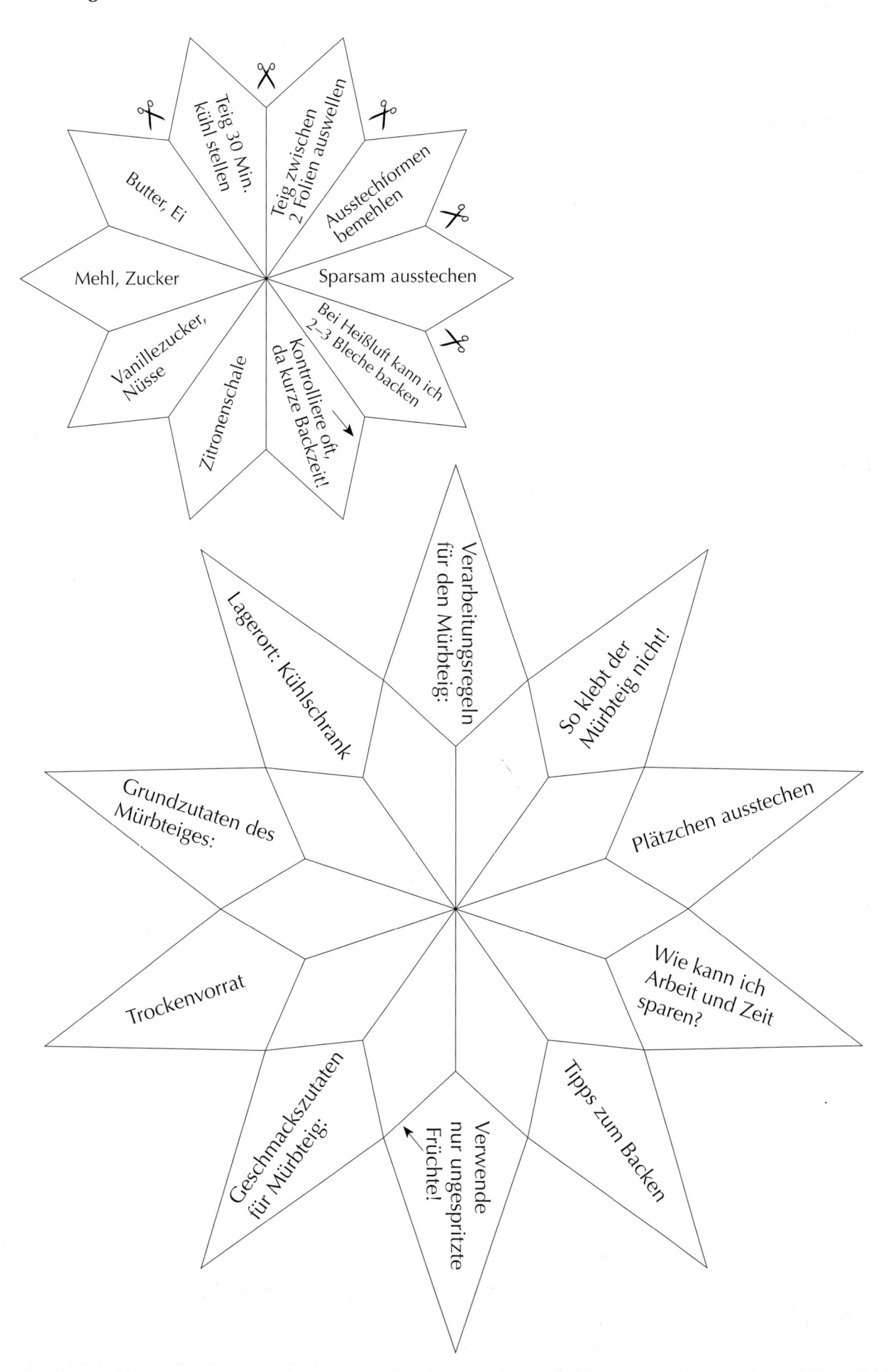

Stern 1 (Zutaten):
- Teig 30 Min. kühl stellen
- Teig zwischen 2 Folien auswellen
- Ausstechformen bemehlen
- Sparsam ausstechen
- Bei Heißluft kann ich 2–3 Bleche backen
- Kontrolliere oft, da kurze Backzeit!
- Zitronenschale
- Vanillezucker, Nüsse
- Mehl, Zucker
- Butter, Ei

Stern 2 (Überschriften):
- Verarbeitungsregeln für den Mürbteig:
- So klebt der Mürbteig nicht!
- Plätzchen ausstechen
- Wie kann ich Arbeit und Zeit sparen?
- Tipps zum Backen
- Verwende nur ungespritzte Früchte!
- Geschmackszutaten für Mürbteig:
- Trockenvorrat
- Grundzutaten des Mürbteiges:
- Lagerort: Kühlschrank

| Name: | | Klasse: 8 | Datum: | HsB | Nr.: |

Grundrezept süßer Mürbteig

Verhältnis	Zutaten
_____	200 g _____
	Salz
_____	100 g _____
_____	50 g _____
	1 Ei

Weitere Geschmackszutaten: Zitronenschale, Vanillezucker, Nüsse, Kakao, usw.

Arbeitsschritte: Nummeriere die Reihenfolge.

- __ Teig 30 Minuten im Kühlschrank kalt stellen.
- __ Geräte herrichten und Zutaten abwiegen.
- __ Teig messerrückendick zwischen 2 Plastikfolien auswellen.
- __ Mehl auf das Brett sieben, Zucker, Salz, klein geschnittene kalte Butter und Geschmackszutaten zugeben, in die Mulde das Ei geben, mit der Teigkarte den Teig hacken, dann schnell mit den Händen zu einer Teigkugel kneten.
- __ Plätzchen bei 170° C backen.
- __ Plätzchen ausstechen.

Mürbteig

Abwandlungsmöglichkeiten des Mürbteiges:

- Vanillekipferl
- Husarenkrapferl
- Äpfel im Schlafrock
- Boden für Obstkuchen

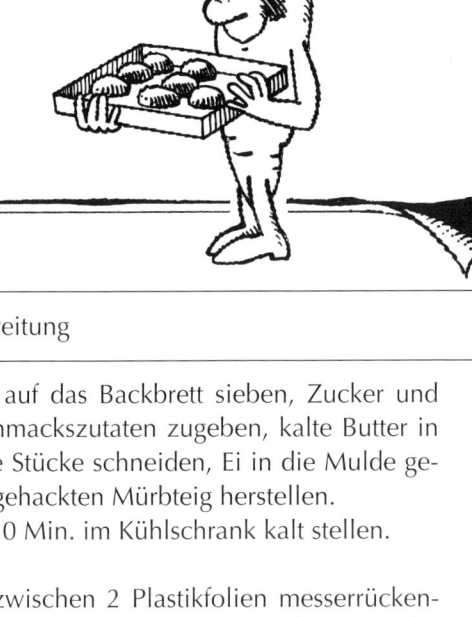

Marillenringe

Menge	Zutaten	Zubereitung
500 g	Mehl	Mehl auf das Backbrett sieben, Zucker und Geschmackszutaten zugeben, kalte Butter in kleine Stücke schneiden, Ei in die Mulde geben, gehackten Mürbteig herstellen.
125 g	Zucker	
1 Prise	Salz	
30 g	gem. Nüsse	
½	Zitrone (abger. Schale)	Teig 30 Min. im Kühlschrank kalt stellen.
1 P.	Vanillezucker	
250 g	Butter	Teig zwischen 2 Plastikfolien messerrückendick auswellen. Kreise ausstechen. Bei der Hälfte der Plätzchen in der Mitte einen kleineren Kreis ausstechen. Plätzchen backen.
1	Ei	
	Puderzucker	Die Kreise mit Loch nebeneinander auf ein Gitter legen und mit Puderzucker bestäuben. Aprikosenmarmelade erhitzen und die Kreise ohne Loch auf der Unterseite damit bestreichen. Das Oberteil darauf setzen.
	Aprikosenmarmelade	

Wir feiern ein Fest

Artikulation:

Anfangsphase: Einstimmung: Folie „Was macht ein Fest zu einem Fest?"
1. Teilziel: Herstellen von Elisenlebkuchen, Verzieren der Plätzchen, evtl. Herstellen von jüdischen oder muslimischen Spezialitäten
2. Teilziel: Feste in den Religionen, arbeitsteilige Gruppenarbeit, Tisch decken
GZF: Bewertung: Wer hat den schönsten Tisch gestaltet?

Lernziele:

Die Schüler/innen sollen …

… einen Tisch unter Berücksichtigung des Jahresfestkreises decken und gestalten.
… Brauchtum in Auswahl und Präsentation von Speisen und Getränken erlebbar machen.
… drei Feste von verschiedenen Religionen miteinander vergleichen.
… erkennen, dass in einer multikulturellen Gesellschaft Toleranz für andere Religionen und ihre Feste sehr wichtig ist.
… den sozialen und gesellschaftlichen Wert von Festen und Feiern erkennen.

Medien:

Folie, Arbeitsblatt, Arbeitsaufträge, Stoff- und Papierservietten, Kerzen, Strohsterne, Zweige, Tischdecken, Sets usw.

Hinweise:

– Die Auswahl der Gerichte orientiert sich an der Zusammensetzung der Gruppe.
– Getrocknete Fadennudeln erhält man in türkischen Lebensmittelläden.

Folie: Was macht ein Fest zu einem Fest? (Anfangsphase)

Unterrichtssequenzen Hauswirtschaftlich-sozialer Bereich, © Auer Verlag GmbH, Donauwörth
Als Kopiervorlage freigegeben

Arbeitsteilige Gruppenarbeit (2. Teilziel)

Aufgabe: Ein Fest der Christen – Weihnachten

1. Fülle auf dem Arbeitsblatt das Feld „Christentum" aus.
2. Betrachte die Übersicht. Viele Elemente helfen, dass ein Fest richtig festlich gefeiert werden kann.
3. Decke einen festlichen Tisch (Kaffeegeschirr).

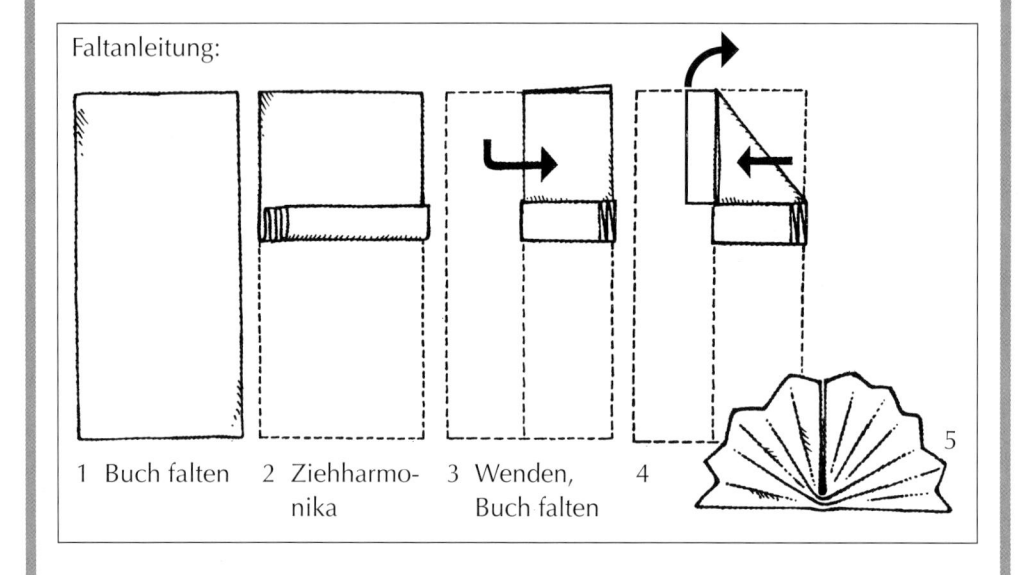

Was macht ein Fest erst schön?
- Tischschmuck: Blumen, Gestecke, Sterne usw.
- Kerzen
- schönes Geschirr
- Gemeinschaft
- Tischdecke
- Musik
- Servietten

Faltanleitung:
1. Buch falten
2. Ziehharmonika
3. Wenden, Buch falten
4.
5.

Medien:
Arbeitsblatt, Tischschmuck, z. B.
– Kerzen
– Servietten
– Strohsterne
– Tischdecke
– Tannenzweige
– usw.

Aufgabe: Ein Fest der Juden – Chanukka

1. Lies den Text genau durch.
2. Fülle auf dem Arbeitsblatt das Feld „Judentum" aus.

Chanukka, auch Lichterfest genannt, erinnert an die Wiedereinweihung des Jerusalemer Tempels 164 vor der Zeitrechnung. Das Fest findet immer am 25. Tag des jüdischen Monats „Kislev" statt. Alle 25 Jahre trifft dieser Tag auf den 25. Dezember.
Der Talmud berichtet von einem Wunder: Im Tempel fand sich noch ein Krug mit geweihtem Lampenöl. Dieses reichte eigentlich nur für diesen Tag, brannte aber 8 Tage lang. Daher wird dieses Fest 8 Tage lang gefeiert. Abend für Abend wird am Chanukka-Leuchter eine Kerze mehr entzündet. Die 9. Kerze dient zum Anzünden der übrigen acht und wird deshalb auch „Diener" genannt. Als typisches Gericht werden Latkes verspeist, eine Art Kartoffelpuffer, und Zitronentee mit einem Löffel Rum getrunken.

Medien:
Arbeitsblatt, Bild vom Chanukka-Leuchter

Aufgabe: Ein Fest der Muslime – Id al-Fitr (kleiner Beiram)

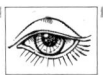

Medien: Arbeitsblatt

1. Lies den Text genau durch.
2. Fülle auf dem Arbeitsblatt das Feld „Islam" aus.

Zu den Vorschriften im islamischen Glauben gehört auch das Fasten, welches im 9. Monat des islamischen Jahres, im Mond-Monat, für 29–30 Tage stattfindet. In dieser Fastenzeit enthalten sich die Muslime des Essens, Trinkens und Rauchens von Sonnenaufgang bis Sonnenuntergang. Am Ende der Fastenzeit findet das Fest Id al-Fitr statt. Es werden neue Kleider angezogen, und man geht zu einem besonderen Gebet in die Moschee. In den islamischen Ländern versammeln sich zu dieser Stunde Tausende von Menschen auf den offenen Plätzen oder in den Moscheen.

Eine typische Speise ist „Schir Kurma", ein süßer Dattelpudding. Es wird kein Alkohol getrunken, da dieser im Islam verboten ist, sondern Wasser oder Tee.

Lösungsvorschlag zu S. 76

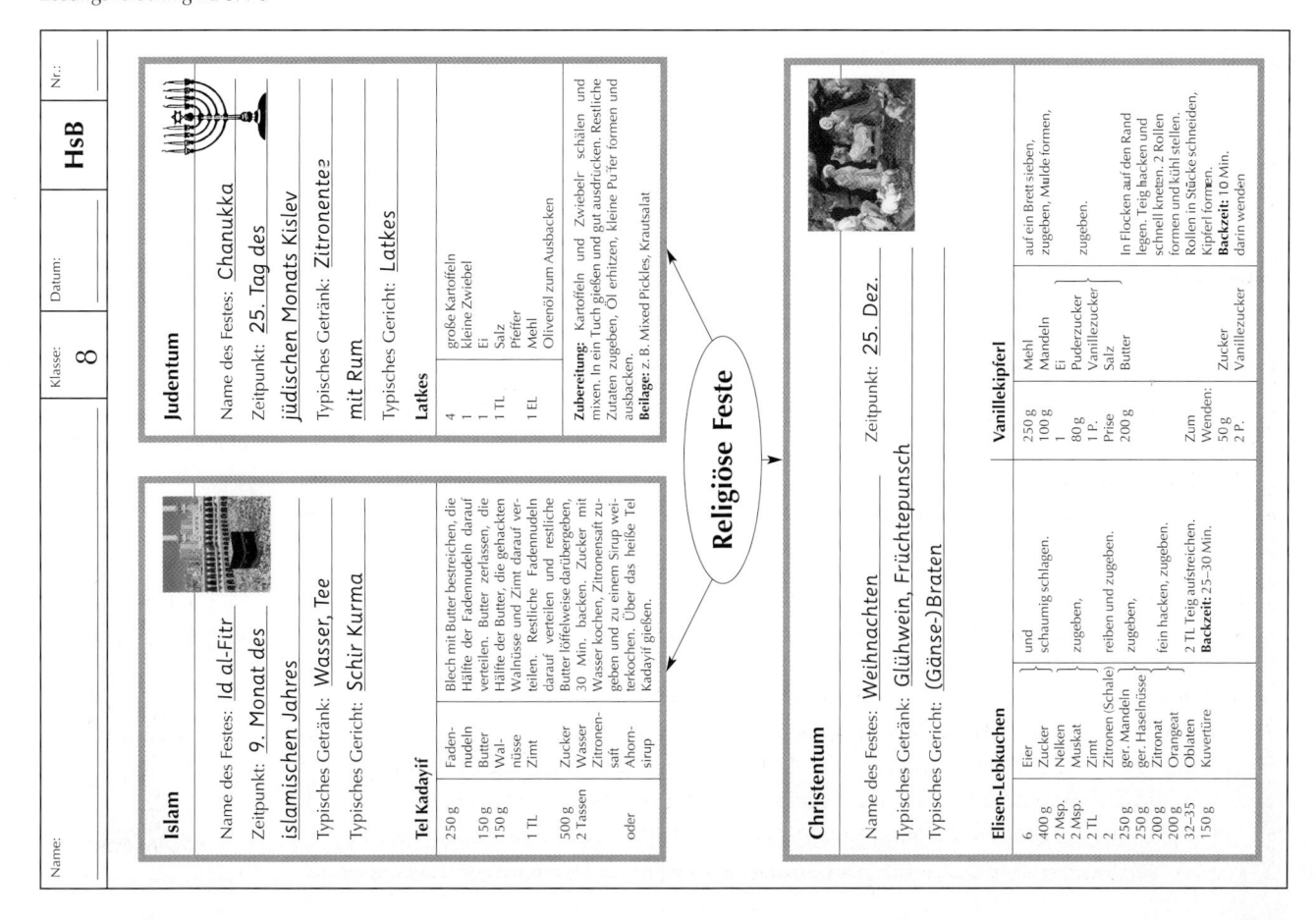

Name: ___ **Klasse:** 8 **Datum:** ___ **HsB** **Nr.:** ___

Religiöse Feste

Islam

Name des Festes: **Id al-Fitr**
Zeitpunkt: **9. Monat des islamischen Jahres**
Typisches Getränk: **Wasser, Tee**
Typisches Gericht: **Schir Kurma**

Tel Kadayif

250 g	Fadennudeln
150 g	Butter
150 g	Walnüsse
1 TL	Zimt
500 g	Zucker
2 Tassen	Wasser
	Zitronensaft
oder	Ahornsirup

Blech mit Butter bestreichen, die Hälfte der Fadennudeln darauf verteilen. Butter zerlassen, die Hälfte der Butter, die gehackten Walnüsse und Zimt darauf verteilen. Restliche Fadennudeln darauf verteilen und restliche Butter löffelweise darübergeben, 30 Min. backen. Zucker mit Wasser kochen, Zitronensaft zugeben und zu einem Sirup weiterkochen. Über das heiße Tel Kadayif gießen.

Judentum

Name des Festes: **Chanukka**
Zeitpunkt: **25. Tag des jüdischen Monats Kislev**
Typisches Getränk: **Zitronentee mit Rum**
Typisches Gericht: **Latkes**

Latkes

4	große Kartoffeln
1	kleine Zwiebel
1	Ei
1 TL	Salz
	Pfeffer
1 EL	Mehl
	Olivenöl zum Ausbacken

Zubereitung: Kartoffeln und Zwiebeln schälen und mixen. In ein Tuch gießen und gut ausdrücken. Restliche Zutaten zugeben, Öl erhitzen, kleine Puffer formen und ausbacken.
Beilage: z. B. Mixed Pickles, Krautsalat

Christentum

Name des Festes: **Weihnachten**
Zeitpunkt: **25. Dez.**
Typisches Getränk: **Glühwein, Früchtepunsch**
Typisches Gericht: **(Gänse-) Braten**

Eisen-Lebkuchen

6	Eier
400 g	Zucker
2 Msp.	Nelken
2 Msp.	Muskat
2 TL	Zimt
2	Zitronen (Schale)
250 g	Mandeln ger.
250 g	Haselnüsse ger.
200 g	Zitronat
200 g	Orangeat
32–35	Oblaten
150 g	Kuvertüre

und schaumig schlagen.
zugeben.
reiben und zugeben.
zugeben.
fein hacken, zugeben.
2 TL Teig aufstreichen.
Backzeit: 25–30 Min.

Vanillekipferl

250 g	Mehl
100 g	Mandeln
1	Ei
1 P.	Puderzucker
80 g	Vanillezucker
Prise	Salz
200 g	Butter
Zum Wenden:	
50 g	Zucker
2 P.	Vanillezucker

auf ein Brett sieben, zugeben, Mulde formen, zugeben.

In Flocken auf den Rand legen. Teig backen und schnell kneten, 2 Rollen formen und kühl stellen. Rollen in Stücke schneiden, Kipferl formen.
Backzeit: 10 Min. darin wenden

| Name: | | Klasse: 8 | Datum: | HsB | Nr.: |

Islam

Name des Festes: _____

Zeitpunkt: _____

_____

Typisches Getränk: _____

Typisches Gericht: _____

Tel Kadayif

250 g	Faden-nudeln	Blech mit Butter bestreichen, die Hälfte der Fadennudeln darauf verteilen. Butter zerlassen, die Hälfte der Butter, die gehackten Walnüsse und Zimt darauf verteilen. Restliche Fadennudeln darauf verteilen und restliche Butter löffelweise darübergeben, 30 Min. backen. Zucker mit Wasser kochen, Zitronensaft zugeben und zu einem Sirup weiterkochen. Über das heiße Tel Kadayif gießen.
150 g	Butter	
150 g	Wal-nüsse	
1 TL	Zimt	
500 g	Zucker	
2 Tassen	Wasser	
	Zitronen-saft	
oder	Ahorn-sirup	

Judentum

Name des Festes: _____

Zeitpunkt: _____

_____

Typisches Getränk: _____

_____

Typisches Gericht: _____

Latkes

4	große Kartoffeln
1	kleine Zwiebel
1	Ei
1 TL	Salz
	Pfeffer
1 EL	Mehl
	Olivenöl zum Ausbacken

Zubereitung: Kartoffeln und Zwiebeln schälen und mixen. In ein Tuch gießen und gut ausdrücken. Restliche Zutaten zugeben, Öl erhitzen, kleine Puffer formen und ausbacken.
Beilage: z. B. Mixed Pickles, Krautsalat

Religiöse Feste

Christentum

Name des Festes: _____ Zeitpunkt: _____

Typisches Getränk: _____

Typisches Gericht: _____

Elisen-Lebkuchen

6	Eier	und
400 g	Zucker	schaumig schlagen.
2 Msp.	Nelken	
2 Msp.	Muskat	zugeben,
2 TL	Zimt	
2	Zitronen (Schale)	reiben und zugeben.
250 g	ger. Mandeln	zugeben,
250 g	ger. Haselnüsse	
200 g	Zitronat	fein hacken, zugeben.
200 g	Orangeat	
32–35	Oblaten	2 TL Teig aufstreichen.
150 g	Kuvertüre	**Backzeit:** 25–30 Min.

Vanillekipferl

250 g	Mehl	auf ein Brett sieben,
100 g	Mandeln	zugeben, Mulde formen,
1	Ei	
80 g	Puderzucker	zugeben.
1 P.	Vanillezucker	
Prise	Salz	
200 g	Butter	In Flocken auf den Rand legen. Teig hacken und schnell kneten. 2 Rollen formen und kühl stellen. Rollen in Stücke schneiden, Kipferl formen.
Zum Wenden:		
50 g	Zucker	**Backzeit:** 10 Min.
2 P.	Vanillezucker	darin wenden

Der lange Weg von Lebensmitteln

Artikulation:

Anfangsphase: Folie „Der Obst- und Gemüsespeisezettel vor 100 Jahren"
1. Teilziel: Zubereitung der Kochaufgabe
2. Teilziel: Arbeitsteilige Gruppenarbeit
TZF: Aus welchem Land kommen unsere heutigen Lebensmittel, Arbeitsblatt
3. Teilziel: Fertigstellung der Kochaufgabe
GZF: Folie „Zugewanderte und eingeführte Lebensmittel in Deutschland"

Lernziele:

Die Schüler/innen sollen …
… typische Einfuhrländer für Obst und Gemüse am Beispiel der Paprika kennen lernen.
… über die Vor- und Nachteile des Imports von Lebensmitteln nachdenken.
… sich des Verkehrsaufkommens durch den weltweiten Handel bewusst werden.
… die Vielfalt des Lebensmittelangebots schätzen lernen und sinnvoll einsetzen.
… Vorteile von Produkten aus der Region erkennen.

Medien:

Folien, Arbeitsblatt, Arbeitsaufträge für Lernzirkel

Hinweis:

Die Herkunftsländer im Rezept auf dem Arbeitsblatt werden im Unterrichtsgespräch mit Hilfe der Lebensmittel erarbeitet.

Folie: Der Obst- und Gemüsespeisezettel vor 100 Jahren (Anfangsphase)

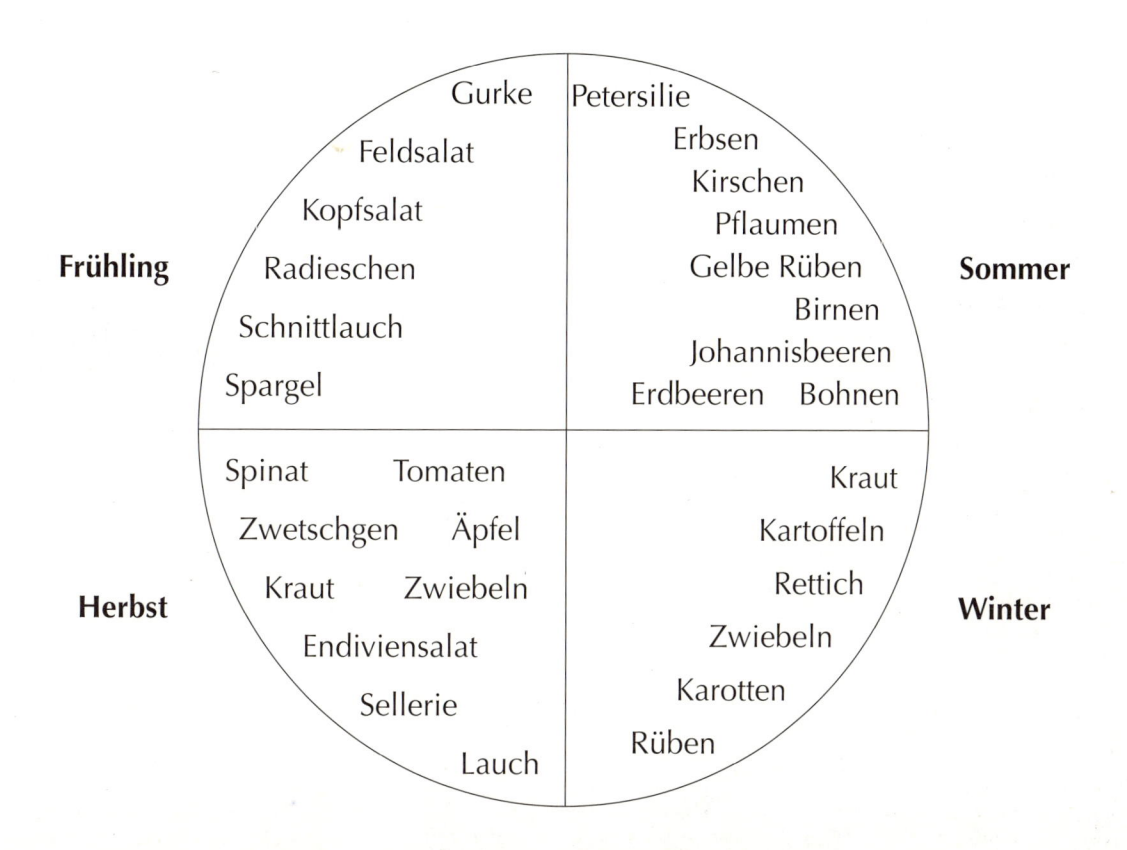

Frühling: Gurke, Feldsalat, Kopfsalat, Radieschen, Schnittlauch, Spargel

Sommer: Petersilie, Erbsen, Kirschen, Pflaumen, Gelbe Rüben, Birnen, Johannisbeeren, Erdbeeren, Bohnen

Herbst: Spinat, Tomaten, Zwetschgen, Äpfel, Kraut, Zwiebeln, Endiviensalat, Sellerie, Lauch

Winter: Kraut, Kartoffeln, Rettich, Zwiebeln, Karotten, Rüben

Arbeitsteilige Gruppenarbeit (2. Teilziel)

Aufgabe: Der Gemüseimport nach Deutschland

Medien:
Folie von Landkarte auf dem Arbeitsblatt, Folienstift

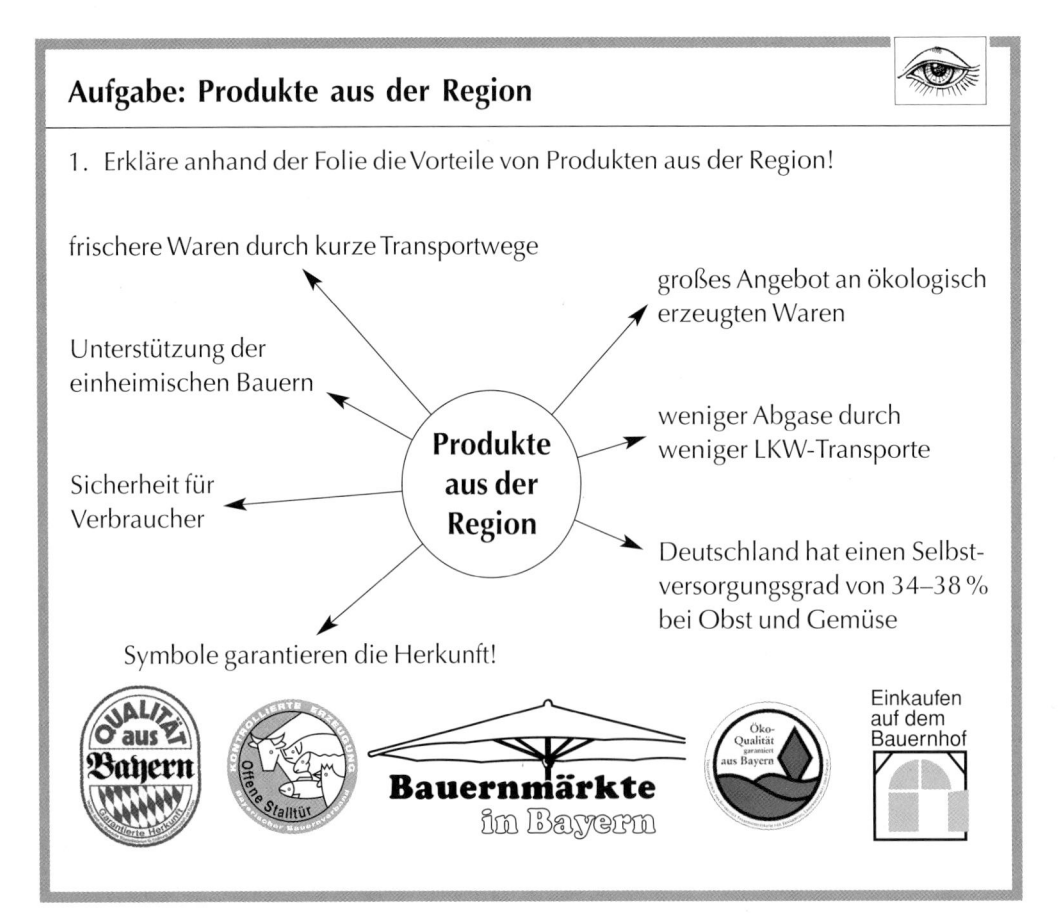

1. Betrachte das Schaubild.
2. Nummeriere auf dem Arbeitsblatt die Reihenfolge der Länder. Das Land mit der höchsten Importmenge erhält die Nummer 1.
3. Wir sollen Produkte aus der Region bevorzugen. Wenn du die Wahl zwischen Gemüse aus Deutschland oder aus Spanien hast, für welches solltest du dich entscheiden?

(1000 t)

Spanien — ca. 830
Niederlande — ca. 730
Italien — ca. 350
Belgien — ca. 180
Frankreich — ca. 90
Türkei — ca. 50
Ungarn — ca. 40

(Angaben aus dem Jahr 2001)

Aufgabe: Produkte aus der Region

Medien: Folie

1. Erkläre anhand der Folie die Vorteile von Produkten aus der Region!

Produkte aus der Region

- frischere Waren durch kurze Transportwege
- Unterstützung der einheimischen Bauern
- Sicherheit für Verbraucher
- Symbole garantieren die Herkunft!
- großes Angebot an ökologisch erzeugten Waren
- weniger Abgase durch weniger LKW-Transporte
- Deutschland hat einen Selbstversorgungsgrad von 34–38 % bei Obst und Gemüse

Qualität aus Bayern · Kontrollierte Stallhaltung – Offene Stalltür · Bauernmärkte in Bayern · Öko-Qualität garantiert aus Bayern · Einkaufen auf dem Bauernhof

Aufgabe: Wie viele km fährt ein Lastwagen für einen Becher Erdbeerjoghurt?

Medien: Folie

1. Lies den Text genau durch und betrachte die Abbildung.
2. Was sollten wir uns für die Zukunft vornehmen?

„Für die Produktion eines konventionell hergestellten Erdbeerjoghurts werden mindestens 8000 km Straßen benutzt."

Übersicht über zurückgelegte Transportwege für einen Erdbeerjoghurt (150 g)

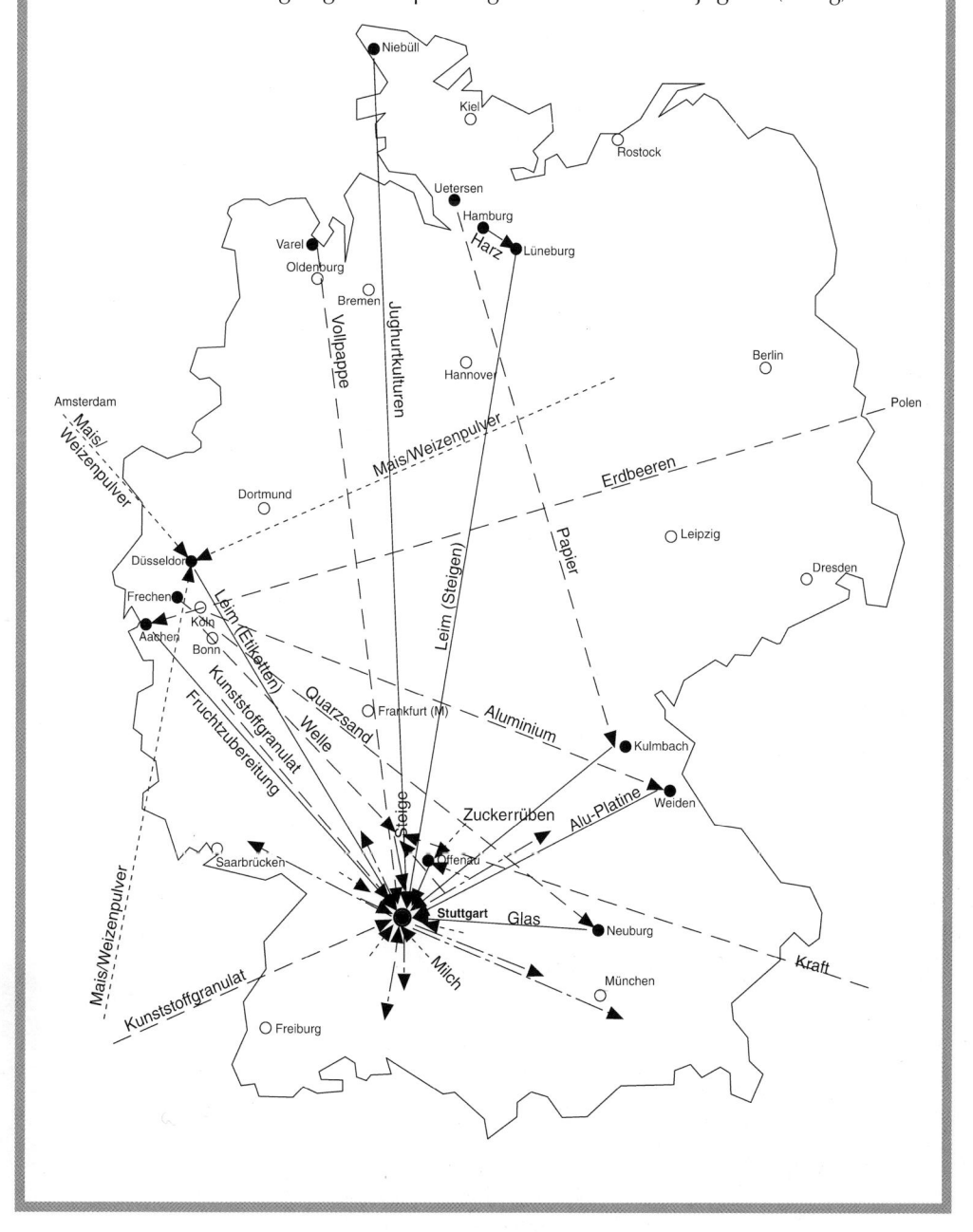

Aufgabe: Umweltrisiken durch weltweiten Handel

Medien: Folie, Folienstift

1. Lies den Text genau durch und betrachte die Abbildung.
2. Was sollten wir uns für die Zukunft vornehmen?

„… Es geht auch ohne zusätzlichen Verkehr. Weiß Gott wie viele Laster rollen sinnlos immer wieder über die Alpen, um bayerische Schweine zu Schinken aus Parma werden zu lassen, um aus Allgäuer Milch Mascarpone für Münchner Tiramisu zu fertigen. Deutscher Joghurt wird jenseits der Alpen in Becher aus Deutschland verpackt, weil dort die Arbeiterinnen etwas billiger sind. Dies nennt sich internationale Arbeitsteilung. Da freut sich der Fuhrmann: Geteilte Arbeit ist doppelter Transport. Dieser rollende Wahnsinn rechnet sich nur, weil die Zerstörung links und rechts der Transitwege noch immer nicht in die Transportkosten eingeht …" (Spiegel, Nr. 37/1990, S. 134)

Folie: Zugewanderte und eingeführte Lebensmittel in Deutschland (GZF)

Anbau
- Kartoffeln seit dem 16. Jahrhundert
- Mais seit dem 17. Jahrhundert
- Tomaten seit dem 19. Jahrhundert
- Zucchini seit dem 20. Jahrhundert

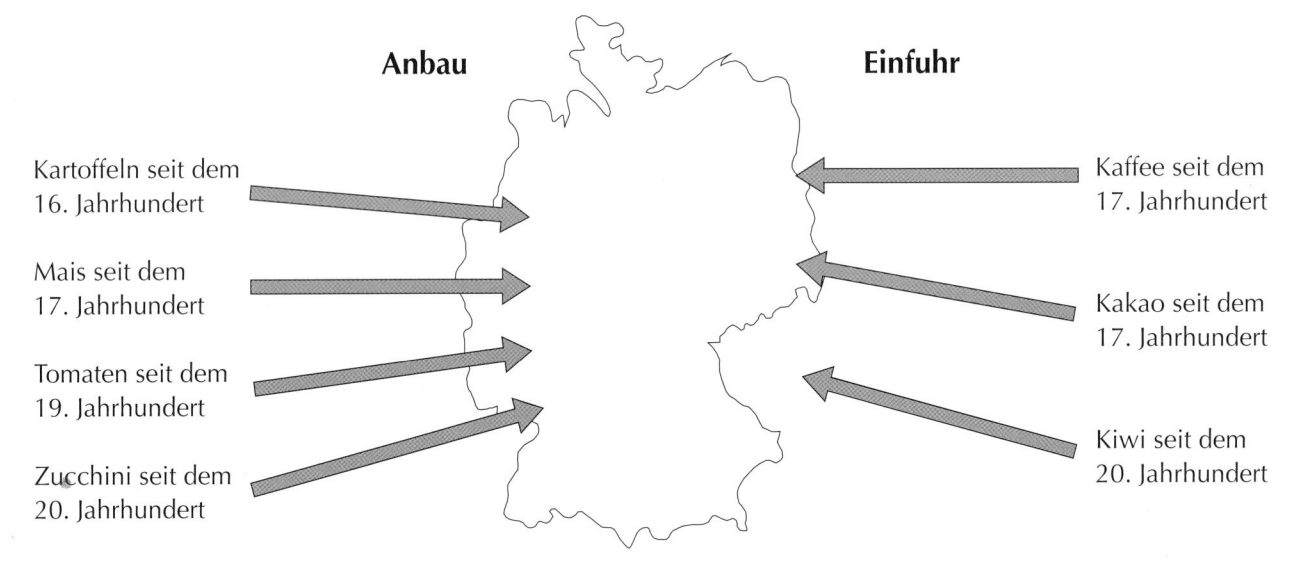

Einfuhr
- Kaffee seit dem 17. Jahrhundert
- Kakao seit dem 17. Jahrhundert
- Kiwi seit dem 20. Jahrhundert

Lösungsvorschlag zu S. 81

Der lange Weg von Lebensmitteln

Importländer von Gemüse
1. Spanien
2. Niederlande
3. Italien
4. Belgien
5. Frankreich
6. Türkei
7. Ungarn

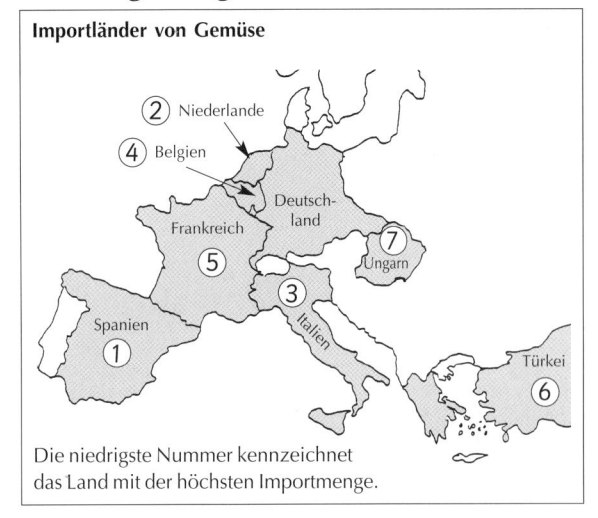

Die niedrigste Nummer kennzeichnet das Land mit der höchsten Importmenge.

Vorteile des weltweiten Marktes:
Großes und abwechslungsreiches Nahrungsangebot, auch im Winter.

Nachteile des weltweiten Marktes:
Große Umweltbelastung durch Transporte der Waren um die ganze Erde.

Was nehme ich mir für die Zukunft vor?
Ich bevorzuge Produkte aus der eigenen Region. Ich meide Produkte mit weiten Transportwegen. Ich stelle Joghurt evtl. selbst her. Ich kaufe Obst und Gemüse möglichst aus kontrolliert biologischem Anbau.

| Klasse: 8 | Datum: | HsB | Nr.: |

Der lange Weg von Lebensmitteln

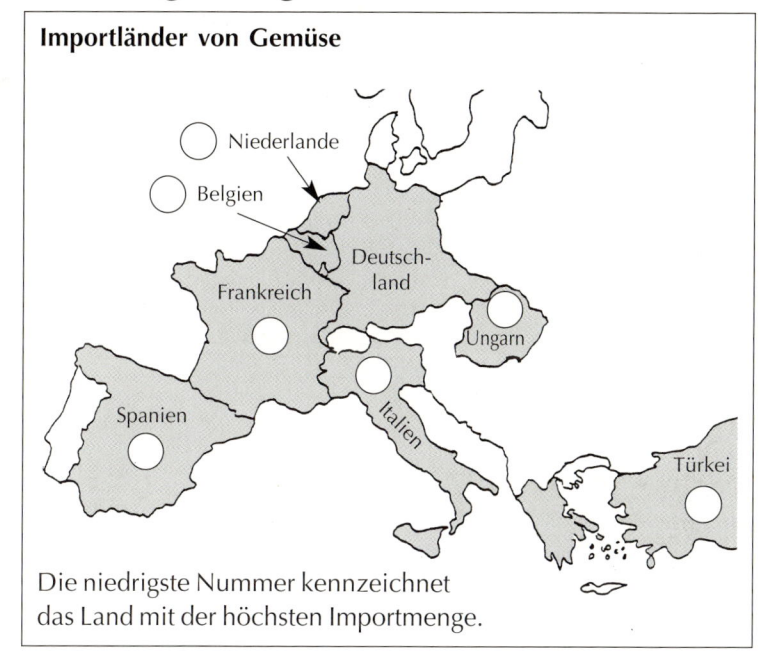

Importländer von Gemüse

Niederlande
Belgien
Deutschland
Frankreich
Ungarn
Spanien
Italien
Türkei

Die niedrigste Nummer kennzeichnet das Land mit der höchsten Importmenge.

Vorteile des weltweiten Marktes:

_____
_____
_____
_____
_____

Nachteile des weltweiten Marktes:

_____
_____
_____
_____
_____

Was nehme ich mir für die Zukunft vor?

_____
_____
_____

Kreolisches Reisgericht

Land	Menge	Zutaten	Zubereitung
_____	½ l 1 Tasse	Wasser Reis Salz	erhitzen, hineingeben, salzen, bei milder Hitze 20 Min. garen.
_____	2 1 Sch. ½ ½ Dose	Paprika Speck Zwiebel Ananas	würfeln,
_____	1 EL	Öl	erhitzen, Speckwürfel langsam auslassen und braten, Zwiebel zugeben, glasig werden lassen, Paprika und Ananas zufügen und zugedeckt gar ziehen lassen. Reis abseihen und unter die Gemüsemischung heben.
		Cayennepfeffer Tobasco	würzen und abschmecken.
_____	2 2 EL	Bananen Butter Curry	schälen, der Länge nach halbieren, in goldig braten. Mit bestäuben. Bananen auf den Reis als Garnierung legen.

Unterrichtssequenzen Hauswirtschaftlich-sozialer Bereich, © Auer Verlag GmbH, Donauwörth
Als Kopiervorlage freigegeben

Schlemmen hat seinen Preis

Artikulation:

Anfangsphase: Folie „Die Zwischenhändler"
1. Teilziel: Zubereitung der Kochaufgabe
2. Teilziel: Arbeitsteilige Gruppenarbeit,
3. Teilziel: Fertigstellen der Kochaufgabe
GZF: Folie „Leben in der *einen* Welt"

Medien:

Folien, Arbeitsblatt, Saft in verschiedenen Verpackungen, z. B. Tetra-Pak, Pfandflasche, Einwegflasche, verschiedene Produkte aus dem „Fairen Handel", z. B. Kaffee, Scholkolade…

Lernziele:

Die Schüler/innen sollen…
… die Energiebilanz von verschiedenen Produkten vergleichen und Schlussfolgerungen daraus ziehen.
… ökologische, soziale und ökonomische Konsequenzen des globalen Handels abwägen.
… naturbelassene, regionale und saisonale Produkte mit denen der Lebensmittelindustrie vergleichen.

Folie: Die Zwischenhändler (Anfangsphase)

Das Pfund Kaffee kostet 3–4 Euro!

Wieso bekomme ich nur 20 Cent für ein Pfund Kaffee, das ist ungerecht!

Folie: Leben in der *einen* Welt (GZF)

Arbeitsteilige Gruppenarbeit (2. Teilziel)

Aufgabe: Energiebilanz

1. Schau dir die Tabelle genau an.
2. Vergleiche den Energieaufwand mit dem Energiegewinn der einzelnen Produkte.
3. Was sollten wir uns für die Zukunft vornehmen?

Lebensmittel	Energieaufwand (Kalorien)	:	Energiegewinn (Kalorien)	
Kartoffeln Weizen, Mais	1	:	10	Positive Energiebilanz
Reis	1	:	1	
Obst/Gemüse	15	:	1	Negative Energiebilanz
Gewächshausgemüse im Winter	575	:	1	

Medien: Folie

Aufgabe: Vitaminreicher Saft – von nah oder fern?

1. Lies den Text genau durch.
2. Was sollten wir uns für die Zukunft vornehmen?

Die Deutschen sind weltweit führend im Konsum von **Orangensaft**. Rund 20 l pro Person werden hier jährlich davon getrunken. Die für diese Saftmenge notwendigen Früchte wachsen auf Flächen, die fast die Größe des Saarlandes haben. Um die Orangen zu transportieren, werden 40 Millionen l Kraftstoff verbraucht und 100 000 t CO_2-Emissionen verursacht.

Der Kauf von **schwarzem Johannisbeersaft** könnte erheblich zum Umwelt- und Gesundheitsschutz beitragen:

– Er wächst in Deutschland. Weite Transportwege werden vermieden!
– Johannisbeeren haben eine höhere Flächenproduktivität, d. h. pro Hektar erhalte ich mehr Johannisbeersaft als Orangensaft.
– Er hat einen höheren Vitamin-C-Gehalt.

Medien: Folie, Johannisbeersaft in der Pfandflasche bzw. im Tetra-Pak

Aufgabe: Arbeitsbedingungen in der „Dritten Welt"

1. Lies den Text genau durch.
2. Wie unterscheiden sich die Lebensbedingungen in der „Dritten Welt" von deutschen Verhältnissen?

Aurino arbeitet auf einer Kakao-Plantage in Bahia. Mit seiner Frau und den 9 Kindern bewohnt er eine Holzbaracke. Beinahe die Hälfte seines Monatsgehaltes (zwischen 25,– und 75,– € pro Monat) muss er für Miete bezahlen. Fließendes Wasser und Strom gibt es nicht. Die 9 Kinder schlafen in einem Bett. Seine Mahlzeiten bestehen aus „Farinha", einem Mehl. Dazu empfiehlt sich viel Wasser, denn dann quillt das Mehl auf und vermittelt ein Gefühl der Sättigung.

Offiziell gibt es eine 48-Stunden-Woche, aber wer das ihm zugeteilte Pensum nicht in dieser Zeit erledigt, muss länger bleiben, will er nicht drei Tage ausgesperrt werden. Wer nicht arbeiten kann, bekommt gewöhnlich kein Geld, auch bei Krankheit. 40–50 % der über zwölf Jahre alten Kinder besuchen keine Schule mehr. Hauptgrund dafür sind die fallenden Reallöhne und die niedrigen Akkordsätze. Die Kinder müssen zum Familieneinkommen beitragen. Der Umwelt- und Gesundheitsschutz beim Anbau ist z. B. in Malaysia sehr gering. In diesem „Dumpinggebiet für Schädlingsbekämpfungsmittel" kommt alles zum Einsatz, was schlecht und giftig und in anderen Ländern längst verboten ist.

Aurino Clementino de Oliveira und seine Familie

Medien: Folie

Aufgabe: Was kannst du zu einem gerechteren Handel beitragen?

1. Lies den Text genau durch und betrachte die Produkte.

Seit den 70er Jahren engagieren sich entwicklungspolitische und kirchliche Aktionsgruppen für die Belange der „Dritten Welt".

1975 wurde die „Gesellschaft zur Förderung der Partnerschaft mit der Dritten Welt mbH" gegründet. Mit fast 37 Millionen Euro Jahresumsatz ist die gepa in Deutschland der größte Marktführer für fair gehandelte Produkte. Die Produkte werden in Eine-Welt-Läden, Bioläden und in Supermärkten verkauft.

1992 wurde TransFair – „Verein zur Förderung des Fairen Handels mit der ‚Dritten Welt' e. V." gegründet. Mittlerweile führen 22 000 Supermärkte und Einzelhandelsgeschäfte Waren mit diesem Gütesiegel. Diese Produkte sind etwas teurer als normale, z. B. kostet 1 Pfund Kaffee 1 bis 2 € mehr. Von den Mehreinnahmen aus dem fairen Handel können die Erzeuger aus eigener Kraft ihre Lebens- und Arbeitsbedingungen verbessern.

2. Wo kannst du fair gehandelte Produkte einkaufen?
3. Wie kannst du dir den höheren Preis der Produkte erklären?

Medien: einige Produkte mit den jeweiligen Siegeln, z. B. TransFair-Schokolade

Rezeptbaustein zum Austauschen

Hinweis: Sollte Rhabarber saisonal nicht erhältlich sein, kann er durch tiefgefrorene Beeren ersetzt werden.

Rhabarber-Erdbeergrütze

Menge	Zutaten	Zubereitung
500 g	Rhabarber	waschen, Schale abziehen und in 2 cm große Stücke schneiden
3/8 l	Wasser	zum Kochen bringen, Rhabarber zugeben und 5–10 Min. mit niedriger Temperatur garen
3 TL	Stärkemehl	mit wenig kaltem Wasser verrühren, in das Kompott einrühren, Grütze einmal aufkochen lassen
75 g	Zucker	
1 Pack.	Vanillezucker	der noch warmen Grütze zugeben
¼ TL	Zimt	
500 g	Erdbeeren	waschen, trocknen, vom Stilansatz befreien und halbieren; der Grütze zugeben und vorsichtig unterrühren. Die Grütze auf Teller anrichten

Serviervorschlag:

300 g	Vanilleeis	Je eine Kugel Vanilleeis darauf setzen und mit gehackten Pistazien garnieren
10 g	gehackte Pistazien	

Lösungsvorschlag zu S. 86

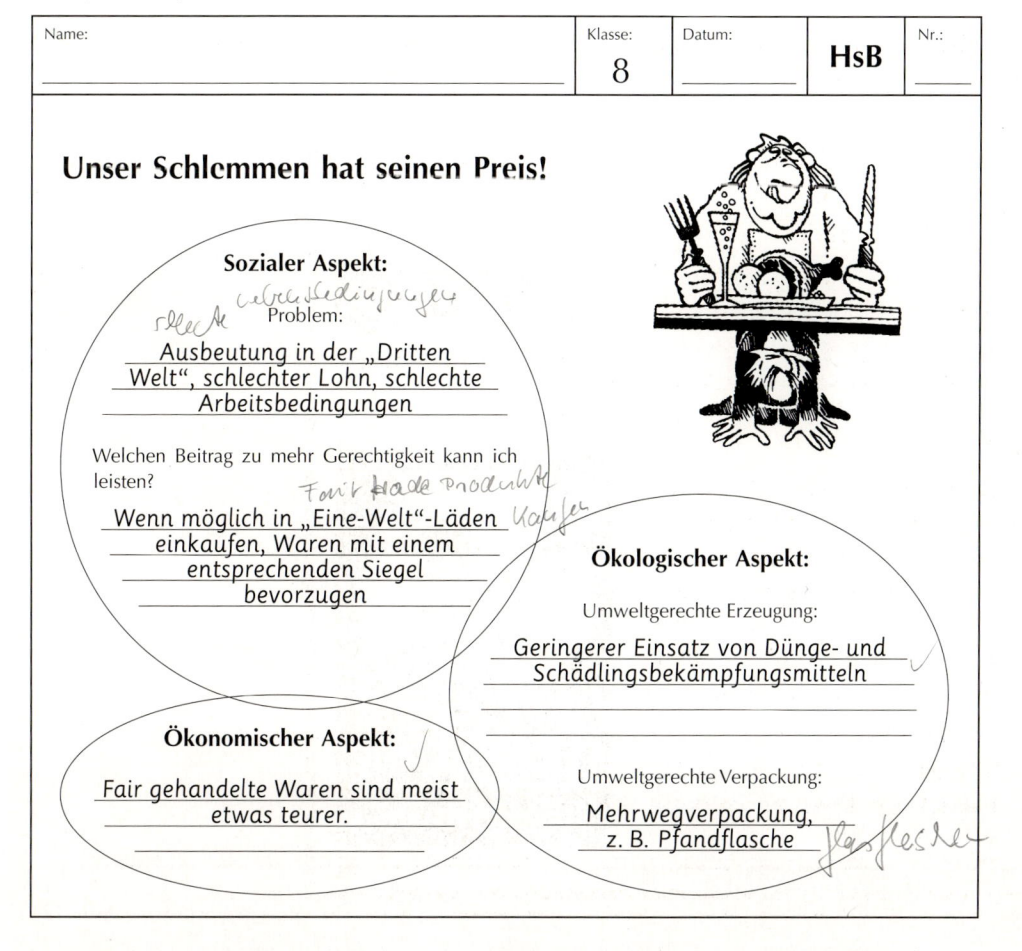

Name: ___ Klasse: 8 Datum: ___ HsB Nr.: ___

Unser Schlemmen hat seinen Preis!

Sozialer Aspekt:

Problem: (Arbeitsbedingungen)

Ausbeutung in der „Dritten Welt", schlechter Lohn, schlechte Arbeitsbedingungen

Welchen Beitrag zu mehr Gerechtigkeit kann ich leisten?

Wenn möglich in „Eine-Welt"-Läden einkaufen, Waren mit einem entsprechenden Siegel bevorzugen (Fair Trade Produkte kaufen)

Ökologischer Aspekt:

Umweltgerechte Erzeugung:
Geringerer Einsatz von Dünge- und Schädlingsbekämpfungsmitteln

Umweltgerechte Verpackung:
Mehrwegverpackung, z. B. Pfandflasche

Ökonomischer Aspekt:

Fair gehandelte Waren sind meist etwas teurer.

| Name: | Klasse: 8 | Datum: | HsB | Nr.: |

Lösungsvorschlag siehe S. 85

Unser Schlemmen hat seinen Preis!

Sozialer Aspekt:

Problem:
_____
_____
_____

Welchen Beitrag zu mehr Gerechtigkeit kann ich leisten?
_____
_____
_____

Ökologischer Aspekt:

Umweltgerechte Erzeugung:
_____
_____
_____

Umweltgerechte Verpackung:
_____
_____

Ökonomischer Aspekt:
_____
_____
_____

Marinierte Birnen

Menge	Zutaten	Zubereitung
3	Birnen, z. B. Williams	schälen, achteln, Kernhaus ausschneiden
100 g	Zucker	
¾ l	Johannisbeer- oder Holundersaft	Sud erhitzen, Birnen darin fast weich kochen, Birnen herausnehmen
1 EL	Stärkemehl	mit etwas kaltem Saft glatt rühren, mit dem Schneebesen unter den Sud rühren
½ TL	Zimt	Einmal aufkochen lassen, anschließend den Topf von der Herdplatte nehmen
		Birnen wieder zugeben und möglichst über Nacht darin ziehen lassen

Serviervorschlag:

200 g	Mascarpone	Pro Teller 2–3 Nockerl ausstechen, Birnen anrichten,
50 g	Amarettis	grob zerstoßen und darüber streuen

Rund um den Mürbteig

Artikulation:

Anfangsphase: Zutaten zum Mürbteig stehen an der Tafel, Schüler/innen finden den Namen des Teiges
1. Teilziel: Zubereitung der Kochaufgabe
2. Teilziel: Lern-/Übungszirkel zum Thema Mürbteig
GZF: Abwandlungsmöglichkeiten der Quiche, Vorbereitung des Probekochens (Infoblatt, siehe S. 98)

Lernziele:

Die Schüler/innen sollen …

… die Abwandlung vom süßen zum salzigen Mürbteig kennen lernen.

Medien:

Mürbteigspiel: ca. 4x kopieren, Vorder- und Rückseite aufeinander kleben, laminieren, Kordel befestigen, Folie (Rezepte), Arbeitsblatt, Infoblatt

Hinweise:

– Die 3 Hauptzutaten des Mürbteiges für die Station 5 können während der Schülerpraxis von einer schnellen Gruppe abgemessen werden.
– Station 4 und 7 sind „Kann-Stationen". Die anderen Stationen sollten von jeder Gruppe durchlaufen werden.

Lern-/Übungszirkel (2. Teilziel)

Station 1:

1. Nummeriere die Bilder zur Herstellung des gehackten Mürbteigs in der richtigen Reihenfolge.

Medien: Arbeitsblatt

Station 2:

1. Lies dir das Rezept für den gerührten Mürbteig durch.
2. Schreibe die Zubereitung stichpunktartig in das Rezept.
3. Vergleiche mit dem gehackten Mürbteig.

Butter von weicher, streichfähiger Beschaffenheit schaumig rühren, bis sie Spitzen zeigt. Feinen Zucker und Ei abwechselnd unterrühren. Geschmackszutaten untermengen. Gesiebtes, mit Backpulver gemischtes Mehl und übrige Zutaten nach und nach unterrühren, letztes Mehl leicht unterkneten. Teig rasch und kurz kneten, bis er eine gleichmäßige Beschaffenheit hat. Kalt stellen.

Medien: Arbeitsblatt

Station 3:

1. Vergleiche die Rezepte: Süßer Mürbteig – Salziger Mürbteig.
2. Unterstreiche die geänderten oder zusätzlichen Zutaten.
3. Ergänze je 1 weitere mögliche Zutat beim Punkt Abwandlungen am Arbeitsblatt.

Medien: Arbeitsblatt

Station 4:

1. Wickle das Mürbteigspiel.

Medien:
Mürbteigspiel in mehrfacher Ausfertigung

Station 5:

Du siehst vor dir die abgewogenen Zutaten zum einfachen Mürbteig.
Die Hälfte der Mehlmenge ist Butter, die Hälfte der Buttermenge ist Zucker.

1. Ordne die Zahlen richtig zu.   1 = 1 Teil der Gesamtmenge
   2 = 2 Teile der Gesamtmenge
   4 = 4 Teile der Gesamtmenge
2. Trage die Zahlen in dein Arbeitsblatt ein.

Medien:
abgewogene Mürbteigzutaten, Zahlenkärtchen

Station 6:

1. Lies den Text genau durch.
2. Beantworte die unterste Frage auf dem Arbeitsblatt.

Mürbteig richtig aufbewahren:
Mürbteig kann in Frischhaltefolie oder in einer Plastikdose 1–3 Tage im Kühlschrank gelagert werden. Zum Tiefgefrieren ist roher wie gebackener Mürbteig gut geeignet. Mögliche Lagerdauer bis zu 3 Monate.

Medien:
Arbeitsblatt

Zahlenkärtchen für die 5. Station

| 1 | 2 | 4 |

Unterrichtssequenzen Hauswirtschaftlich-sozialer Bereich, © Auer Verlag GmbH, Donauwörth
Als Kopiervorlage freigegeben

Station 7:

Ordne die Arbeitsschritte für das heutige Gericht im Organisationsplan richtig zu.
Gericht: Tomatenquiche

Medien:
Kopie des Grobgerüstes: Organisationsplan, Schriftstreifen, beides evtl. vergrößert

Vorbereitung: 1. _____

Zubereitung: 2. _____

3. _____

4. _____

5. _____

6. _____

7. _____

8. _____

9. _____

Wartezeit: 10. _____

11. _____

Fertigstellung: 12. _____

Bedenke!

Nutze Wartezeiten sinnvoll!

Schiebe Arbeitsschritte ineinander!

Schriftstreifen für Station 7

| Mit Eimasse übergießen |
| Tomaten waschen, schneiden; Zwiebeln schälen, schneiden; Mozzarella schneiden |
| Mürbteig auswellen, auf das Blech legen (Rand) |
| Mürbteig belegen |
| Geräte und Zutaten herrichten, Zutaten abwiegen |
| Mürbteig herstellen |

| Tisch decken |
| Mürbteig kühlen |
| Backen |
| Quiche anrichten, garnieren |
| Abspülen |
| Eimasse mit Basilikum zubereiten |

Unterrichtssequenzen Hauswirtschaftlich-sozialer Bereich, © Auer Verlag GmbH, Donauwörth
Als Kopiervorlage freigegeben

Mürbteig-Spiel

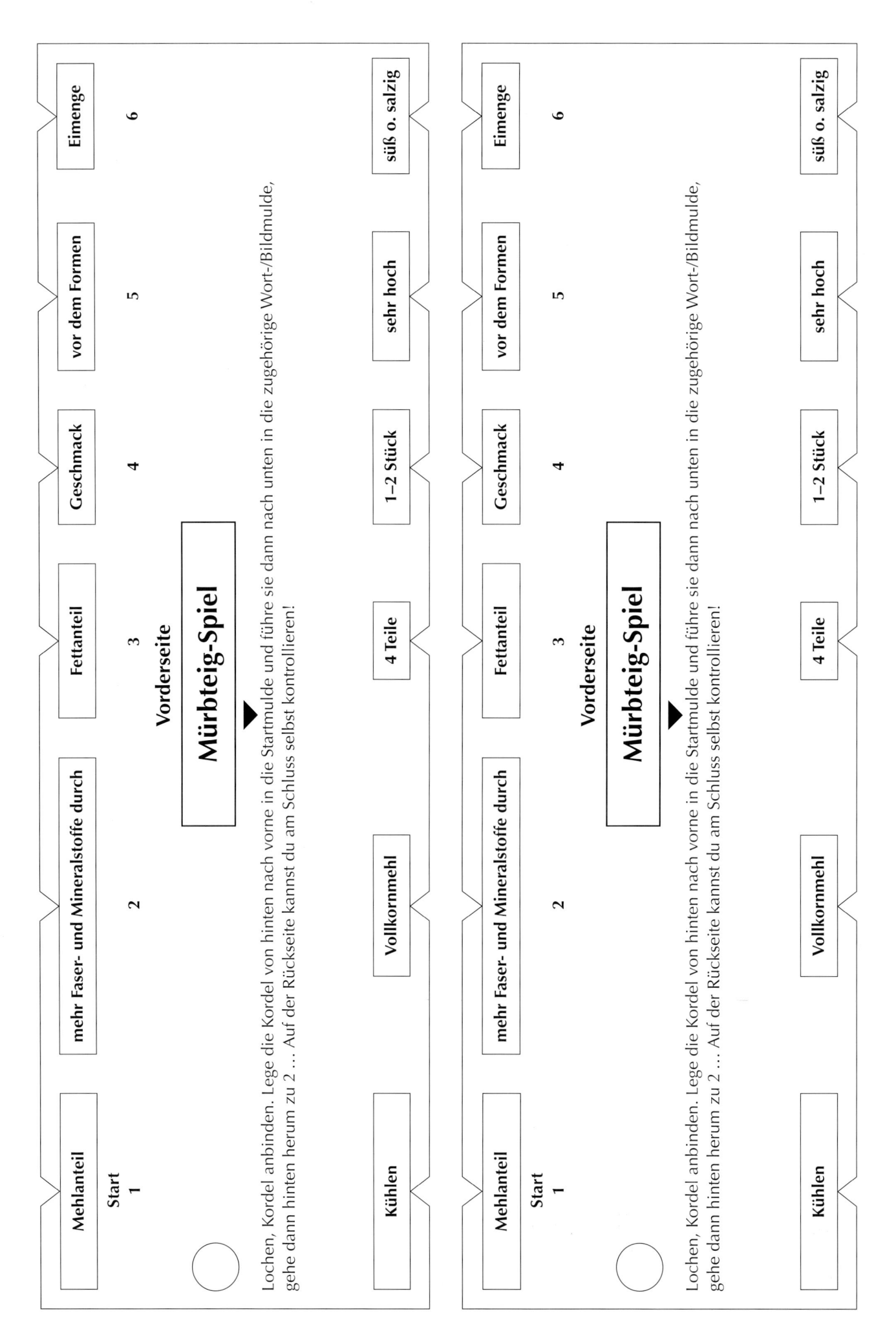

Vorderseite

Mehlanteil	mehr Faser- und Mineralstoffe durch	Fettanteil	Geschmack	vor dem Formen	Eimenge
Start 1	2	3	4	5	6

| Kühlen | Vollkornmehl | 4 Teile | 1–2 Stück | sehr hoch | süß o. salzig |

Lochen, Kordel anbinden. Lege die Kordel von hinten nach vorne in die Startmulde und führe sie dann nach unten in die zugehörige Wort-/Bildmulde, gehe dann hinten herum zu 2 … Auf der Rückseite kannst du am Schluss selbst kontrollieren!

Mürbteig-Spiel

Vorderseite

Mehlanteil	mehr Faser- und Mineralstoffe durch	Fettanteil	Geschmack	vor dem Formen	Eimenge
Start 1	2	3	4	5	6

| Kühlen | Vollkornmehl | 4 Teile | 1–2 Stück | sehr hoch | süß o. salzig |

Lochen, Kordel anbinden. Lege die Kordel von hinten nach vorne in die Startmulde und führe sie dann nach unten in die zugehörige Wort-/Bildmulde, gehe dann hinten herum zu 2 … Auf der Rückseite kannst du am Schluss selbst kontrollieren!

Mürbteig-Spiel

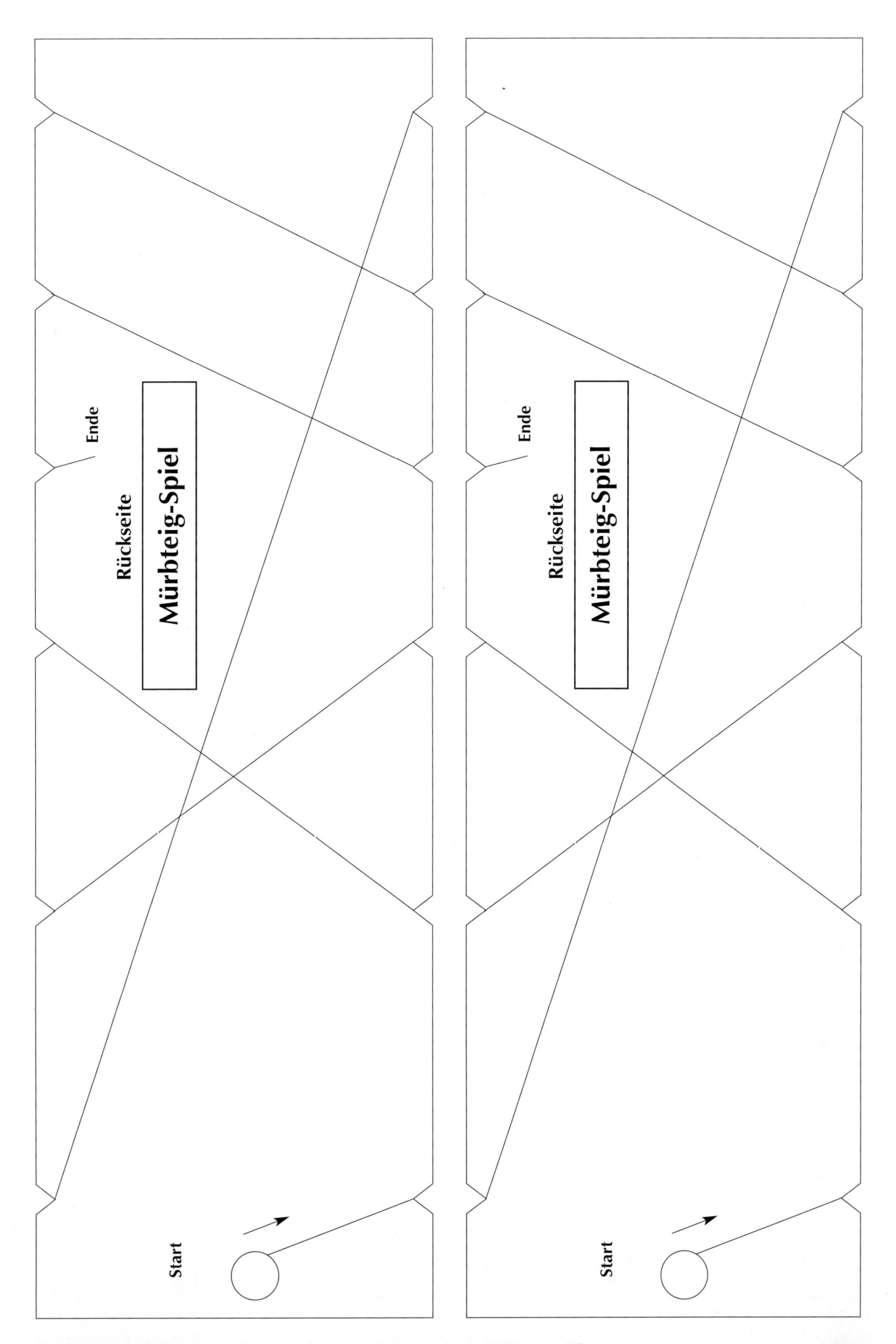

Rückseite

Ende

Start

Mürbteig-Spiel

Rückseite

Ende

Start

Folie (Schlussphase)

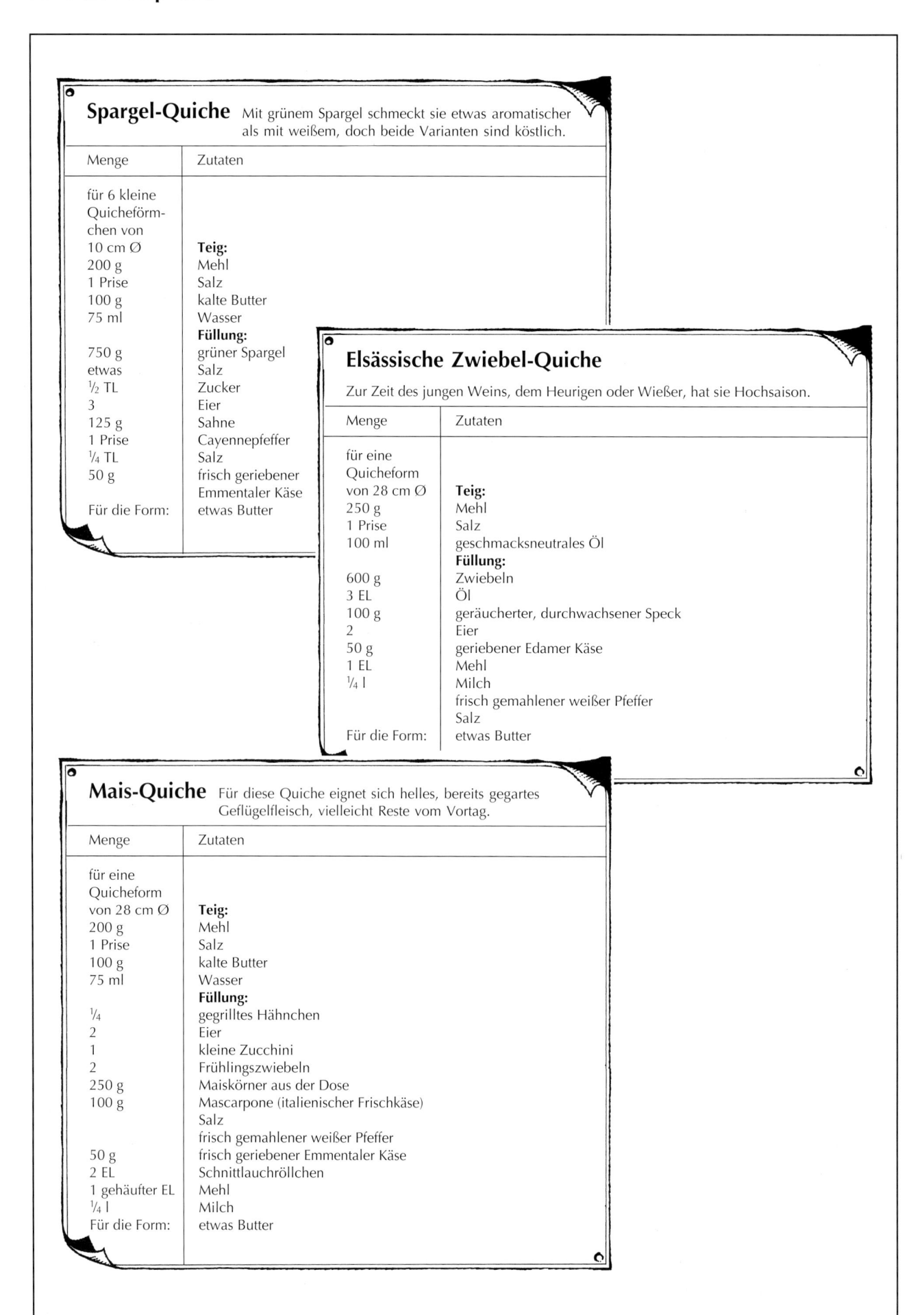

Spargel-Quiche
Mit grünem Spargel schmeckt sie etwas aromatischer als mit weißem, doch beide Varianten sind köstlich.

Menge	Zutaten
für 6 kleine Quicheförmchen von 10 cm Ø	
	Teig:
200 g	Mehl
1 Prise	Salz
100 g	kalte Butter
75 ml	Wasser
	Füllung:
750 g	grüner Spargel
etwas	Salz
½ TL	Zucker
3	Eier
125 g	Sahne
1 Prise	Cayennepfeffer
¼ TL	Salz
50 g	frisch geriebener Emmentaler Käse
Für die Form:	etwas Butter

Elsässische Zwiebel-Quiche
Zur Zeit des jungen Weins, dem Heurigen oder Wießer, hat sie Hochsaison.

Menge	Zutaten
für eine Quicheform von 28 cm Ø	
	Teig:
250 g	Mehl
1 Prise	Salz
100 ml	geschmacksneutrales Öl
	Füllung:
600 g	Zwiebeln
3 EL	Öl
100 g	geräucherter, durchwachsener Speck
2	Eier
50 g	geriebener Edamer Käse
1 EL	Mehl
¼ l	Milch
	frisch gemahlener weißer Pfeffer
	Salz
Für die Form:	etwas Butter

Mais-Quiche
Für diese Quiche eignet sich helles, bereits gegartes Geflügelfleisch, vielleicht Reste vom Vortag.

Menge	Zutaten
für eine Quicheform von 28 cm Ø	
	Teig:
200 g	Mehl
1 Prise	Salz
100 g	kalte Butter
75 ml	Wasser
	Füllung:
¼	gegrilltes Hähnchen
2	Eier
1	kleine Zucchini
2	Frühlingszwiebeln
250 g	Maiskörner aus der Dose
100 g	Mascarpone (italienischer Frischkäse)
	Salz
	frisch gemahlener weißer Pfeffer
50 g	frisch geriebener Emmentaler Käse
2 EL	Schnittlauchröllchen
1 gehäufter EL	Mehl
¼ l	Milch
Für die Form:	etwas Butter

Lösungsvorschlag zu S. 89

Station 7:

Ordne die Arbeitsschritte für das heutige Gericht im Organisationsplan richtig zu.
Gericht: Tomatenquiche

Vorbereitung:
1. Geräte und Zutaten herrichten, Zutaten abwiegen

Zubereitung:
2. Mürbteig herstellen
3. Mürbteig kühlen
4. Tomaten waschen, schneiden; Zwiebeln schälen, schneiden; Mozzarella schneiden
5. Eimasse mit Basilikum zubereiten
6. Mürbteig auswellen, auf das Blech legen (Rand)
7. Mürbteig belegen
8. Mit Eimasse übergießen
9. Backen

Wartezeit:
10. Abspülen
11. Tisch decken

Fertigstellung:
12. Quiche anrichten, garnieren

Bedenke!

Nutze Wartezeiten sinnvoll!

Schiebe Arbeitsschritte ineinander!

Lösungsvorschlag zu S. 94

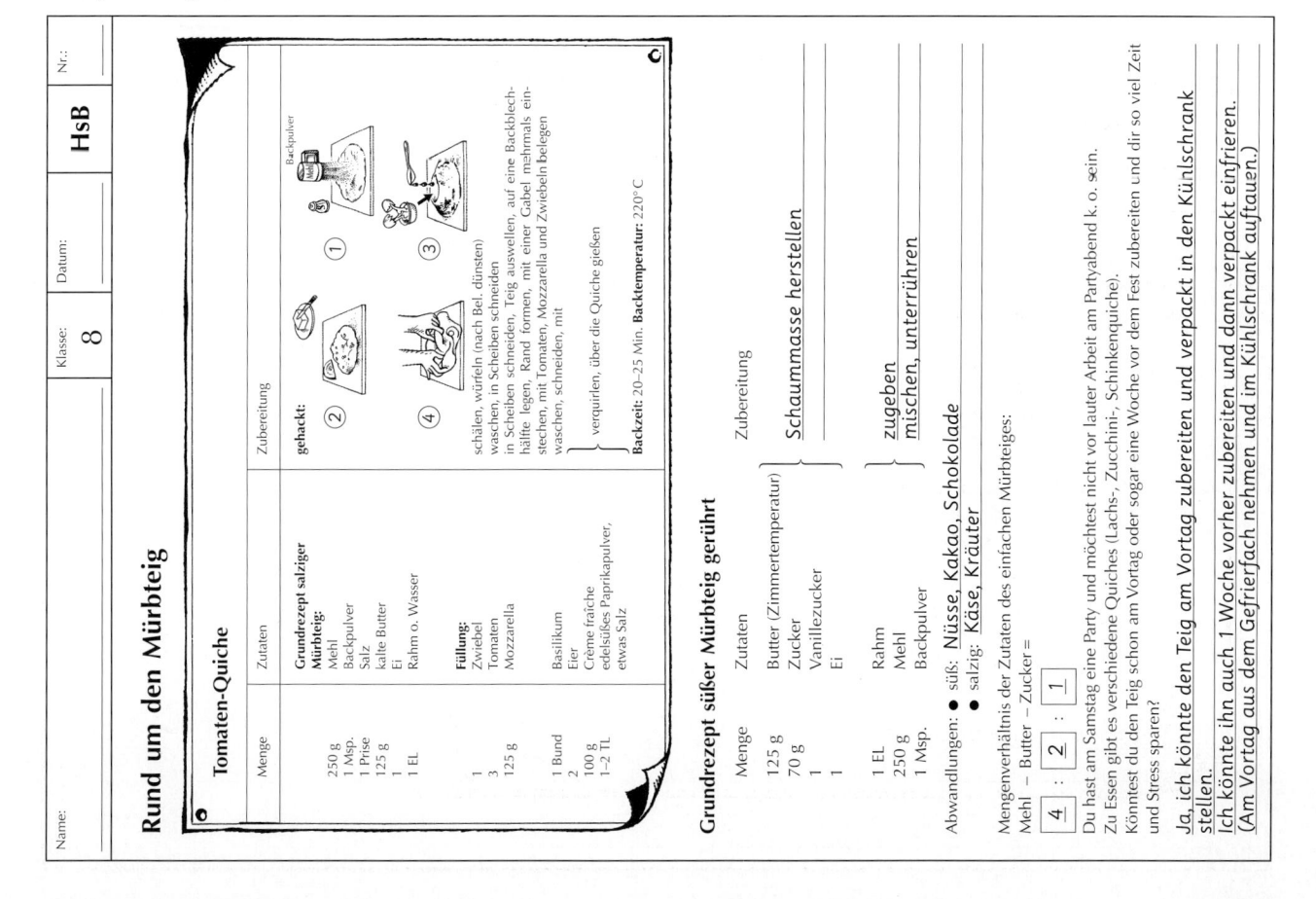

Rund um den Mürbteig

Tomaten-Quiche

Menge	Zutaten	Zubereitung
	Grundrezept salziger Mürbteig:	gehackt:
250 g	Mehl	
1 Msp.	Backpulver	
1 Prise	Salz	
125 g	kalte Butter	
1	Ei	
1 EL	Rahm o. Wasser	
	Füllung:	schälen, würfeln (nach Bel. dünsten)
1	Zwiebel	waschen, in Scheiben schneiden
3	Tomaten	in Scheiben schneiden, Teig auswellen, auf eine Backblechhälfte legen, Rand formen, mit einer Gabel mehrmals einstechen, mit Tomaten, Mozzarella und Zwiebeln belegen
125 g	Mozzarella	waschen, schneiden, mit
1 Bund	Basilikum	
	Eier	verquirlen, über die Quiche gießen
100 g	Crème fraîche	
1–2 TL	edelsüßes Paprikapulver, etwas Salz	

Backzeit: 20–25 Min. **Backtemperatur:** 220° C

Grundrezept süßer Mürbteig gerührt

Menge	Zutaten	Zubereitung
125 g	Butter (Zimmertemperatur)	Schaummasse herstellen
70 g	Zucker	
1	Vanillezucker	
1	Ei	
1 EL	Rahm	zugeben
250 g	Mehl	mischen, unterrühren
1 Msp.	Backpulver	

Abwandlungen: • süß: <u>Nüsse, Kakao, Schokolade</u>
• salzig: <u>Käse, Kräuter</u>

Mengenverhältnis der Zutaten des einfachen Mürbteiges:

Mehl – Butter – Zucker =
[4] : [2] : [1]

Du hast am Samstag eine Party und möchtest nicht vor lauter Arbeit am Partyabend k. o. sein. Zu Essen gibt es verschiedene Quiches (Lachs-, Zucchini-, Schinkenquiche). Könntest du den Teig schon am Vortag oder sogar eine Woche vor dem Fest zubereiten und dir so viel Zeit und Stress sparen?

<u>Ja, ich könnte den Teig am Vortag zubereiten und verpackt in den Kühlschrank stellen.</u>
<u>Ich könnte ihn auch 1 Woche vorher zubereiten und dann verpackt einfrieren.</u>
<u>(Am Vortag aus dem Gefrierfach nehmen und im Kühlschrank auftauen.)</u>

| Name: | Klasse: 8 | Datum: | HsB | Nr.: |

Rund um den Mürbteig

Tomaten-Quiche

Menge	Zutaten	Zubereitung
	Grundrezept salziger Mürbteig:	gehackt:
250 g	Mehl	
1 Msp.	Backpulver	
1 Prise	Salz	
125 g	kalte Butter	
1	Ei	
1 EL	Rahm o. Wasser	
	Füllung:	
1	Zwiebel	schälen, würfeln (nach Bel. dünsten)
3	Tomaten	waschen, in Scheiben schneiden
125 g	Mozzarella	in Scheiben schneiden, Teig auswellen, auf eine Backblechhälfte legen, Rand formen, mit einer Gabel mehrmals einstechen, mit Tomaten, Mozzarella und Zwiebeln belegen
1 Bund	Basilikum	waschen, schneiden, mit
2	Eier	
100 g	Crème fraîche	verquirlen, über die Quiche gießen
1–2 TL	edelsüßes Paprikapulver, etwas Salz	

Backzeit: 20–25 Min. **Backtemperatur:** 220° C

Grundrezept süßer Mürbteig gerührt

Menge	Zutaten	Zubereitung
125 g	Butter (Zimmertemperatur)	
70 g	Zucker	
1	Vanillezucker	
1	Ei	
1 EL	Rahm	
250 g	Mehl	
1 Msp.	Backpulver	

Abwandlungen: ● süß: _____

● salzig: _____

Mengenverhältnis der Zutaten des einfachen Mürbteiges:

Mehl – Butter – Zucker =

☐ : ☐ : ☐

Du hast am Samstag eine Party und möchtest nicht vor lauter Arbeit am Partyabend k. o. sein.
Zu Essen gibt es verschiedene Quiches (Lachs-, Zucchini-, Schinkenquiche).
Könntest du den Teig schon am Vortag oder sogar eine Woche vor dem Fest zubereiten und dir so viel Zeit und Stress sparen?

_____
_____
_____
_____

Probekochen – Wir stellen unser Können unter Beweis

Artikulation:

Anfangsphase: Kurze Einführung bzw. Hinweise zum Probekochen, Auslosen der Gerichte
Mittelphase: ca. 45–60 Min.
Schlussphase: Präsentation der Gerichte, Bewertung des Aussehens, Tischzeit, Bewertung des Geschmacks

Lernziel-Kontrolle in dieser Stunde:

Die Schüler/innen sollen…
… selbstständig ein ausgelostes Gericht mit Hilfe des Rezeptes zubereiten.
… die Arbeitsschritte für das Gericht stichpunktartig in der richtigen Reihenfolge schriftlich formulieren bzw. die Arbeitsschritte in einer überlegten und sinnvollen Reihenfolge ausführen.
… den Arbeitsplatz planvoll vorbereiten und während der Arbeit auf Sauberkeit und Ordnung achten.
… die zur Verfügung stehende Zeit während der Arbeit überlegt einteilen.
… Arbeitstechniken sachgerecht anwenden und Geräte zielbewusst einsetzen.
… das Gericht ansprechend anrichten, garnieren und servieren.

Medien:

Kopien und Folie vom Infoblatt (**bereits in der Vorstunde notwendig**), pro Schüler/in ein Formblatt, pro Koje 1–2 Bewertungsblätter

Hinweise:

– In der **Vorstunde** des 1. Probekochens muss eine **Einführung in den Ablauf und die Bewertung des Probekochens** stattfinden. Findet ein 2. Probekochen statt, genügt eine kurze Wiederholung.
– Die Arbeitsaufgaben werden durch Auslosen unter den Schülern/innen verteilt.
– Es bestehen verschiedene Möglichkeiten, Rezepte zur Verfügung zu stellen: Mappe, Buch, Zutatenauflistung ohne Zubereitung – je nach Leistungsstand und Einschulung.
– Die Schüler/innen sollen wissen, welche Bewertungskriterien gelten und welche Gewichtung die Endnote im Vergleich zu anderen Noten hat (z. B. Theorienoten einfach, Praxisnoten und Probekochen zweifach).
– Ist die HsB-Gruppe sehr groß, z. B. 14 Schüler/innen und mehr, sollte das Probekochen auf zwei Durchgänge geplant und durchgeführt werden. Die Schüler/innen, die nicht an der Reihe sind, werden durch Nebenaufgaben (Esstische decken, Servietten falten, Reinigungsarbeiten, Arbeitspläne üben usw.) beschäftigt!
– Bei großer Speisen-Vielfalt kann es angebracht sein, die Rezeptmengen zu halbieren. Die Schüler/innen sollen sich dann unbedingt die geänderten Mengen auf dem Rezept notieren!
– Man kann die einzelnen Gerichte servieren lassen oder als Buffet anbieten, z. B. Salate, Nachspeisen.

Zusammenstellung der Arbeitsaufgaben:

Das Niveau des Probekochens muss sich am **Leistungsstand der Schüler** orientieren!
Es ist nicht immer einfach, **„gerechte Gerichtzusammenstellungen"** zu finden!

Es muss darauf geachtet werden, dass…

… jede/r Schüler/in einen einigermaßen gleichmäßigen Arbeitsumfang zu bewältigen hat.
… jede/r Schüler/in etwas abschmecken und garnieren muss.
… der Schwierigkeitsgrad der Arbeitstechniken ausgewogen ist.
… der Geräteeinsatz gerecht verteilt ist.
… nicht zwei Schüler/innen pro Kochgruppe die gleichen Geräte (z. B. Dampfdrucktopf, Rührgerät, Backrohr) zur gleichen Zeit benötigen.
… die Aufgabe zeitlich zu bewältigen ist.
… usw.

Vorschläge für mögliche Arbeitsaufgaben:

Folgende Möglichkeiten bieten sich an:

- Gruppe 1 und 3 bzw. 2 und 4 haben die gleichen Kochthemen (Vergleichsmöglichkeiten bei der Bewertung sind gegeben).
- In jeder Gruppe wird etwas anderes zubereitet (kein „Spicken" ist möglich).

Hinweis:

Die Gerichte von Gruppe 1+2 bzw. 3+4 ergeben ein „Menü"!

Aufgabenverteilung

		Schüler/in 1	Schüler/in 2	Schüler/in 3
Beispiel A	G 1+3:	Feine Cremesuppe	Biskuit-Tortenboden backen (wird eingefroren)	Brotzeitspieße Herdreinigung
	G 2+4:	Reisfleisch	Füllung und Fertigstellung der Torte schwarz-weiß (Tortenboden wird vorgegeben)	Salate Tisch decken
Beispiel B	G 1+3:	Apfeldatschi	Pellkartoffeln mit Kräuterquark	Feine Cremesuppe
	G 2+4:	Dillgurken einkochen	Gedünsteter Reis, Salat	Gefüllte Paprikaschoten

Anmerkungen zum Bewertungsblatt:

- Das Bewertungsblatt kann mit Hilfe der Randmarkierungen (Punkt, Strich, Punkt) in 2–3 Querspalten unterteilt werden, so dass ein Blatt für 2–3 Schüler/innen pro Koje reicht.
- Schon vor dem Probekochen erfolgt der Eintrag der geplanten Gerichte in die erste Spalte, nach dem Auslosen der Gerichte müssen nur noch die Namen ergänzt werden.
- Die einzelnen Bewertungskriterien können mit **Einzelnoten** oder über ein **Punktesystem** gewertet werden:

Bewertung mit Noten:

- Arbeitsplanung/-organisation: 1×
- Arbeitsausführung: 2×
- Endergebnis: 1×
- Gesamtnote: Summe der Einzelnoten: 4

Bewertung mit Punkten:

- 8 Punkte
- 16 Punkte
- 8 Punkte

- 32–29 Punkte: Note 1
- 28–24 Punkte: Note 2
- 23–18 Punkte: Note 3
- 17–12 Punkte: Note 4
- 11– 6 Punkte: Note 5
- 5– 0 Punkte: Note 6

Bewertungsblatt

Probekochen am	Klasse: Koje →			
			Endergebnis	Note
Aufgabe/Name	Arbeitsplan/Arbeitsorganisation	Arbeitsausführung:		
		Arbeitsplatz	A-weise/Techniken/Sonstiges	Aussehen/Geschmack

Informationsblatt zum Probekochen

Wichtige Infos zum Probekochen!

- Bringe deine vollständige Mappe (Rezepte!), Arbeitskleidung (Hausschuhe) und Topflappen mit.
- Komm mind. 5 Min. vor Unterrichtsbeginn in die Schulküche (letzte Möglichkeit für Fragen!).

So läuft das Probekochen ab:

- Auslosen der „Arbeitsaufgabe" (Kochaufgabe, evtl. Decken des Esstisches, evtl. Reinigungsarbeit), ähnliche Zuständigkeitsbereiche wie beim Ämterplan
- Kurze Besprechung bzw. Hinweise, z. B. Rezeptmengen, Arbeitsplatzzuweisung

- Stichpunktartige, schriftliche (gedankliche) Arbeitsplanung
- Vorbereiten des Arbeitsplatzes
- Ausführen der Arbeitsaufgabe, Wartezeiten nutzen (Spülen, Aufräumen, Säubern des Arbeitsplatzes)
- Abschmecken, Anrichten und Garnieren der Gerichte

Hinweis: Deine Arbeitszeit beträgt 45–60 Minuten!

- Tischzeit
- Bewertung

Bewertung/Benotung

Was wird bewertet?
- Selbstständiges, überlegtes Arbeiten mit dem Rezept
- Planvolle Zeiteinteilung
- Übersichtlicher, sauberer Arbeitsplatz
- Saubere, ordentliche, geschickte Arbeitsweise
- Überlegter Geräteeinsatz
- Gut abgeschmeckte und appetitlich angerichtete Speisen

Beachte: Die Note des Probekochens zählt zweifach!

Tipps:

- **Erst denken, dann arbeiten!** Lies die Rezepte mindestens zweimal vor dem Kochen! Plane die günstigste Reihenfolge der Arbeiten (mit welchem Gericht wird begonnen?).
- Bereite deinen Arbeitsplatz übersichtlich und überlegt vor (Zutaten und Geräte)!
- Achte auf eine saubere und ordentliche Arbeitsweise, setze Geräte überlegt ein!
- Arbeite zügig, damit du auch zwischendurch schon Zeit zum Spülen und Aufräumen hast!
- Beweise dein Können durch selbstständiges, ruhiges Arbeiten (vermeide „unnötige" Zwischenfragen!)!
- Stimme die Garzeiten der Gerichte mit der Essenszeit ab! Die Speisen sollen pünktlich zur festgesetzten Zeit fertig sein (nicht zu früh bzw. zu spät!)!
- Überlege dir rechtzeitig eine passende Garnitur und bereite das Anrichtegeschirr vor!

Diese Gerichte musst du beherrschen: _____

_____

_____

_____

_____

Tafelanschrift

Probekochen – Beweise dein Können!

Beachte: … Plane deine Arbeitsschritte!
… Achte auf einen sauberen, übersichtlichen Arbeitsplatz!
… Setze Geräte gezielt ein, arbeite sparsam mit dem Geschirr!
… Bereite Anrichtegeschirr und Garnitur rechtzeitig vor!

Unsere Gerichte: **Essenszeiten:**   oder

(Hier die Gerichte auflisten!)

… Suppe: _____ Uhr
… Hauptgericht, Beilage,
Salate: _____ Uhr   Bzw. eine gemeinsame Zeit festlegen!   Suppe
… Nachspeise: _____ Uhr   Hauptgericht
                                                                        Nachspeise

Formblatt für die Arbeitsaufgabe

(Von der Lehrkraft wird ausgefüllt: Koje, Amt, Aufgabe)

Name: _____   Klasse: _____   Datum: _____

Dein Arbeitsbereich: _____ Koje   (_____-Amt)

Deine Arbeitsaufgabe:
_____
_____
_____
_____

Plane deine Arbeitsschritte:

1. _____
2. _____
3. _____
4. _____
5. _____
6. _____
7. _____
8. _____

Unterrichtssequenzen Hauswirtschaftlich-sozialer Bereich, © Auer Verlag GmbH, Donauwörth
Als Kopiervorlage freigegeben

Nur ein bisschen Schimmel

Artikulation:

Anfangsphase: Text von Muli oder Bildrätsel
1. Teilziel: Pizzabaguette zubereiten
2. Teilziel: Arbeitsteilige Gruppenarbeit, Öfen einschalten während Schüler/innen das Arbeitsblatt ausfüllen
GZF: Aussage der Deutschen Gesellschaft für Ernährung begründen: „Wer sich auf diese Weise regelmäßig und über längere Zeit selbst kleine Mengen Schimmelpilze verabreicht, setzt seine Gesundheit und sein Leben aufs Spiel!"

Lernziele:

Die Schüler/innen sollen …
- … Lebensmittel kennen, die besonders schimmelgefährdet sind.
- … wissen, dass der Genuss von verschimmelten Lebensmitteln leberschädigend ist und sogar zum Tod führen kann.
- … Regeln zur Vermeidung von Schimmelbildung kennen.
- … wissen, dass es auch „gute" Schimmelpilze gibt.

Medien:

Schriftstreifen für 3 Merksätze, Plakatstift
Verschiedene Lebensmittel (z. B. Nüsse, Mohn, Sesam, Milch, Obst, Zucker …)
Folien, Arbeitsblatt

Hinweise:

– Die Aufgaben 2 und 4 der Gruppenarbeit sind für eine schwächere Gruppe gedacht.
– Anschließend an diese und die zwei folgenden UE's kann eine Lernzielkontrolle (siehe S. 116) geschrieben werden.

Text (Anfangsphase)

Muli ist tot!

Der besonders bei Kindern beliebte Muli aus dem Tierpark ist tot. Nachweislich wurde er von Besuchern mit verschimmeltem Brot gefüttert. Einer der Besucher, Werner K., meinte: „Dies kann nicht die Ursache sein, ich habe den verschimmelten Teil des Brotes immer abgeschnitten."

Folie: Bildrätsel (Anfangsphase)

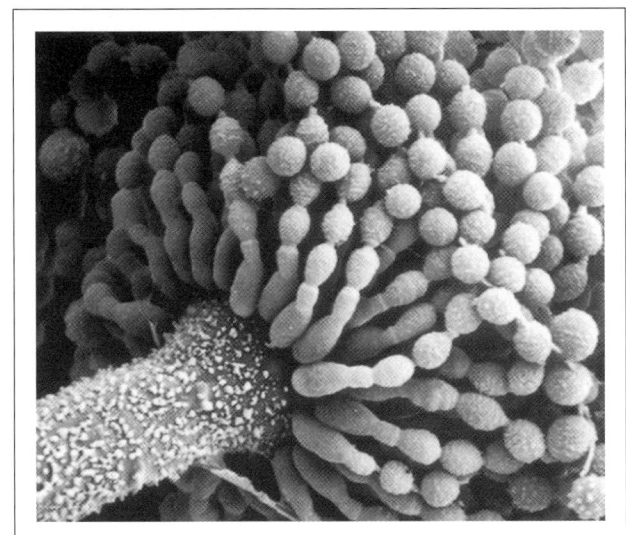

Schimmelpilz (Aspergillus Flavus)

Arbeitsteilige Gruppenarbeit (2. Teilziel)

Aufgabe 1:

1. Du hast vor dir einige Lebensmittel.
   Suche mit Hilfe der Liste besonders schimmelgefährdete Lebensmittel heraus.
2. Lies den Text unten durch und erkläre uns, woher der Schimmel kommt.

Folgende Lebensmittel sind besonders häufig infiziert:
Erdnüsse, Erdnusserzeugnisse
Haselnüsse, Walnüsse, Paranüsse, Mandeln
Aprikosen- und Pfirsichkerne
Koskosraspel, Mohn, Sesam
Getreide und Getreideerzeugnisse

Schimmelpilze sind Mikroorganismen (= Kleinstlebewesen).
Die Sporen des Schimmels gelangen über die Luft auf die Lebensmittel.
Schimmelpilze bilden ein Fadengeflecht aus, das das ganze Lebensmittel durchdringen kann.

Medien:
verschiedene Lebensmittel (z. B. Zucker, Baguette, Nüsse, Sesam, Milch)

Aufgabe 2:

1. Lies den Text genau durch.
2. Erkläre uns im Anschluss mit eigenen Worten, weshalb Schimmel für Mensch und Tier gefährlich ist.

1990 starben in England etwa 100 000 Puten. Die Puten wurden mit verschimmeltem Erdnussmehl gefüttert. Nach Untersuchungen wurde festgestellt, dass Schimmelpilze die stärksten bekannten Gifte (= Mykotoxine) bilden können. Diese Gifte können bei Mensch und Tier zu Leberschäden und Leberkrebs führen.

Aufgabe 3:

1. Lies den Text genau durch.
2. Betrachte das Bild genau.
3. Bilde 3 kurze Merksätze und schreibe je einen auf die Schriftstreifen.

Schimmelpilze bilden ein Fadengeflecht aus, das das ganze Lebensmittel durchdringen kann.

Bei verschimmeltem Brot kann nicht festgestellt werden, wie weit es bereits mit dem Fadengeflecht durchdrungen ist.

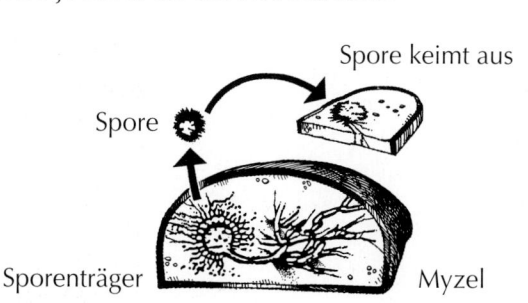

Merke: _____

Bei Lebensmitteln mit sehr hohem Zuckergehalt (z. B. Marmelade) konnten keine Fadengeflechte nachgewiesen werden. Hier genügt also ein großzügiges Entfernen des Schimmels.

Merke: _____

Du kannst Schimmelbildung vorbeugen, indem du gefährdete Lebensmittel kühl und trocken lagerst.

Merke: _____

Medien:
3 Schriftstreifen aus Tonpapier, Plakatstift

Aufgabe 4:

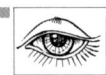

1. Lies den Text genau durch.
2. Sind alle Schimmelpilze gesundheitsschädlich? Erkläre.

„Guter" Schimmel – „böser" Schimmel:
Weißschimmel auf Camembert oder Blauschimmel im Edelpilzkäse sind Kulturschimmelpilze, die dem reifen Käse sein typisches Aussehen und Aroma geben.
Diese Schimmel bilden keine Giftstoffe.
Weiß-grünlicher Schimmel auf der Käseoberfläche hingegen kann gefährlich werden.

Lösungsvorschlag zu S. 103

Name:	Klasse: 8	Datum:	HsB	Nr.:

Nur ein bisschen Schimmel

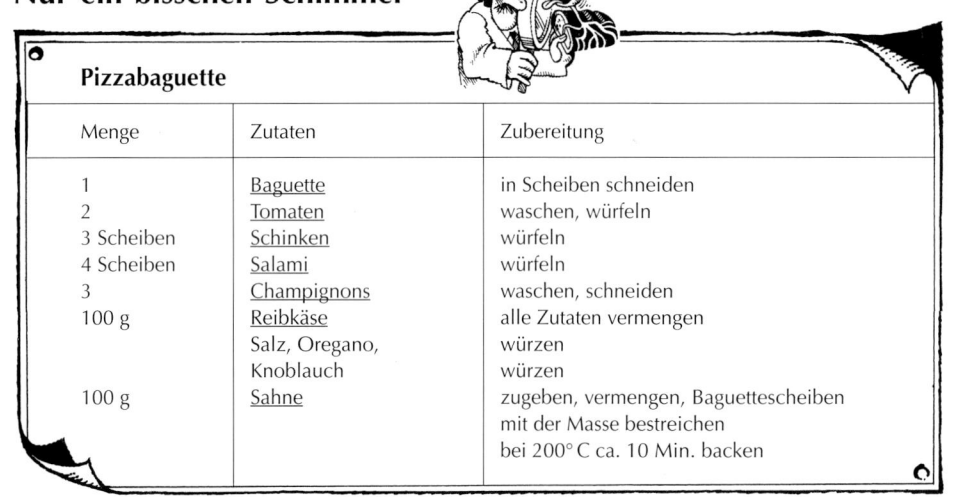

Pizzabaguette

Menge	Zutaten	Zubereitung
1	Baguette	in Scheiben schneiden
2	Tomaten	waschen, würfeln
3 Scheiben	Schinken	würfeln
4 Scheiben	Salami	würfeln
3	Champignons	waschen, schneiden
100 g	Reibkäse	alle Zutaten vermengen
	Salz, Oregano, Knoblauch	würzen würzen
100 g	Sahne	zugeben, vermengen, Baguettescheiben mit der Masse bestreichen bei 200°C ca. 10 Min. backen

Aufgabe: Unterstreiche im Rezept die schimmelgefährdeten Lebensmittel.

Schimmelpilze sind:

Kleinstlebewesen (Mikroorganismen).
Die Sporen des Schimmels gelangen
über die Luft auf die Lebensmittel.

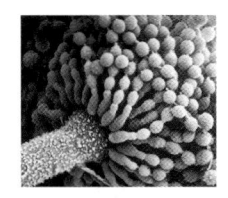

Schimmelpilz (Aspergillus Flavus)

Merke:
- Verschimmeltes Brot im Ganzen wegwerfen!
- Schimmel auf Marmelade großzügig entfernen!
- Lebensmittel kühl und trocken lagern!
- Lebensmittel gezielt einkaufen und überprüfen!

Schimmelpilze können:

Gifte bilden, die bei Mensch und Tier
Leberschädigungen und Leberkrebs
verursachen.

Es gibt aber auch „gute" Schimmelpilze, z. B.:
Blauschimmel (Gorgonzola)
Weißschimmel (Camembert)

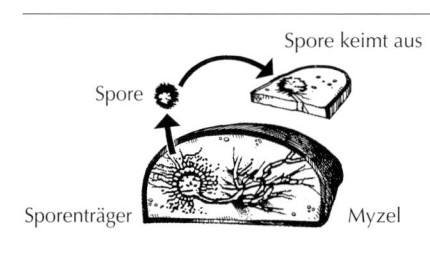

Besonders gefährdete Lebensmittel sind:

Nüsse, Aprikosen- und Pfirsichkerne,
Kokosraspel, Mohn, Sesam, Getreide
und Getreideerzeugnisse (Brot!)

| Name: | Klasse: 8 | Datum: | **HsB** | Nr.: |

Nur ein bisschen Schimmel

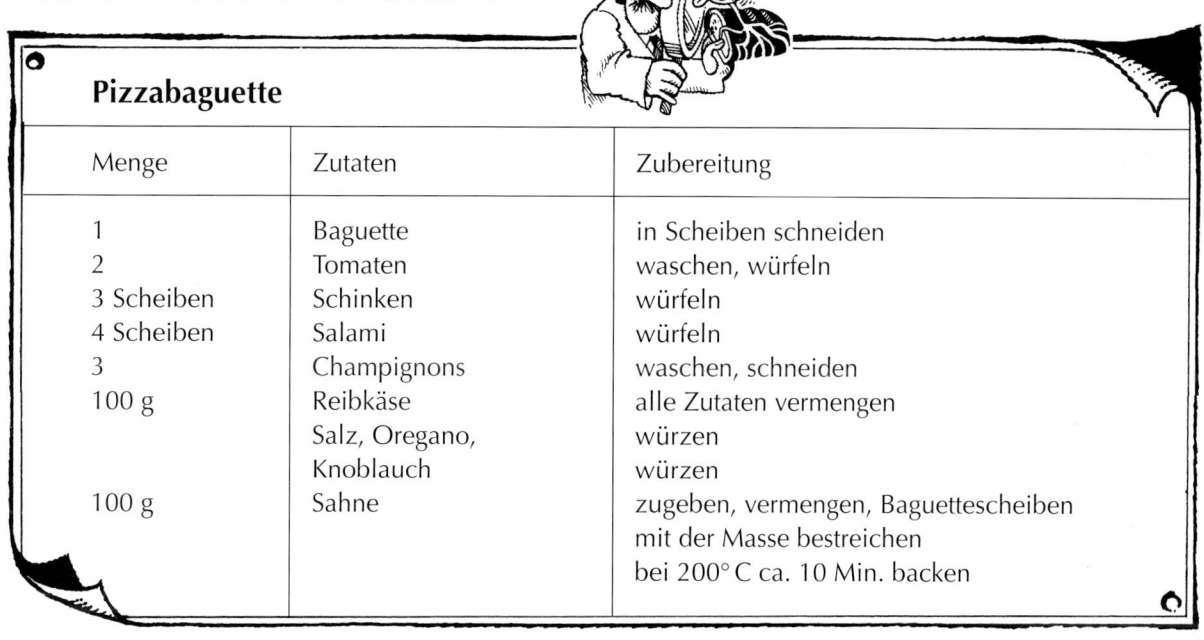

Pizzabaguette

Menge	Zutaten	Zubereitung
1	Baguette	in Scheiben schneiden
2	Tomaten	waschen, würfeln
3 Scheiben	Schinken	würfeln
4 Scheiben	Salami	würfeln
3	Champignons	waschen, schneiden
100 g	Reibkäse	alle Zutaten vermengen
	Salz, Oregano,	würzen
	Knoblauch	würzen
100 g	Sahne	zugeben, vermengen, Baguettescheiben mit der Masse bestreichen
		bei 200° C ca. 10 Min. backen

Aufgabe: Unterstreiche im Rezept die schimmelgefährdeten Lebensmittel.

Schimmelpilze sind:

_____
_____
_____
_____

Schimmelpilze können:

_____
_____
_____
_____

Es gibt aber auch „gute" Schimmelpilze, z. B.:

_____
_____
_____

Spore keimt aus

Spore

Sporenträger   Myzel

Besonders gefährdete Lebensmittel sind:

_____
_____
_____
_____

Merke:

- _____
  _____
- _____
  _____
- _____
  _____
- _____
  _____

| Name: | Klasse: 8 | Datum: | HsB | Nr.: |

Rezeptblatt

Pizza

Menge	Zutaten	Zubereitung
Teig:		
375 g	Mehl	in eine Rührschüssel sieben
1 Pck.	Trockenhefe	untermischen
½ TL	Salz	zugeben
ca. ⅛ l	lauwarmes Wasser	von der Mitte aus mit dem Handrührgerät (Knethaken) einkneten
5 EL	Öl	zugeben, Teig auf dem Backbrett von Hand weiterkneten, bis ein geschmeidiger Teig entsteht
		Teig auswellen, auf ein gefettetes Backblech legen
Belag:		
1 Pck.	pürierte Tomaten	auf dem Teig verteilen
	Salz, Knoblauch	würzen
	Pizzagewürz	würzen
200 g	Reibkäse	auf den Tomaten verteilen
100 g	Champignons	waschen, schneiden
100 g	Schinken	würfeln
100 g	Salami	würfeln
nach Bel.	Pepperoni	Stil entfernen
		Pizza mit den restlichen Zutaten belegen
		Bei 200° C ca. 25 Min. backen

Weitere Belagzutaten: _____

Tiramisu

Menge	Zutaten	Zubereitung
500 g	Mascarpone	in eine Rührschüssel geben
3 EL	Zucker	mit dem Mascarpone verrühren
2 Be.	Sahne	schlagen, Sahne unter die Mascarponemasse heben, ⅓ der Masse in eine flache Form streichen
ca. ¼ l	kalter Kaffee	mischen
3 EL	Amaretto	
1 Pck.	Löffelbiskuit	Biskuits in den Kaffee tauchen, auf die Mascarponecreme legen, Creme darauf streichen, dann Biskuits darauf legen. Die letzte Schicht ist Mascarpone, kühl stellen
oder	Reste vom Biskuit	
2 EL	Kakao	besieben

Aufgabe: Unterstreiche in den Rezepten die schimmelgefährdeten Lebensmittel.

Salmonellen – eine Gefahr für unsere Gesundheit

Artikulation

Anfangsphase: Folie mit Bildergeschichte
1. Teilziel: Arbeitsteilige Gruppenarbeit, zusammenfassende Folie
2. Teilziel: Zubereitung der Kochaufgabe
GZF: Schüler/innen diskutieren Fehlertext (evtl. Folie)

Lernziele:

Die Schüler/innen sollen …

… den Begriff „Salmonellen" definieren können.
… besonders gefährdete Lebensmittel nennen können.
… die gesundheitlichen Folgen einer Salmonellenvergiftung kennen.
… Regeln zur Vorbeugung einer Salmonellenvergiftung wissen.

Medien:

Folien, Wortkarten mit verschiedenen Lebensmitteln; Computer mit Internetanschluss (optional), Arbeitsblatt

Hinweise:

– Die Aufgaben für den Einsatz des Computers zur Informationsbeschaffung können Sie zusätzlich oder anstatt der Aufgaben 1–4 verwenden. Evtl. auch als vorbereitende Hausaufgabe möglich.
– Der Lösungsvorschlag zum Arbeitsblatt von S. 110 ist auf S. 117 abgedruckt.

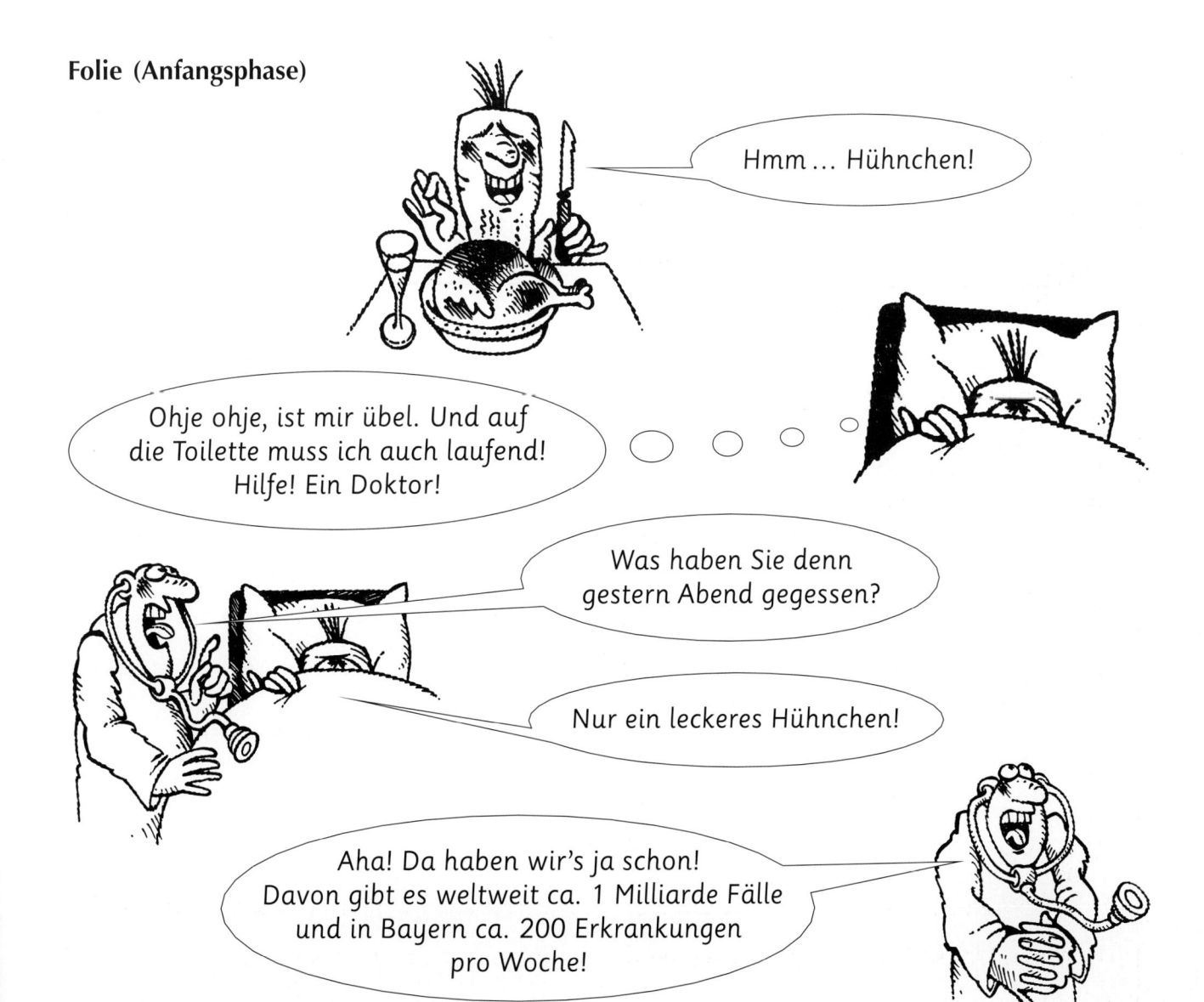

Folie (Anfangsphase)

Hmm … Hühnchen!

Ohje ohje, ist mir übel. Und auf die Toilette muss ich auch laufend! Hilfe! Ein Doktor!

Was haben Sie denn gestern Abend gegessen?

Nur ein leckeres Hühnchen!

Aha! Da haben wir's ja schon! Davon gibt es weltweit ca. 1 Milliarde Fälle und in Bayern ca. 200 Erkrankungen pro Woche!

Arbeitsteilige Gruppenarbeit (1. Teilziel)

Aufgabe 1:

1. Lies den Text genau durch.
2. Was sind Salmonellen? Ergänze im Arbeitsblatt die 1. Frage.
3. Welche Krankheitszustände ruft eine Salmonellenvergiftung hervor? Beantworte am Arbeitsblatt die entsprechende Frage.

Salmonellen gehören zur Familie der Darmbakterien. Sie wurden nach ihrem Entdecker, dem amerikanischen Tierarzt Salmon benannt. Einige Salmonellenarten verursachen die Infektionskrankheiten Typhus und Paratyphus. Diese Krankheiten sind jedoch dank besserer Hygiene in Deutschland stark zurückgegangen. Die größte Gruppe der Salmonellenarten löst innerhalb von wenigen Stunden (4–8 Stunden) Magen-Darm-Erkrankungen mit Übelkeit, heftigen Durchfällen, Erbrechen, Kopfschmerzen und Fieber aus. Bei Kleinkindern und Kranken kann diese Lebensmittelvergiftung durch Kreislaufversagen sogar zum Tode führen.

Medien:
Arbeitsblatt

Aufgabe 2:

1. Lies den Text genau durch.
2. Suche aus den Wortkarten die salmonellengefährdeten Lebensmittel heraus und hefte sie an die Tafel.
3. Welchen Nährstoff beinhalten diese Lebensmittel am meisten?
4. Warum ist im Sommer die Gefahr einer Salmonellenvergiftung höher?

Salmonellen gedeihen besonders gut auf eiweißreichen Lebensmitteln, z. B. auf Fleisch, Fisch, Milch, Milchprodukten, Eier und Eiprodukten. Schon bei normaler Zimmertemperatur verdoppeln die meisten Bakterienarten etwa in einer halben Stunde ihre Zahl. Aus einem Bakterium werden so in 24 Stunden viele Millionen. Noch rascher geht dieses Wachstum bei sommerlichen Temperaturen vor sich. Unheimlich? Ja, weil der „Feind" unsichtbar ist.

Medien:
Wortkarten mit verschiedenen Lebensmitteln

Wortkarten

| Eier | Fisch | Milch | Fleisch |

| Hackfleisch | Mayonnaise | Gemüse |

| Eis | Marmelade | Obst |

| Milchprodukte |

Aufgabe 3:

1. Lies den Text genau durch.
2. Unterstreiche die wichtigen Wörter zum Schutz vor Salmonellen.
3. Stelle Regeln auf, wie du einer Salmonellenvergiftung vorbeugen kannst. Trage die Regeln im Arbeitsblatt ein.

Genuss ohne Schaden:
Kaufe Fleisch nur dort, wo du auf seine hygienisch einwandfreie Behandlung vertrauen kannst. Alle Speisen, besonders Reste davon, müssen bis zum Kochen erhitzt oder völlig durchgebraten werden, um Bakterien sicher abzutöten. Liebhaber von blutigen Steaks leben also gefährlich. Ankochen, Anbraten oder Aufwärmen allein tötet Bakterien nicht! Salmonellen sterben erst ab 70° C aufwärts. Lasse fertige, vor allem warme Speisen nicht unnötig lange stehen. Bei Warmhaltetemperaturen vermehren sich Bakterien besonders rasch. Die häufigste Ursache von Lebensmittelvergiftungen ist das Stehenlassen von Speisen über Stunden bei Raumtemperatur.

Medien:
Arbeitsblatt, evtl. Folie mit Folienstift

Aufgabe 4:

1. Lies den Text genau durch.
2. Unterstreiche die wichtigen Wörter zum Schutz vor Salmonellen.
3. Stelle Regeln auf, wie du einer Salmonellenvergiftung vorbeugen kannst. Trage die Regeln im Arbeitsblatt ein.

Genuss ohne Schaden:
Hackfleisch und Tartar sollen im Kühlschrank aufgehoben und noch am Tag des Einkaufes verzehrt werden. Fisch, Geflügel und Wild sind besonders häufig mit Salmonellen befallen. Halte diese Lebensmittel von anderen getrennt und verpacke sie einzeln. Gefrorenes Geflügel oder Wild solltest du im geöffneten Beutel auftauen, die ausgetretene Flüssigkeit wegschütten, den Beutel wegwerfen. Arbeitsgeräte und Unterlage mit heißem Wasser und Spülmittel gründlich reinigen. Keine anderen Speisen mit verunreinigten Geräten, auf verunreinigter Unterlage oder mit verunreinigten Händen zubereiten! Waschwasser von Geflügel-, Fisch- oder Wildfleisch sofort in den Ausguss gießen. Nach Abschluss der Vorbereitungsarbeiten unbedingt die Hände, den Arbeitsplatz und die Geräte gründlich waschen. Sei besonders vorsichtig mit Salaten, die Fleisch, Fisch, Milch, Käse oder Ei, insbesondere auch Mayonnaise, also Eiweiß enthalten. Hebe keine Reste davon auf.

Medien:
Arbeitsblatt, evtl. Folie mit Folienstift

Folie (Auswertung im 1. Teilziel)

Salmonellen

Arbeitsplatz	Schürze	Hände	
z. B. Schneidebrett, Messer …	↓ Hände	Geschirrtuch	andere Lebensmittel (z. B. Salat)
↓ Lebensmittel	↓ Lebensmittel	↓ Geschirr ↓ Lebensmittel	

Unterrichtssequenzen Hauswirtschaftlich-sozialer Bereich, © Auer Verlag GmbH, Donauwörth
Als Kopiervorlage freigegeben

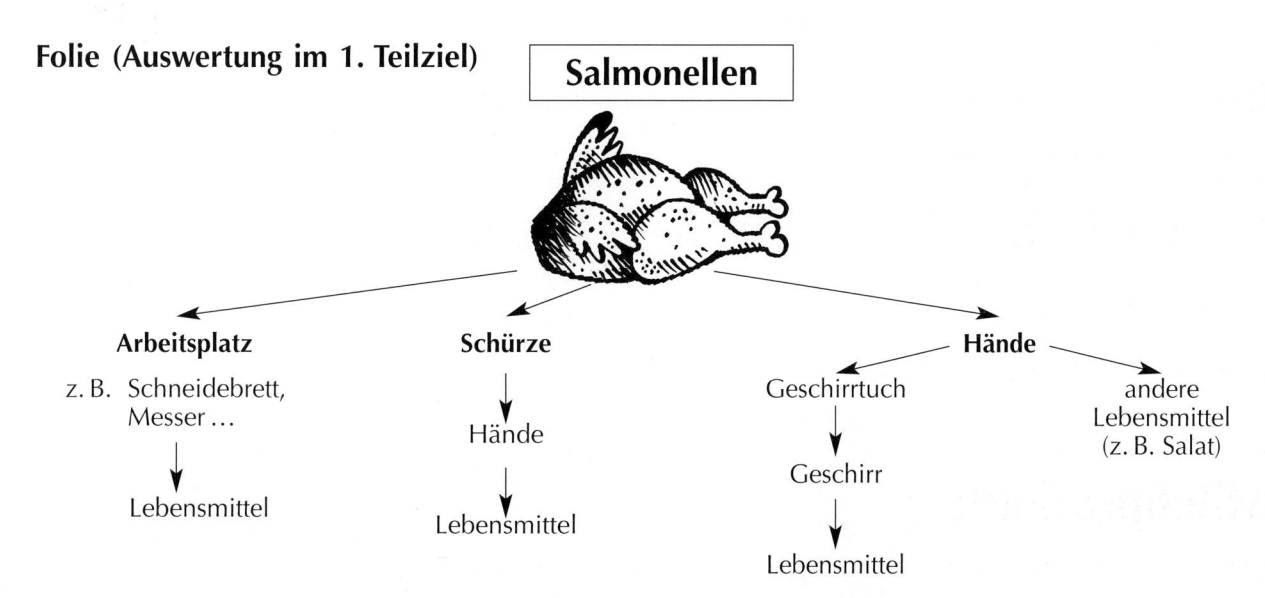

Optionale Zusatzaufgaben (1. Teilziel)

(falls Computer mit Internetanschluss zur Verfügung steht)

Aufgabe: Auf der Suche nach Salmonellen im Internet

1. Gehe ins Internet, klicke in das Adressfeld und schreibe die Internetadrese www.google.de. Die Suchmaschine Google öffnet sich.

2. Schreibe in das Suchfeld einige Schlüsselbegriffe, z. B. Salmonellen, Erkrankung. Bedenke, dass nur je ein Leerzeichen zwischen den Begriffen stehen darf!

3. Klicke mit der Maus auf [Google-Suche], die Suche startet.

4. Eine Liste mit Suchergebnissen erscheint. Klicke auf eine unterstrichene Überschrift (= Hyperlink), um die gewünschte Seite zu öffnen.

5. Suche in der Seite nach folgenden Informationen:
   a) Was sind Salmonellen?
   b) Salmonellengefährdete Lebensmittel
   c) Krankheitszustände bei Genuss von salmonellenverseuchten Lebensmitteln
   d) Verhaltensregeln

6. Trage deine gefundenen Ergebnisse in dein Arbeitsblatt ein.

7. Sollte die Seite nicht die gewünschten Inhalte haben, klicke auf [Zurück], um zur vorhergehenden Seite mit Suchergebnissen zu gelangen. Klicke eine Überschrift einer weiteren Seite an und suche dort nach den gewünschten Informationen.

8. Klicke auf „Vorwärts", um zur nächsten Seite mit Suchergebnissen zu gelangen.

Gooooooooogle ▶
Ergebnis-Seite: 1 2 3 4 5 6 7 8 9 10 **Vorwärts**

Medien:
Computer mit Internetanschluss, Arbeitsblatt

Aufgabe: sueddeutsche.de

1. Gehe ins Internet.

2. Klicke in das Adressfeld und schreibe die Internetadresse www.sueddeutsche.de. Die Online-Ausgabe der Süddeutschen Zeitung öffnet sich.

3. Gehe mit dem Rollbalken auf der Seite etwas herunter. Auf der linken Seite erscheint ein Suchfeld. Schreibe „Salmonellen" in das Suchfeld und klicke auf das Dreieck neben dem Suchfeld. Die Suche startet.

   Suche [   ]
   ▸ erweiterte Suche
   ▸ SZ-AboArchiv

4. Eine Liste mit Zeitungsartikeln erscheint. Klicke die verschiedenen Artikel an und informiere dich über Salmonellen-Vergiftungen in der letzten Zeit.

4. Drucke den aktuellsten Zeitungsartikel aus.

Medien:
Computer mit Internetanschluss, Exemplar einer Süddeutschen Zeitung

Text, evtl. Folie (GZF)

Frau Schmid serviert ihrer Tochter ein Mittagessen

Hier, mein Schatz, von gestern ist noch etwas von dem leckeren Kartoffel-Mayonnaisesalat übrig geblieben. Dazu gibt es Hühnerkeulen. Die sind noch ganz saftig und innen leicht rosa, so wie du sie liebst.
Als Nachspeise habe ich ein tolles Tiramisu gezaubert. Mit frischen Eiern versteht sich.
Leider bin ich vor lauter Hektik in der Küche noch nicht zum Abspülen gekommen. Es liegt alles noch kreuz und quer herum.

Rezeptbausteine zum Austauschen

Gedünsteter Reis

Menge	Zutaten	Zubereitung
½	Zwiebel	fein würfeln
2 EL	Butter	schmelzen, Zwiebel dünsten
1 Tasse	Reis	waschen, mitdünsten
2 Tassen	Wasser	aufgießen
½ TL	Salz	würzen, zugedeckt bei geringster Hitze 20 Min. garen
	Petersilie	waschen, garnieren

Sesamhähnchen mit Joghurtdip

Menge	Zutaten	Zubereitung
2	Hühnerbrustfilets	auftauen
½	Zitrone	auspressen, in eine Schüssel geben
1 EL	Sojasoße	zugeben
½ TL	gem. Koriander	zugeben, verrühren, Fleisch damit bepinseln, zugedeckt durchziehen lassen
2 EL	Sesamsamen	in einen tiefen Teller geben
2 EL	Semmelbrösel	zugeben, mischen
1	Ei	in einem weiteren Teller aufschlagen, verquirlen Hühnerbrustfilets zuerst in dem Ei, dann in den Sesambröseln wenden
1 EL	Butterschmalz	in einer Pfanne erhitzen, Fleisch ca. 12 Minuten rundherum goldbraun braten
Dip:		
150 g	Naturjoghurt	in eine Schüssel geben
1–2 TL	Tomatenmark	zugeben
1–2 EL	Sahne	zugeben, verrühren
2 Stängel	Bleichsellerie	waschen, putzen, in kleine Würfelchen schneiden; das zarte Selleriegrün hacken, mit den Kräutern unter den Joghurt mischen
2 EL	Kräuter (z. B. Kresse, Basilikum)	
	Salz, Pfeffer	abschmecken
		Fleisch in Scheiben schneiden und mit dem Dip anrichten

| Name: | Klasse: 8 | Datum: | HsB | Nr.: |

Salmonellen – eine Gefahr für unsere Gesundheit

Hähnchenragout mit Tomaten

Menge	Zutaten	Zubereitung	Merke
4	Hähnchenbrustfilets o. Putenschnitzel	in Streifen schneiden	• _____
1	Zwiebel	würfeln	
6 oder 1 Dose	Tomaten Tomaten	waschen, würfeln	• _____
2 EL	Butter	Hähnchen anbraten, aus der Pfanne nehmen, Tomaten dünsten, mit	
	Salz, Pfeffer Zucker, Brühe, Basilikum	würzen, Fleisch zugeben, bei geschlossenem Deckel 5–10 Min. garen	• _____
1 Becher	Crème fraîche Schnittlauch	zugeben, abschmecken waschen, schneiden, garnieren, mit Baguette oder Reis servieren	• _____

Aufgabe: Unterstreiche im Rezept besonders salmonellengefährdete Lebensmittel.

Was sind Salmonellen? _____

_____

Salmonellengefährdete Lebensmittel sind: _____

_____

Krankheitszustände bei Genuss von salmonellenverseuchten Lebensmitteln:

_____

_____

_____

So verhältst du dich richtig:

- _____
- _____
- _____
- _____
- _____

Kleinstlebewesen in ihrer Vielfalt

Artikulation:

Anfangsphase: Folie
1. Teilziel: Arbeitsteilige Gruppenarbeit
2. Teilziel: Zubereitung der Kochaufgabe
GZF: Schüler/innen diskutieren folgende Aussage: „Alle Bakterien und Pilze sind schlecht, deshalb putze ich sie alle weg!"

Lernziele:

Die Schüler/innen sollen ...
... den Begriff „Mikroorganismen" definieren können.
... wissen, dass Mikroorganismen schädlich und hilfreich sein können.
... verschiedene Lebensmittel den Mikroorganismen zuordnen können.
... die Lebensbedingungen der Mikroorganismen wissen.
... Regeln zur Vermeidung von Lebensmittelverderb kennen.

Medien:

Folie, Schriftstreifen, Plakatstift, Arbeitsblatt
Bei optionalem Arbeiten mit einem Anwenderprogramm benötigen Sie:
Computer, Folie „Wir arbeiten mit einem Anwenderprogramm" (aus der UE „Lebensmittel haltbar machen", S. 52), Arbeitsblatt, CD-ROM „Mindestens haltbar bis..." (aid), Bestelladresse siehe S. 6 in den Vorüberlegungen

Hinweis:

Die Lernzielkontrolle (Probe) auf S. 116 deckt den gesamten Bereich „Gefährdung durch Lebensmittel" ab und kann in einer zusätzlichen Übungsstunde eingesetzt werden.

Folie (Anfangsphase)

Arbeitsteilige Gruppenarbeit (1. Teilziel)

Aufgabe 1:

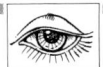

1. Lies den Text genau durch.
2. Ergänze die Tabelle auf dem Arbeitsblatt.

Schimmelpilze: *Du kennst bereits schimmelgefährdete Lebensmittel und Lebensmittel, bei denen die Schimmelbildung erwünscht ist. Denke an die Stunde „Nur ein bisschen Schimmel".*

Hefen: *Ihre Wirkung ist z. B. bei Hefeteigen (Brot, Hefezöpfe, Pizza) oder bei der Bierherstellung erwünscht. Hefen können Lebensmittel aber auch verderben lassen. Vor allem kohlenhydrathaltige Lebensmittel wie Kompott und Fruchtsäfte sind gefährdet.*

Bakterien: *Sauermilch und Sauerkraut können nur mit Hilfe von Bakterien hergestellt werden. Den Verderb rufen sie bei eiweißhaltigen Lebensmitteln (z. B.: Fleisch, Eier, Fisch) hervor. Zur Gruppe der Bakterien gehören z. B. Salmonellen und Fäulnisbakterien.*

Medien: Arbeitsblatt evtl. als Folie, Stift

Aufgabe 2:

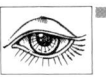

1. Lies den Text genau durch.
2. Erkläre uns im Anschluss mit eigenen Worten, was Mikroorganismen genau sind. Wo kommen diese vor? Nenne uns ein paar Beispiele.

Mikroorganismen sind Kleinstlebewesen (mikro = klein/Organismus = Lebewesen). Auch Bakterien und Hefen gehören dazu. Sie werden häufig als Keime bezeichnet (Mikroorganismen = Keime).

Lebensmittel mit besonders hoher Keimzahl je Quadratzentimeter sind rohes Fleisch, Wurst, Salat, Obst und Milchprodukte.
Wer seine Lebensmittel im Kühlschrank aufbewahrt, ist vor Bakterien keinesfalls sicher. Dort finden sich nach einer Untersuchung der Universität Arizona die meisten Krankheitserreger im Haushalt, wie die Zeitschrift „Vital" berichtet.
Wissenschaftler entdeckten im Kühlschrank im Schnitt 11,4 Millionen Keime pro Quadratzentimeter. Im Vergleich dazu waren es auf dem Küchenfußboden 10 000, auf der Arbeitsplatte 1000 und auf der Toilette gerade einmal 100.

Aufgabe 3:

1. Lies den Text genau durch.
2. Versuche, Regeln aufzustellen. Schreibe die Regeln an die Tafel oder auf die Schriftstreifen.

Die größte Gefahrenquelle für die Übertragung von Kleinstlebewesen ist der Mensch, der mit den Lebensmitteln in Berührung kommt. Arbeitet deshalb hygienebewusst (saubere Schürze, gewaschene Hände …).
Arbeitsplatz und Geräte sollten leicht zu reinigen sein und auch gründlich gereinigt werden. Bakterien können auch durch Husten, Niesen oder Abschlecken der Arbeitsgeräte auf und in die Lebensmittel gelangen und übertragen werden. Auch bei Einkauf und Lagerung der Lebensmittel kannst du dem Verderb vorbeugen. Kleinstlebewesen mögen Licht, Luft, Wärme und Feuchtigkeit.

Medien: 3 Schriftstreifen aus Tonpapier, Plakatstift

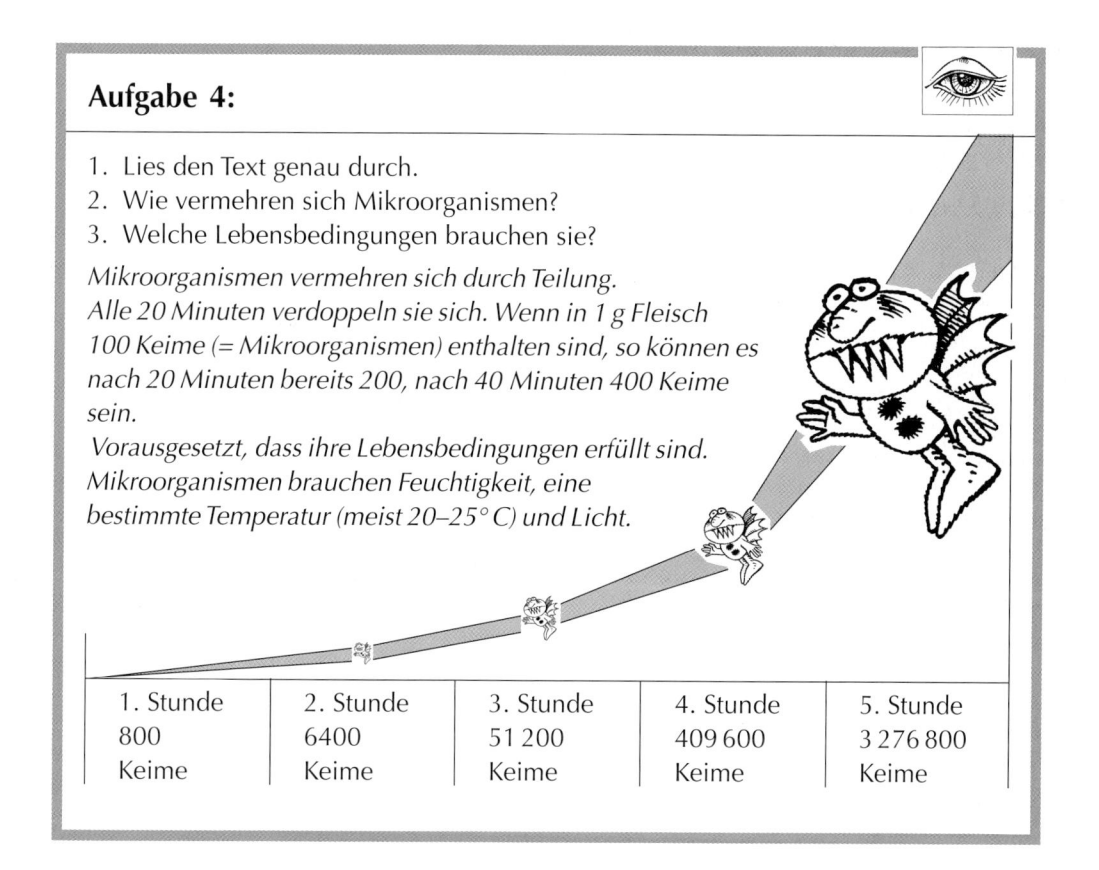

Aufgabe 4:

1. Lies den Text genau durch.
2. Wie vermehren sich Mikroorganismen?
3. Welche Lebensbedingungen brauchen sie?

Mikroorganismen vermehren sich durch Teilung. Alle 20 Minuten verdoppeln sie sich. Wenn in 1 g Fleisch 100 Keime (= Mikroorganismen) enthalten sind, so können es nach 20 Minuten bereits 200, nach 40 Minuten 400 Keime sein.

Vorausgesetzt, dass ihre Lebensbedingungen erfüllt sind. Mikroorganismen brauchen Feuchtigkeit, eine bestimmte Temperatur (meist 20–25° C) und Licht.

1. Stunde	2. Stunde	3. Stunde	4. Stunde	5. Stunde
800 Keime	6400 Keime	51 200 Keime	409 600 Keime	3 276 800 Keime

Rezeptbaustein zum Austauschen

Bei diesem Rezept 1. und 2. Teilziel tauschen, da die Grießspeise gekühlt werden sollte.

Himbeer-Grießspeise

Menge	Zutaten	Zubereitung
½ l	Milch	zum Kochen bringen
30 g	Zucker	
60 g	Grieß	einstreuen, 10 Minuten unter Rühren ausquellen lassen
2	Eier	trennen, Eischnee herstellen
1 Becher	Crème double	Crème double und Eigelb verrühren und in die heiße Grießmasse einrühren, Eischnee unterheben
150 g	Himbeeren	pürieren
1 EL	Puderzucker	unterrühren
		Grießmasse und Himbeerpüree abwechselnd in Gläser schichten, mit Sahne und Himbeeren garnieren

| Name: | Klasse: 8 | Datum: | HsB | Nr.: |

Der Lebensmittelverderb – Lernen am Computer

Öffne das Kapitel „Der Lebensmittelverderb" im Anwenderprogramm „Mindestens haltbar bis …" vom aid.
Gehe mit dem Zeiger der Maus auf das Symbol des Lebensmittelverderbs.
Du siehst nun eine Übersicht der Unterpunkte im Kapitel „Lebensmittelverderb".

Verderbsarten
1. Informiere dich über die physikalischen, biochemischen und mikrobiologischen Veränderungen.
2. Spiele das Spiel. Ordne die verdorbenen Lebensmittel den zutreffenden Veränderungen zu.
3. Klicke in der Menüleiste weiter an.

Mikrobiologischer Verderb – Salmonellen
1. Salmonellen mögen Hitze. Verbinde jede Temperatur mit der richtigen Behauptung:

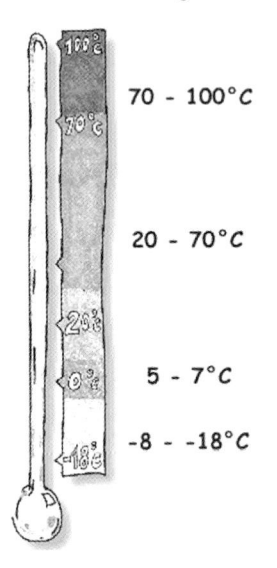

70 - 100°C   Im Kühlschrank vermehren sich Salmonellen nicht oder nur sehr wenig!

20 - 70°C   Durch Kochen von Lebensmitteln können Salmonellen abgetötet werden.

                  Bei Körpertemperatur vermehren sich Salmonellen explosionsartig.

5 - 7°C

-8 - -18°C   Einfrieren unterbricht nur die Vermehrung von Salmonellen.

2. Nenne 5 salmonellengefährdete Lebensmittel.

_____

3. Nenne 3 Tipps zur Vermeidung einer Salmonellen-Infektion.

_____

Küchenhygiene
1. Spiele das Zuordnungsspiel.
2. Höre dir die Regeln zu den Punkten Lebensmittel-Hygiene, Küchen-Hygiene und persönliche Hygiene an. Schreibe eine Regel auf.

_____

_____

Umgang mit verdorbenen Lebensmitteln
1. Spiele das Lebensmittel-Quiz. Klicke auf die zutreffende Antwort 1, 2 oder 3.
2. Beende das Lernprogramm.

| Name: | Klasse: 8 | Datum: | **HsB** | Nr.: |

Kleinstlebewesen in ihrer Vielfalt

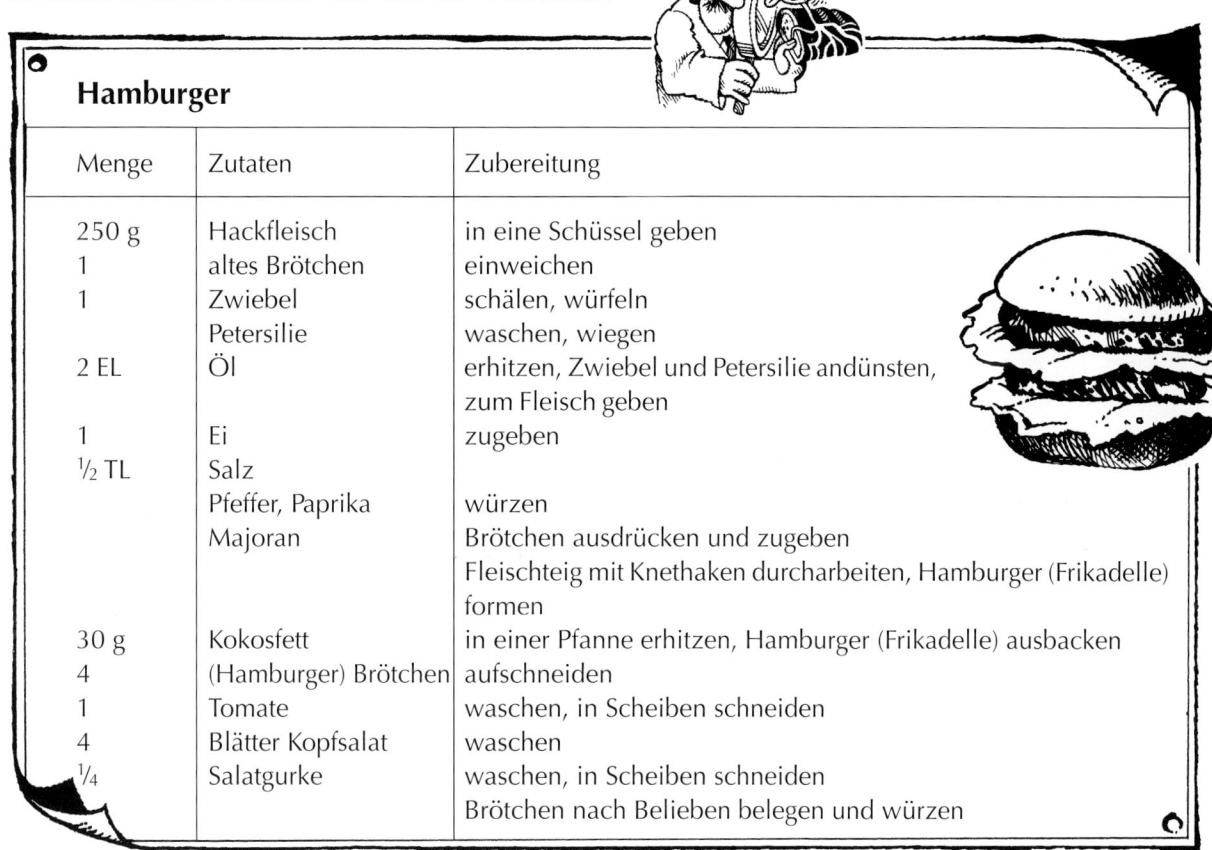

Hamburger

Menge	Zutaten	Zubereitung
250 g	Hackfleisch	in eine Schüssel geben
1	altes Brötchen	einweichen
1	Zwiebel	schälen, würfeln
	Petersilie	waschen, wiegen
2 EL	Öl	erhitzen, Zwiebel und Petersilie andünsten, zum Fleisch geben
1	Ei	zugeben
½ TL	Salz	
	Pfeffer, Paprika	würzen
	Majoran	Brötchen ausdrücken und zugeben
		Fleischteig mit Knethaken durcharbeiten, Hamburger (Frikadelle) formen
30 g	Kokosfett	in einer Pfanne erhitzen, Hamburger (Frikadelle) ausbacken
4	(Hamburger) Brötchen	aufschneiden
1	Tomate	waschen, in Scheiben schneiden
4	Blätter Kopfsalat	waschen
¼	Salatgurke	waschen, in Scheiben schneiden
		Brötchen nach Belieben belegen und würzen

Mikroorganismen = _____

	Schimmelpilze	Bakterien	Hefen
erwünscht	z. B.	z. B.	z. B.
Verderb	z. B.	z. B.	z. B.

Beuge dem Verderb von Lebensmitteln vor, indem du folgende Regeln beachtest:

Merke: _____

| Name: | Klasse: 8 | Datum: | HsB | Nr.: |

Probe im HsB

	mögl. Punkte	erreichte Punkte

1. Schimmelpilze

a) Kreuze die Lebensmittel an, die besonders schimmelgefährdet sind.

☐ Getreideprodukte
☐ Orangensaft
☐ Marmelade
☐ Nüsse

4

b) Was sind Schimmelpilze?

_____
_____

2

c) Du erkennst an einem angeschnittenen Brot eine kleine Stelle Schimmel. Wie verhältst du dich?

_____

2

2. Allgemeiner Lebensmittelverderb

Nenne 4 Regeln, wie du dem Verderb von Lebensmitteln vorbeugen kannst.

- _____
- _____
- _____
- _____
- _____

4

3. Salmonellen

a) Was sind Salmonellen?

_____
_____

2

b) Kreuze die richtigen Verhaltensregeln an.

☐ Speisen beim Wiederaufwärmen richtig kochen lassen
☐ Kartoffelsalatreste mit Mayonnaise kannst du über Nacht abgedeckt in den Kühlschrank stellen und am nächsten Tag unbedenklich servieren.
☐ Arbeitsgeräte gründlich reinigen
☐ Speisen nicht warm halten
☐ Ein Hühnerbrustfilet sollte nach dem Garen im Inneren noch zart rosa sein – so wie ein saftiges Steak.

5

c) Kann auch ein grüner Salat Salmonellenüberträger sein? Begründe deine Aussage.

_____
_____
_____

2

d) Zu welchen Krankheitszuständen führt eine Samonelleninfektion? (mindestens 3)

_____
_____

3

Viel Erfolg!

Gesamtpunkte: 24–22 = 1   13–9 = 4
21–19 = 2   8–5 = 5
18–14 = 3   4–0 = 6

24

Lösungsvorschlag zu S. 110

Name: | Klasse: 8 | Datum: | HsB | Nr.:

Salmonellen – eine Gefahr für unsere Gesundheit

Hähnchenragout mit Tomaten

Menge	Zutaten	Zubereitung
4	Hähnchenbrustfilets o. Putenschnitzel	in Streifen schneiden
1	Zwiebel	würfeln
6 oder 1 Dose	Tomaten	waschen, würfeln
2 EL	Butter	Hähnchen anbraten, aus der Pfanne nehmen, Tomaten dünsten, mit
	Salz, Pfeffer Zucker, Brühe, Basilikum	würzen, Fleisch zugeben, bei geschlossenem Deckel 5–10 Min. garen
1 Becher	Crème fraîche Schnittlauch	zugeben, abschmecken waschen, schneiden, garnieren, mit Baguette oder Reis servieren

Merke
- Unter fließendem Wasser waschen!
- Im Kühlschrank auftauen!
- Gut durchgaren (über 70° C)!
- Hände öfter waschen!

Aufgabe: Unterstreiche im Rezept besonders salmonellengefährdete Lebensmittel.

Was sind Salmonellen? Salmonellen sind Darmbakterien. Sie gehören zur Gruppe der Mikroorganismen (kleinste Lebewesen).

Salmonellengefährdete Lebensmittel sind: Fisch, Fleisch (Hackfleisch), Eier, Geflügel, Milch und Milchprodukte

Krankheitszustände bei Genuss von salmonellenverseuchten Lebensmitteln:
Magen- und Darmerkrankungen mit Übelkeit, heftigen Durchfällen, Erbrechen, Kopfschmerzen und Fieber. Kann bei Kleinkindern und alten Menschen zum Tod führen.

So verhältst du dich richtig:
- Fleisch bei einem vertrauenswürdigen Metzger kaufen.
- Speisen beim Wiederaufwärmen richtig kochen lassen.
- Speisen nicht warm halten.
- Arbeitsgeräte gründlich reinigen.
- Salmonellengefährdete Lebensmittel von anderen fern halten.

Lösungsvorschlag zu S. 114

Name: | Klasse: 8 | Datum: | HsB | Nr.:

Der Lebensmittelverderb – Lernen am Computer

Öffne das Kapitel „Der Lebensmittelverderb" im Anwenderprogramm „Mindestens haltbar bis …" vom aid.

Gehe mit dem Zeiger der Maus auf das Symbol des Lebensmittelverderbs. Du siehst nun eine Übersicht der Unterpunkte im Kapitel „Lebensmittelverderb".

Verderbsarten
1. Informiere dich über die physikalischen, biochemischen und mikrobiologischen Veränderungen.
2. Spiele das Spiel. Ordne die verdorbenen Lebensmittel den zutreffenden Veränderungen zu.
3. Klicke in der Menüleiste weiter an.

Mikrobiologischer Verderb – Salmonellen
1. Salmonellen mögen Hitze. Verbinde jede Temperatur mit der richtigen Behauptung:

70 – 100° C — Durch Kochen von Lebensmitteln können Salmonellen abgetötet werden.

20 – 70° C — Bei Körpertemperatur vermehren sich Salmonellen explosionsartig.

5 – 7° C — Im Kühlschrank vermehren sich Salmonellen nicht oder nur sehr wenig!

–8 – –18° C — Einfrieren unterbricht nur die Vermehrung von Salmonellen.

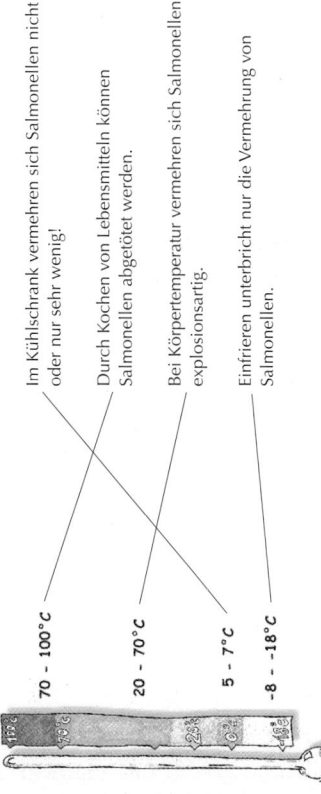

2. Nenne 5 salmonellengefährdete Lebensmittel.
Rohes Hackfleisch, Milch, Eis, Geflügel, rohe Eier usw.

3. Nenne 3 Tipps zur Vermeidung einer Salmonellen-Infektion.
Richtige Kühlung, richtiges Garen, Hygiene

Küchenhygiene
1. Spiele das Zuordnungsspiel.
2. Höre dir die Regeln zu den Punkten Lebensmittel-Hygiene, Küchen-Hygiene und persönliche Hygiene an. Schreibe eine Regel auf.
Z. B.: Tiefgefrorenes Fleisch im Kühlschrank auftauen lassen, Auftauwasser wegschütten

Umgang mit verdorbenen Lebensmitteln
1. Spiele das Lebensmittel-Quiz. Klicke auf die zutreffende Antwort 1, 2 oder 3.
2. Beende das Lernprogramm.

Lösungsvorschlag zu S. 115

| Name: | Klasse: 8 | Datum: | HsB | Nr.: |

Kleinstlebewesen in ihrer Vielfalt

Hamburger

Menge	Zutaten	Zubereitung
250 g	Hackfleisch	in eine Schüssel geben
1	altes Brötchen	einweichen
1	Zwiebel	schälen, würfeln
	Petersilie	waschen, wiegen
2 EL	Öl	erhitzen, Zwiebel und Petersilie andünsten, zum Fleisch geben
1	Ei	zugeben
½ TL	Salz	
	Pfeffer, Paprika	
	Majoran	würzen
		Brötchen ausdrücken und zugeben
		Fleischteig mit Knethaken durcharbeiten, Hamburger (Frikadelle) ausbacken
30 g	Kokosfett	in einer Pfanne erhitzen, Hamburger (Frikadelle) ausbacken
4	(Hamburger) Brötchen	aufschneiden
1	Tomate	waschen, in Scheiben schneiden
4	Blätter Kopfsalat	waschen
¼	Salatgurke	waschen, in Scheiben schneiden
		Brötchen nach Belieben belegen und würzen

Mikroorganismen = mikro = klein, Organismus = Lebewesen

	Schimmelpilze	Bakterien	Hefen
erwünscht	z.B. Käseherstellung	z.B. Sauermilch, Sauerkraut	z.B. Teige, Bier
Verderb	z.B. Nüsse, Brot, Marmelade	z.B. Fleisch, Fisch, Eier, Sahne (Salmonellen, Fäulnisbakterien)	z.B. Kompott, Fruchtsäfte

Beuge dem Verderb von Lebensmitteln vor, indem du folgende Regeln beachtest:

Merke:
– Lebensmittel kühl, trocken und verpackt lagern!
– Hygieneregeln einhalten (saubere Schürze, Hände waschen)!
– Geräte gründlich reinigen!
– Drehe dich beim Niesen oder Husten vom Lebensmittel weg!

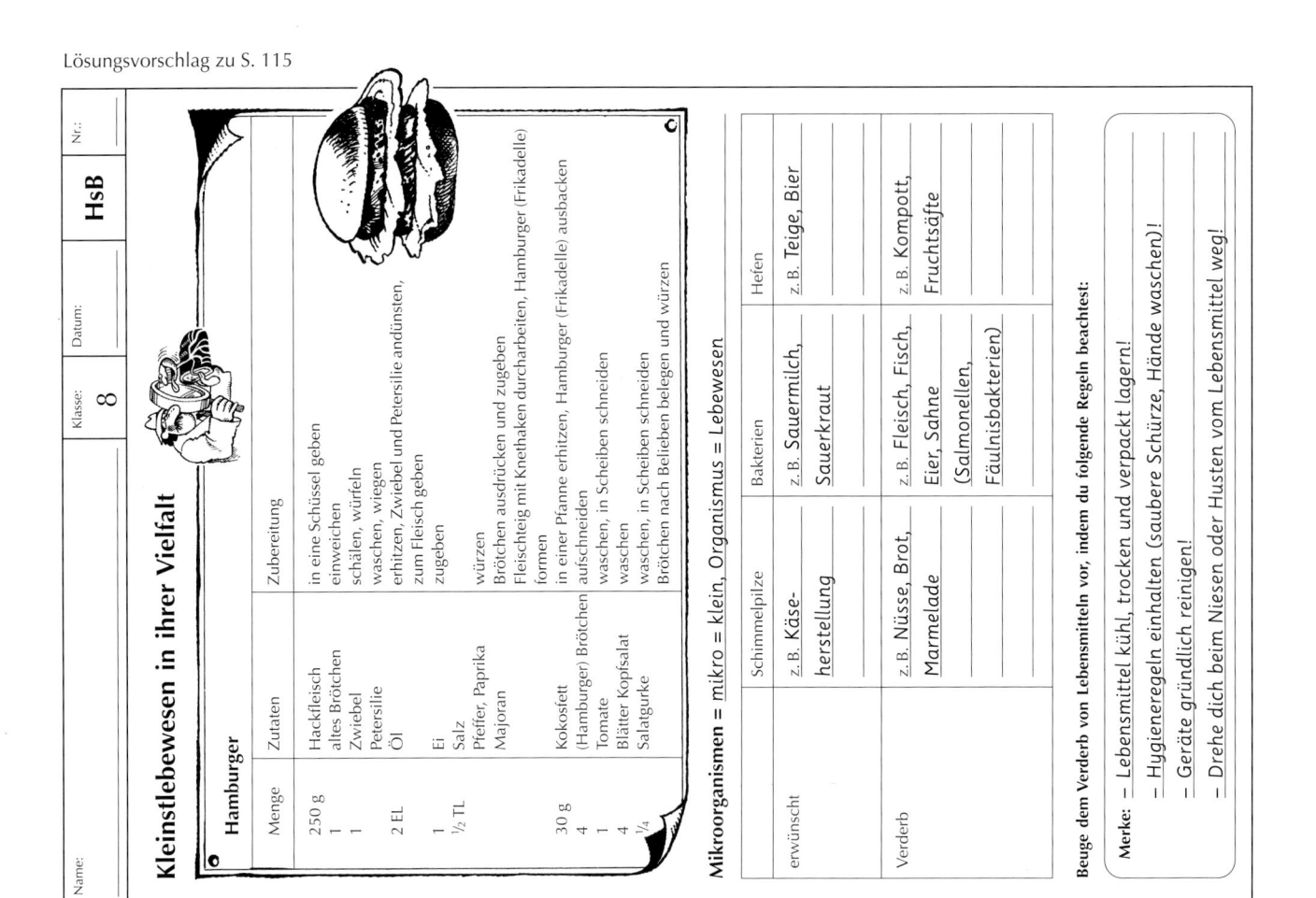

Lösungsvorschlag zu S. 116

| Name: | Klasse: 8 | Datum: | HsB | Nr.: |

Probe im HsB

	mögl. Punkte	erreichte Punkte

1. Schimmelpilze

a) *Kreuze die Lebensmittel an, die besonders schimmelgefährdet sind.*
☒ Getreideprodukte
☐ Orangensaft
☒ Marmelade
☒ Nüsse   4

b) *Was sind Schimmelpilze?*
Schimmelpilze sind Mikroorganismen = kleinste Lebewesen   2

c) *Du erkennst an einem angeschnittenen Brot eine kleine Stelle Schimmel. Wie verhältst du dich?*
Ich werfe es im Ganzen weg.   2

2. Allgemeiner Lebensmittelverderb

Nenne 4 Regeln, wie du dem Verderb von Lebensmitteln vorbeugen kannst.
• Lebensmittel verpackt aufbewahren
• Lebensmittel kühl, trocken und dunkel lagern
• Lebensmittel regelmäßig kontrollieren und aussortieren
• Lebensmittel gezielt einkaufen (Haltbarkeitsdatum!)
• Hygieneregeln einhalten   4

3. Salmonellen

a) *Was sind Salmonellen?*
Salmonellen gehören zu den Mikroorganismen.
Sie sind Darmbakterien.   2

b) *Kreuze die richtigen Verhaltensregeln an.*
☒ Speisen beim Wiederaufwärmen richtig kochen lassen
☐ Kartoffelsalatreste mit Mayonnaise kannst du über Nacht abgedeckt in den Kühlschrank stellen und am nächsten Tag unbedenklich servieren.
☒ Arbeitsgeräte gründlich reinigen
☐ Speisen nicht warm halten
☒ Ein Hühnerbrustfilet sollte nach dem Garen im Inneren noch zart rosa sein – so wie ein saftiges Steak.   5

c) *Kann auch ein grüner Salat Salmonellenüberträger sein? Begründe deine Aussage.*
Ja, z. B. wenn in der Salatschüssel vorher ein Hähnchen aufgetaut wurde oder Auftauwasser in den Salat tropfte.   2

d) *Zu welchen Krankheitszuständen führt eine Salmonelleninfektion? (mindestens 3)*
Übelkeit, Durchfall, Kopfschmerzen, Fieber/kann bei Kleinkindern und alten Menschen zum Tod führen.   3

Gesamtpunkte: 24
24 – 22 = 1   13 – 9 = 4
21 – 19 = 2   8 – 5 = 5
18 – 14 = 3   4 – 0 = 6   24

Viel Erfolg!

So natürlich wie möglich!

Artikulation:

Anfangsphase: Folie Karikatur „Warnung"
1. Teilziel: Zubereitung der Kochaufgabe
2. Teilziel: Was steht alles auf dem Etikett? Zuordnung der Wortpfeile (Folie), Vertiefung: Folie „Fremdstoffe in der Nahrungskette"
3. Teilziel: Chemie in unserer Nahrung, arbeitsteilige Gruppenarbeit
GZF: Folie „Preisvergleich"; Diskussion: „Lohnt es sich, einen Apfelstrudel selbst herzustellen?", Arbeitsblatt

Lernziele:

Die Schüler/innen sollen ...
... die Inhaltsstoffe von natürlichen und industriell hergestellten Lebensmittel vergleichen.
... die Risiken industriell hergestellter Nahrung erkennen.
... Regeln für eine gesunde naturbelassene, regionale und saisonale Ernährung formulieren.
... den Preis einer selbst hergestellten Speise mit industriell gefertigter Ware vergleichen.

Medien:

Erdbeerjoghurt, Naturjoghurt, Schriftstreifen, dicke Stifte
Plakat/Folie vom Ernährungskreis mit Regeln, Folien, Arbeitsblatt

Hinweise:

– Die Vanillesoße kann auch in einer L-S-Vorarbeit für alle hergestellt werden.
– Der Ernährungskreis ist eine Wiederholung aus der 7. Jgst. und wurde im vorliegenden Band aktualisiert.
– Bei der DGE (Deutsche Gesellschaft für Ernährung e. V.) kann man unter www.dge-medienservice.de ein farbiges Poster des Ernährungskreises bestellen.

Folie: Karikatur „Warnung" (Anfangsphase)

Folie: Was steht alles auf dem Etikett? (2. Teilziel)

(Auf Folie oder vergrößert auf Papier kopieren und Wortpfeile schneiden!)

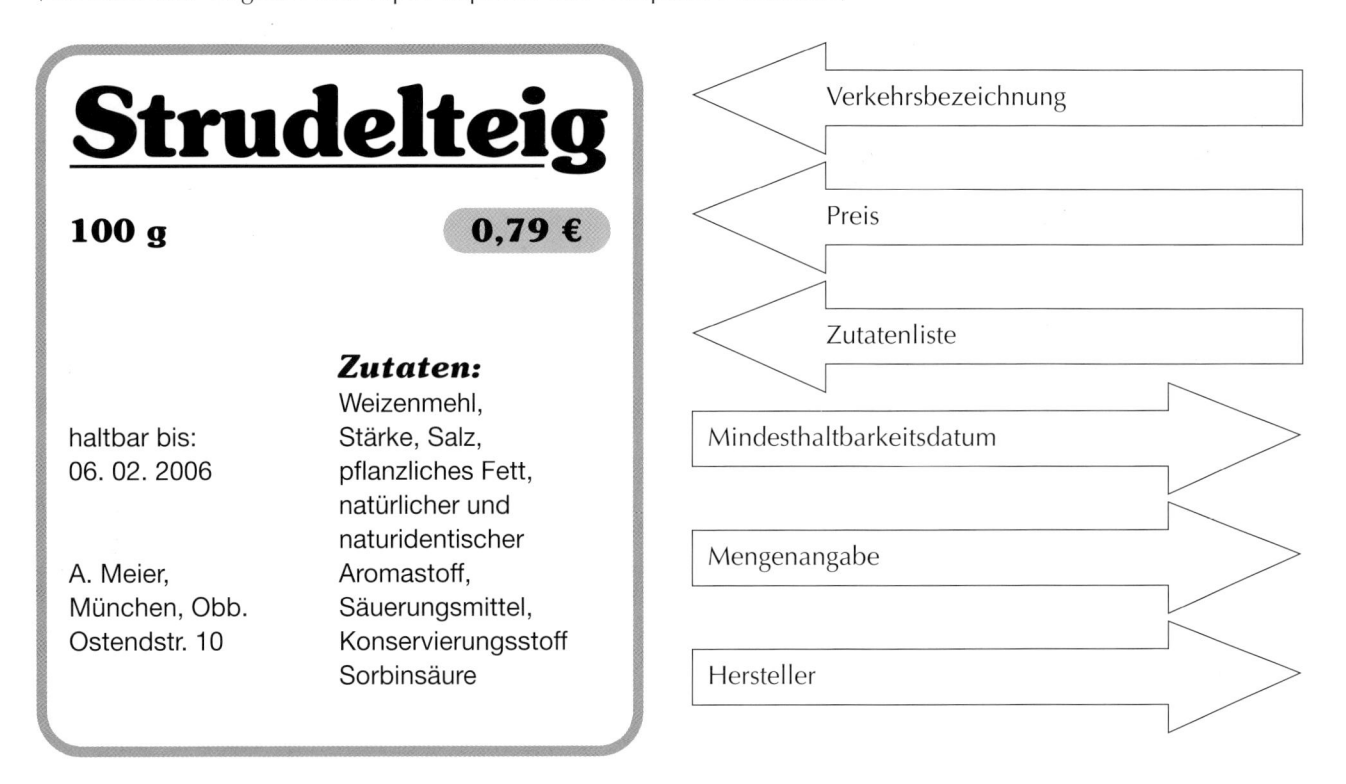

Strudelteig

100 g **0,79 €**

haltbar bis:
06. 02. 2006

A. Meier,
München, Obb.
Ostendstr. 10

Zutaten:
Weizenmehl, Stärke, Salz, pflanzliches Fett, natürlicher und naturidentischer Aromastoff, Säuerungsmittel, Konservierungsstoff Sorbinsäure

⟵ Verkehrsbezeichnung

⟵ Preis

⟵ Zutatenliste

Mindesthaltbarkeitsdatum ⟶

Mengenangabe ⟶

Hersteller ⟶

Folie: Fremdstoffe in der Nahrungskette (Vertiefung 2. Teilziel)

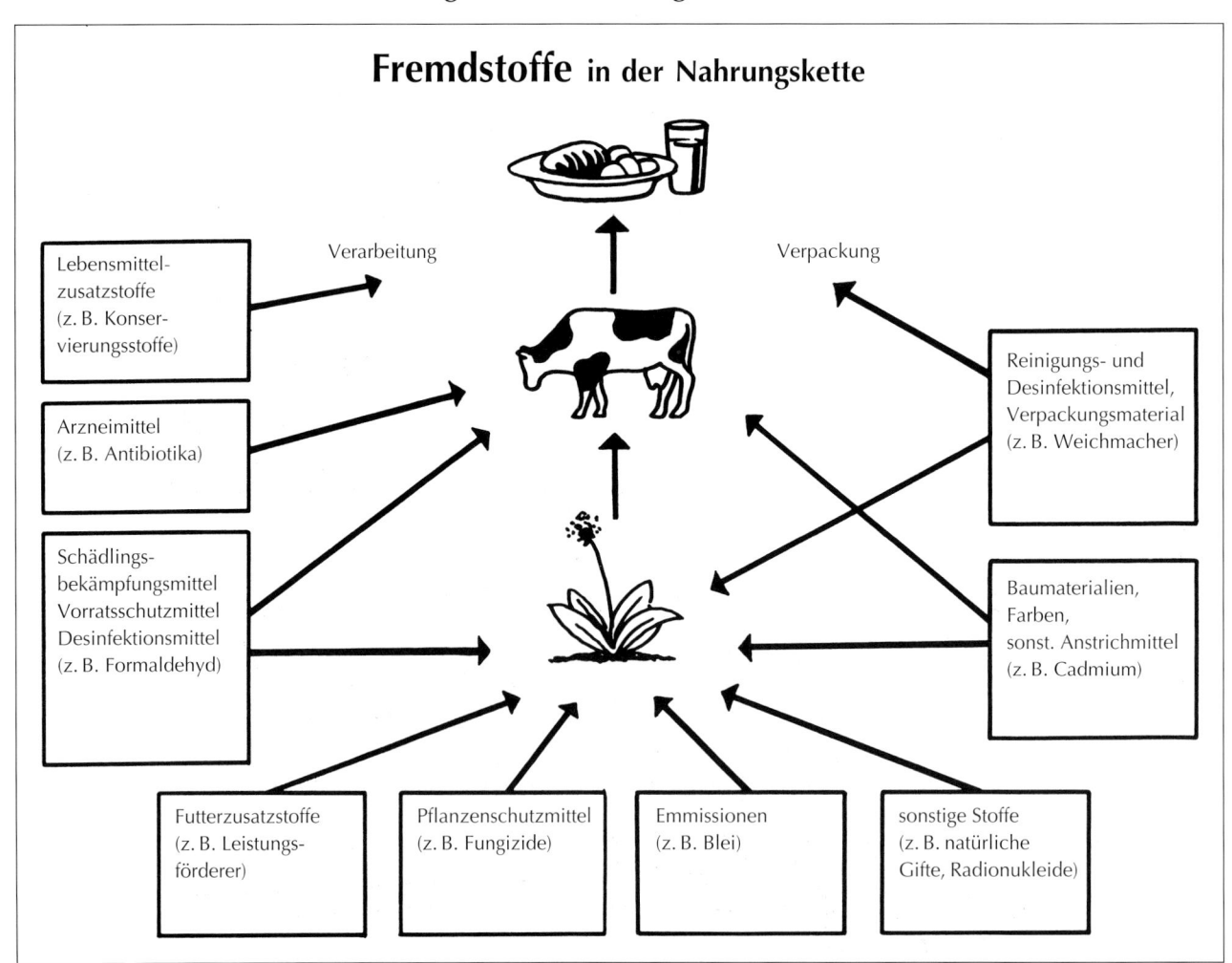

Fremdstoffe in der Nahrungskette

Verarbeitung — Verpackung

- Lebensmittelzusatzstoffe (z. B. Konservierungsstoffe)
- Arzneimittel (z. B. Antibiotika)
- Schädlingsbekämpfungsmittel, Vorratsschutzmittel, Desinfektionsmittel (z. B. Formaldehyd)
- Reinigungs- und Desinfektionsmittel, Verpackungsmaterial (z. B. Weichmacher)
- Baumaterialien, Farben, sonst. Anstrichmittel (z. B. Cadmium)
- Futterzusatzstoffe (z. B. Leistungsförderer)
- Pflanzenschutzmittel (z. B. Fungizide)
- Emmissionen (z. B. Blei)
- sonstige Stoffe (z. B. natürliche Gifte, Radionukleide)

Arbeitsteilige Gruppenarbeit (3. Teilziel)

Aufgabe: Krank durch Nahrungsmittelzusätze?

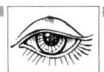

1. Betrachte folgende Übersicht.
2. Wie erklärst du dir das Ansteigen der ernährungsbedingten Krankheiten?
3. Schreibe eine Regel für ein gesundes Ernährungsverhalten auf einen Schriftstreifen.

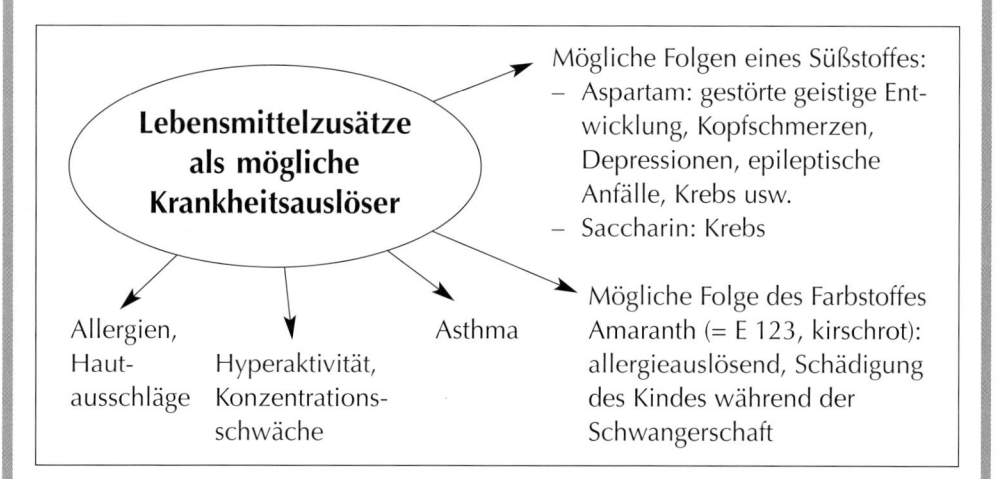

Lebensmittelzusätze als mögliche Krankheitsauslöser

- Mögliche Folgen eines Süßstoffes:
  – Aspartam: gestörte geistige Entwicklung, Kopfschmerzen, Depressionen, epileptische Anfälle, Krebs usw.
  – Saccharin: Krebs
- Allergien, Hautausschläge
- Hyperaktivität, Konzentrationsschwäche
- Asthma
- Mögliche Folge des Farbstoffes Amaranth (= E 123, kirschrot): allergieauslösend, Schädigung des Kindes während der Schwangerschaft

Bis zu 42% der Kinder gelten als allergieanfällig, 20% der Kinder haben Übergewicht, dagegen treten bei vielen Kindern Vitamin-Mangelerscheinungen auf, z. B. Vitamin- und Calcium-Mangel.

Medien: Schriftstreifen, dicker Stift

Aufgabe: Der getäuschte Körper wehrt sich!

1. Betrachte folgende Übersicht.
2. Schreibe eine Regel für ein gesundes Ernährungsverhalten auf einen Schriftstreifen.

Hunger
→ Ich esse kalorienarme Nahrung (z. B. mit Süßstoff).
→ Der Körper schmeckt „süß", schüttet Insulin aus, Verdauungsdrüsen werden aktiviert, um dies zu verarbeiten.
→ Der Körper findet nicht, was er erwartet, fühlt sich betrogen und reagiert mit Heißhunger.

Die amerikanische Krebsgesellschaft hat bei einer Untersuchung von 80 000 Frauen festgestellt, dass Frauen, die Süßstoff nahmen, mehr zugenommen haben als jene, die Zucker bevorzugten.

Medien: Schriftstreifen, dicker Stift

Aufgabe: Schadstoffe kann man verringern!

Medien: Schriftstreifen, dicker Stift

1. Lies den Text durch und betrachte die Übersicht.
2. Schreibe zwei Regeln für eine gesunde Nahrungszubereitung auf Schriftstreifen.

In der Landwirtschaft werden Pflanzenschutz- und Schädlingsbekämpfungsmittel verwendet. Durch Industrie und Verkehr gelangen Blei, Cadmium und Quecksilber in unsere Nahrungsmittel. Daher ist es sehr wichtig, Obst und Gemüse gründlich und evtl. heiß zu waschen sowie kein Obst und Gemüse zu kaufen, das offen an viel befahrenen Straßen angeboten wird.

Waschen verhindert Rückstände auf Zitrusfrüchten. Der Konservierungsstoff Thiabendazol wird deutlich weniger auf die geschälte Orange „verschleppt", wenn sie vor dem Schälen gewaschen wird!

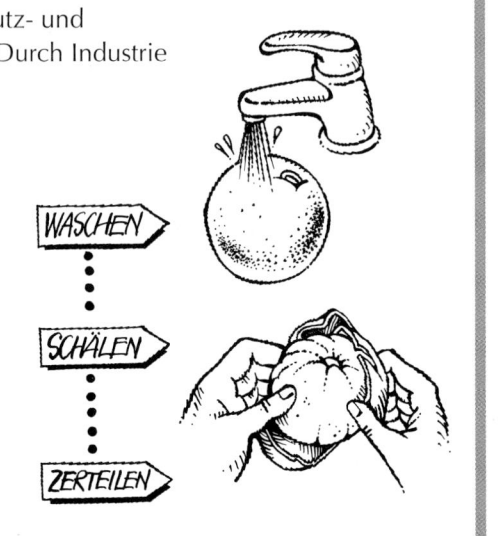

WASCHEN
SCHÄLEN
ZERTEILEN

Aufgabe: Ist natürliches Aroma wirklich natürlich?

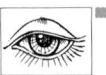

Medien: Erdbeerjoghurt, Naturjoghurt, Schriftstreifen, dicker Stift

Ist natürliches Aroma wirklich natürlich?

1. Lies den Text durch.
2. Untersuche die Etiketten der Joghurts. Kannst du in der Zutatenliste die Angabe „Aroma" finden?
3. Überlege dir eine Verhaltensregel für die Zukunft und schreibe diese auf den Schriftstreifen.

Die gesamte Welt-Erdbeerernte würde gerade reichen, um 5% des US-Bedarfs für Erdbeerjoghurt zu decken. Um die Nachfrage nach Erdbeergeschmack zu decken, hat die Lebensmittelindustrie ein neues Rezept für Erdbeeraroma entwickelt. Man nehme australische Sägespäne, füge Wasser, Alkohol und noch einige andere geheime Zutaten hinzu und koche dies ein wenig.
Schon hat man ein schönes, „natürliches" Erdbeeraroma. Mit leicht veränderten Zutaten könnte man auch Himbeer-, Schokolade- oder Vanillegeschmack erreichen.
In Deutschland (in USA dagegen verboten) darf auf der Zutatenliste „natürliches Aroma" stehen, da Sägespäne ja ein natürliches Produkt sind.
Also ist Vorsicht geboten, wenn das Wort „Aroma" in der Zutatenliste erscheint!

Aufgabe: So natürlich wie möglich! (nach Prof. Kollath)

1. Lies den Text genau.
2. Ordne die Wortkarten mit den Regeln dem Ernährungskreis zu.

Der Ernährungswissenschaftler Professor Werner Kollath hat den Grundsatz **„Lasst die Nahrung so natürlich wie möglich!"** geprägt. Je mehr die Lebensmittel verarbeitet werden, desto geringer wird ihr gesundheitlicher Wert. Er stellte folgende Regeln auf:

– Iss möglichst viel Obst und Gemüse, am besten roh.
– Bevorzuge Vollkornprodukte (Brot, Reis, Nudeln usw.)
– Bevorzuge Produkte aus dem regionalen, ökologischen Anbau.
– Verwende möglichst wenig Fertigprodukte.

Medien:
Wortkarten mit Regeln, Ernährungskreis (evtl. als Folie oder als Plakat)

Wortkarten mit Regeln

Bevorzuge Volkornbrot, Vollkornnudeln und Vollkornreis!	Verdünnter Saft ist gesünder als Cola, Limonade oder Fruchtsaftgetränk!
Iss Obst und Gemüse am besten roh oder wenig gekocht!	Bevorzuge Biofleisch und Eier von frei laufenden Hühnern!
Obst und Gemüse aus biologischem Anbau enthalten weniger Schadstoffe!	Bevorzuge Honig zum Süßen! Gehe mit Zucker sparsam um!
Frischmilch und Naturjoghurt sind am natürlichsten!	Bevorzuge saisonales Obst und Gemüse aus der Region!

Folie/Plakat: Ernährungskreis

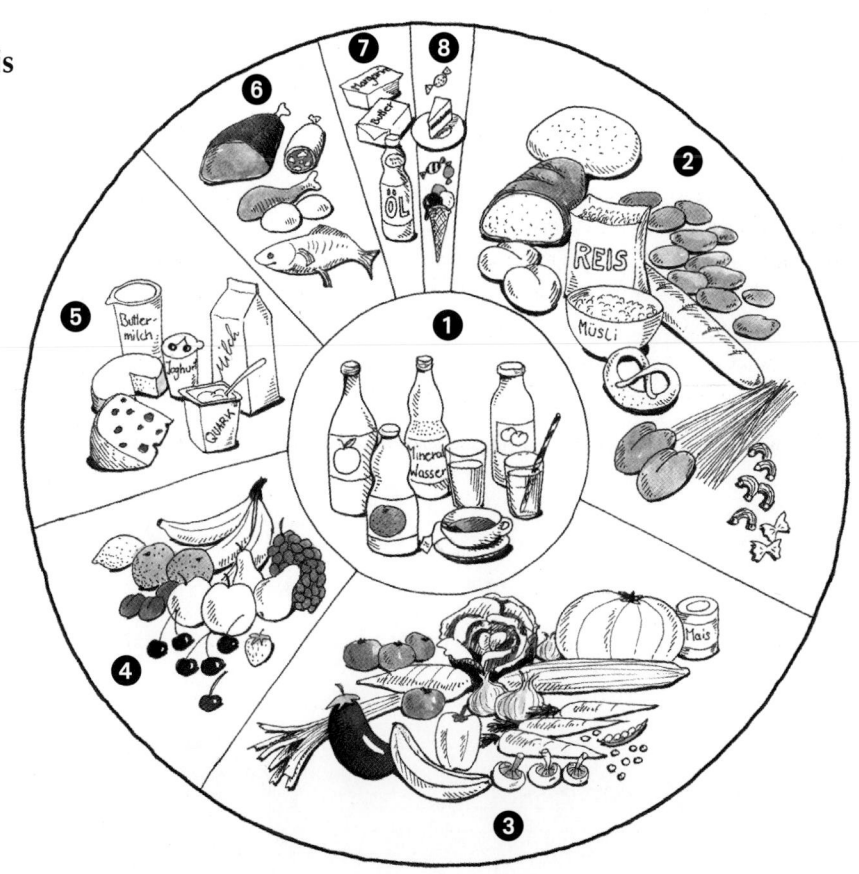

Folie: Preisvergleich (GZF)

	Selbst hergestellt Äpfel aus dem Garten Vanillesoße selbst gemacht	Gekaufter Teig + selbst hergestellt Gekaufte Äpfel Vanillesoße (Tütchen)	Industriell hergestellt
Strudel	Teig 0,30 € Füllung 0,90 €	Teig 0,79 € Füllung 2,50 €	1,99 €
Vanillesoße	1,00 €	0,49 €	0,99 €
Gesamtpreis	**2,20 €**	**3,78 €**	**2,98 €**

Preisvergleich von selbst hergestellten mit industriell hergestellten Speisen

Fast 40% aller Deutschen können kaum noch rohe Lebensmittel zubereiten.
Nur jeder 4. Deutsche ist in der Lage, einen Schokoladenpudding ohne Päckchen herzustellen.
75% alles Verzehrten stammt aus industrieller Produktion.

Lösungsvorschlag zu S. 125

| Name: | Klasse: 8 | Datum: | HsB | Nr.: |

So natürlich wie möglich!

Welche Lebensmittel und Speisen haben viele chemische Inhaltsstoffe?

<u>Fertiggerichte, Tütensuppen, industriell stark bearbeitete Lebensmittel mit Farb-, Aroma- und Konservierungsstoffen</u>

Regeln für eine gesunde Ernährung:
– <u>Auf „Light"-Produkte, Fertiggerichte und Süßigkeiten verzichten!</u>
– <u>Möglichst naturbelassene Lebensmittel essen und verarbeiten!</u>
– <u>Obst und Gemüse sehr gut waschen und schälen!</u>
– <u>Produkte aus der Region und Bioprodukte bevorzugen!</u>
– <u>Obst und Gemüse der Saison essen!</u>

Gefahren durch Lebensmittelzusätze für die Gesundheit:

<u>Allergien, Hautausschläge, Asthma, Krebs, Konzentrationsschwäche</u>

Fertiggerichte helfen sparen! Stimmt das?

<u>Stimmt nicht immer, abhängig vom Gericht (Preis der Lebensmittel und Arbeitsaufwand)</u>

| Name: | Klasse: 8 | Datum: | HsB | Nr.: |

So natürlich wie möglich!

Welche Lebensmittel und Speisen haben viele chemische Inhaltsstoffe?

Gefahren durch Lebensmittelzusätze für die Gesundheit:

Regeln für eine gesunde Ernährung:

Fertiggerichte helfen sparen! Stimmt das?

Apfelstrudel mit Vanillesoße

Menge	Zutaten	Zubereitung
4–5	Äpfel	schälen, Kernhaus entfernen und in Scheiben schneiden
2 EL	Zucker	
½ TL	Zimt	untermischen
1 EL	Rosinen	
1 EL	Nüsse	
1 Packung	Strudelteig oder Blätterteig	nach Anleitung vorbereiten, auf ein sauberes Geschirrtuch ausbreiten
2 EL	Sauerrahm	Teig bestreichen, Füllung auf der Teigplatte ausbreiten, Ränder einschlagen und Strudel mit Hilfe des Geschirrtuches rollen
50 g	Butter	Butter schmelzen lassen (Form oder Blech), Strudel hineingeben, mit Butter bepinseln **Backzeit:** 30–45 Min. **Temperatur:** 175° C

Vanillesoße

Menge	Zutaten	Zubereitung
½ l	Milch	
½	Vanilleschote	längs aufschlitzen, Mark ausschaben und zur Milch geben
2 TL	Stärke	mit etwas kalter Milch gut verrühren, restliche Milch mit Vanilleschote erhitzen, Teiglein noch einmal aufrühren und mit dem Schneebesen in die kochende Milch einrühren
2 Päckchen	Vanillezucker	
1 EL	Zucker	
1	Ei	Soße einmal aufpuffen lassen und vom Herd nehmen, Vanilleschote entfernen

Ist Fastfood immer ein Genuss?

Artikulation:

Anfangsphase: Folie mit Jugendlichen
1. Teilziel: Zubereitung der Kochaufgabe
2. Teilziel: Begriffsklärung „Fastfood" im Klassenverband, Folie „Was ist Fastfood?"
3. Teilziel: Arbeitsteilige Gruppenarbeit
4. Teilziel: Fertigstellen der Kochaufgabe
GZF: Arbeitsblatt „Teste dich!"

Lernziele:

Die Schüler/innen sollen …
… den Begriff Fastfood richtig definieren können.
… Schnellgerichte der konventionellen Herstellung mit Fertigprodukten vergleichen und bewerten.

Medien:

Den Ernährungskreis von S. 123 2× auf Folie kopieren (für Gruppe 3 und 4), Folien für die Anfangsphase und Begriffsklärung, Arbeitsblatt

Folie (Anfangsphase)

(Bild mit Jugendlichen und Sprechblasen:)

- „Der Film war echt spitze! Was machen wir jetzt?"
- „Ich habe Hunger, lasst uns was essen gehen."
- „Au ja! Cheeseburger und Pommes!"
- „Fällt euch nichts Besseres ein? Immer dieser Fastfood-Fraß – ist doch ungesund."
- „Kommt doch immer drauf an, was ich esse und wie viel."
- „Als ob das so ungesund wäre! Besser als wenn ich mir eine fetttriefende Bratwurst mit öligem Krautsalat reinziehe."

Folie: Begriffsklärung Fastfood (2. Teilziel)

Was ist Fastfood?

Wörtlich übersetzt bedeutet Fastfood „schnelles Essen". Experten verstehen unter Fastfood ein Essen, das vor den Augen des Gastes zubereitet wird. Fastfood sind alle Speisen, die sich für ein Essen auf die Schnelle eignen.

Was gehört deiner Meinung nach alles zu diesen Gerichten?

(Schüler/innen verbalisieren. Fixierung an der Tafel.)

Arbeitsteilige Gruppenarbeit (3. Teilziel)

Gruppe 1:

1. Lies den Text genau durch.
2. Weshalb steigt der Fastfood-Bedarf?
3. Welche Vorteile bietet dir Fastfood? Schreibe die Vorteile stichpunktartig an die Tafel.

Fastfood liegt im Trend der letzten Jahre. Frauen sind zunehmend berufstätig. Das Kochen wird eher neben anderen Aufgaben wahrgenommen. Menschen sind viel mehr unterwegs als früher und die Zahl der Ein- bis Zweipersonenhaushalte steigt. Für Fastfood-Anhänger liegen die Vorteile auf der Hand:
Zum Beispiel schnelle Bedienung, häufig preisgünstiger als eine Mahlzeit in einem herkömmlichen Restaurant und es gibt keine besondere Tischkultur. Die Qualität ist immer gleich und man trifft Gleichaltrige. Manche Lokale sind sogar fast rund um die Uhr geöffnet.

Medien: Tafel, Kreide

Gruppe 2:

1. Lies den Text genau durch.
2. Welche Nachteile birgt die Ernährung mit Fastfood in sich? Schreibe die Nachteile stichpunktartig an die Tafel.
3. Was ist deine Meinung zu diesen Aussagen?

Fastfood-Gegner sehen im schnellen Essen einen beklagenswerten Verfall der „zivilisierten" Esskultur. Der mit Fastfood verbundene Verpackungsaufwand ist ihnen ein Dorn im Auge. Sie fragen skeptisch, welche Zutaten und Zusatzstoffe in das schnelle Essen gelangen. Fastfood wird oft als „Einheitsessen" bezeichnet.
Hastiges und unbewusstes Essen ist auf Dauer ungesund.

Medien: Tafel, Kreide

Gruppe 3:

Fastfood-Gerichte bestehen aus verschiedenen Lebensmitteln.

1. Zu welcher Lebensmittelgruppe im Ernährungskreis gehören die Zutaten des beliebtesten Fastfood-Gerichtes?
   Markiere am Rand des Ernährungskreises durch Ankreuzen, z.B.: Für das Brötchen beim Hamburger machst du ein Kreuz beim Bereich für Kohlenhydrate.
   Hamburger: Frikadelle (Fleischpflanzerl)
                 Fett zum Braten
                 1 Brötchen
                 1 Scheibe Gurke
                 1 Scheibe Tomate
                 Mayonnaise (90 % Fett)
2. Welcher Bereich des Ernährungskreises ist besonders stark abgedeckt?
3. Welche Bereiche werden vernachlässigt?
4. Wodurch könntest du deinen Bedarf an den anderen Nährstoffen im Laufe des Tages decken? Kreuze an.
   - ☐ Obstsalat aus frischen Früchten
   - ☐ Griechischer Salat mit Käse
   - ☐ Eisbecher mit Sahne
   - ☐ Gemüsestäbchen, Dip, Orangensaft
   - ☐ Chips mit Cola
   - ☐ Bananenmilchshake

Medien: Ernährungskreis auf Folie, Folienstift

Gruppe 4:

Medien:
Ernährungskreis auf Folie, Folienstift

Fastfood-Gerichte bestehen aus verschiedenen Lebensmitteln.

1. Zu welcher Lebensmittelgruppe im Ernährungskreis gehören die Zutaten einer Currywurst mit Pommes?
   Markiere am Rand des Ernährungskreises durch Ankreuzen je eines kleinen Kästchens. Z. B.: Für die Kartoffeln kreuzt du ein Kästchen des Bereiches für Kohlenhydrate an.

   Currywurst
   mit Pommes: Kartoffeln
                Fett zum Fritieren
                Bratwurst
                Fett zum Braten

2. Welcher Bereich des Ernährungskreises ist besonders stark abgedeckt?
3. Welche Bereiche werden vernachlässigt?
4. Versuche 2 Merksätze zu bilden, wie Fastfood-Gerichte aufgewertet werden können. Denke dabei auch an ein passendes Getränk.

Merke: _____

Lösungsvorschlag zu S. 129

Name: _____ Klasse: 8 Datum: _____ HsB Nr.: _____

Ist Fastfood immer ein Genuss? (Fastfood = schnelles Essen)

Buntes Gyros

Menge	Zutaten	Zubereitung
350 g	Schnitzelfleisch	in Streifen schneiden
2 EL	Öl	in eine Schüssel geben
2 EL	Gyros-Gewürz	zum Öl geben und mit dem Fleisch vermengen, kurz ziehen lassen
1	Zwiebel	würfeln
½	Zucchini	waschen, in Scheiben schneiden
1 EL	rote Paprikaschote	waschen, in Streifen schneiden
	Öl	in einer Pfanne erhitzen, das Fleisch darin anbraten, Zwiebeln zubereiten, dann das restliche Gemüse ca. 8 Min. dünsten
4 kleine	Salz, Pfeffer, Knoblauch Pitabrote	nach Bedarf würzen im Backofen bei 200° C 8–10 Min. aufbacken, Tasche einschneiden und mit dem Gyros füllen

Aufgaben:
a) Unterstreiche im Rezept die Zutaten, die das Gyros als Fastfood-Gericht aufwerten.
b) Verbinde richtig:

Vorteile von Fastfood
- schnelle Bedienung
- wenig Esskultur
- Verpackungsaufwand
- meist preiswerter
- unbekannte Zusatzstoffe
- gleich bleibende Qualität
- lange Öffnungszeiten
- „Einheitsessen"

Nachteile von Fastfood

Merke: – Ergänze fettreiche Fastfood-Gerichte durch fettarme Zutaten (z. B.: Salat, Gemüse, Obst, Brot, Mehl, Nudeln, Reis, Kartoffeln).
– Ein einseitiger Fastfood-Snack kann auch im Laufe des Tages ausgeglichen werden.
– Trinke zu fettreichen Fastfood-Gerichten möglichst energiearme Getränke (z. B.: Mineralwasser, Saftschorle).

Antwort zur Überschrift:
Fastfood kann sehr vielfältig sein. Deshalb ist schnelles Essen nicht generell „gesund" oder „ungesund".
Ausgewogenes Fastfood ist immer ein Genuss!

Unterrichtssequenzen Hauswirtschaftlich-sozialer Bereich, © Auer Verlag GmbH, Donauwörth
Als Kopiervorlage freigegeben

| Name: | Klasse: 8 | Datum: | HsB | Nr.: |

Ist Fastfood immer ein Genuss? (Fastfood = _____)

Buntes Gyros

Menge	Zutaten	Zubereitung
350 g	Schnitzelfleisch	in Streifen schneiden
2 EL	Öl	in eine Schüssel geben
2 EL	Gyros-Gewürz	zum Öl geben und mit dem Fleisch vermengen, kurz ziehen lassen
1	Zwiebel	würfeln
1	Zucchini	waschen, in Scheiben schneiden
½	rote Paprikaschote	waschen, in Streifen schneiden
1 EL	Öl	in einer Pfanne erhitzen, das Fleisch darin anbraten, Zwiebeln zubereiten, dann das restliche Gemüse ca. 8 Min. dünsten
	Salz, Pfeffer, Knoblauch	nach Bedarf würzen
4 kleine	Pitabrote	im Backofen bei 200° C 8–10 Min. aufbacken, Tasche einschneiden und mit dem Gyros füllen

Aufgaben:
a) Unterstreiche im Rezept die Zutaten, die das Gyros als Fastfood-Gericht aufwerten.
b) Verbinde richtig:

schnelle Bedienung
wenig Esskultur
Verpackungsaufwand
meist preiswerter
unbekannte Zusatzstoffe
gleich bleibende Qualität
lange Öffnungszeiten
„Einheitsessen"

Vorteile von Fastfood   **Nachteile von Fastfood**

Merke: _____
_____
_____
_____
_____

Antwort zur Überschrift:
_____
_____

Krautsalat

Menge	Zutaten	Zubereitung
¼	Kopf Weißkraut	waschen, in feine Streifen schneiden, mit dem Fleischklopfer etwas mürbe stampfen
Marinade:		
2 EL	warmes Wasser oder warme Brühe	
3 EL	Essig	Marinade herstellen und über das Kraut gießen, durchmischen, durchziehen lassen, abschmecken
¼ TL	Salz	
1 Msp.	Pfeffer	
2 Pr.	Zucker	
1 EL	Öl	
	Petersilie	waschen, garnieren

Paprikareis

Menge	Zutaten	Zubereitung
1 Tasse	Reis	waschen, in einen Topf geben
2 Tassen	Wasser	zugeben
1 TL	gekörnte Brühe	zugeben
		Reis mit Deckel zum Kochen bringen, zurückschalten und 20 Min. garen
1 TL	Paprikapulver	zugeben
	Petersilie	waschen, wiegen, zugeben, abschmecken

Tsatsiki

Menge	Zutaten	Zubereitung
250 g	Magerquark	in eine Schüssel geben
½ Becher	Sahne	verrühren
½ TL	Salz	zugeben
1	Knoblauchzehe	schälen, pressen, zugeben
¼	Salatgurke	waschen, schälen, reiben, zugeben, verrühren, abschmecken

| Name: | Klasse: 8 | Datum: | HsB | Nr.: |

Teste dich!

Nehmen wir an, du schwankst bei der Auswahl eines schnellen Imbisses zwischen:

○ einem Baguettebrötchen mit Käse, Margarine, Tomate und Salatblatt

○ einer Currywurst mit Ketchup und Pommes frites

○ einem Dönerkebab

○ einem Kasslerbraten mit Sauerkraut und Salzkartoffeln

○ einem Tomaten-Gurken-Zwiebel-Salat mit Joghurtsoße im Brot

Versuche jetzt, nach deinem Appetit und dem Ernährungskreis auszuwählen. Du erinnerst dich: Besonders folgende Lebensmittelgruppen sind wichtig: Getreideprodukte, Kartoffeln, Gemüse und Obst, Getränke, Milchprodukte.
Die Fleischportion sollte klein sein, und sie darf auch einmal fehlen. Fett sollte eher spärlich enthalten sein. Versuche, nach diesen Kriterien die Imbissmahlzeiten in eine Rangfolge zu bringen.
Schreibe die Noten 1–5 in die jeweiligen Kreise.

Auswertung:

Wenn du dich das eine oder andere Mal anders entschieden hast, ärgere dich nicht. Über die Vor- und Nachteile einiger Angebote lässt sich auch unter Experten streiten. Wichtig ist, dass du dich tendenziell richtig entschieden hast!

1: Der Tomaten-Gurken-Zwiebel-Salat mit Joghurtsoße im Brot ist fettarm, er bietet mehrere Zutaten aus den größten Gruppen des Ernährungskreises (Kohlenhydrate, Gemüse).

2: Das Baguettebrötchen liefert ebenfalls wichtige Lebensmittel, Käse und Margarine. Allerdings auch einen gewissen Fettanteil.

3: Der Dönerkebab ist zum Teil fettreich, reichlich Brot und Salat wiegen das zum Teil wieder auf. Der Dönerkebab ist aufgrund des hohen Energiegehaltes keine Zwischenmahlzeit.

4: Das Kassler mit Sauerkraut und Salzkartoffeln enthält wichtige Lebensmittel aus den Gruppen Kohlenhydrate und Gemüse. Das Sauerkraut wird allerdings häufig mit Schmalz zubereitet. Keine Zwischenmahlzeit.

5: Die Currywurst mit Pommes frites ist leider der Kaiser unter den fettreichen Fastfood-Mahlzeiten.

Die Ernährungsprofis

Artikulation:

Anfangsphase: Folie „Wir sind Ernährungsprofis!"
1. Teilziel: Hülsenfrüchte, Schrot und Gemüse für Bratlinge garen
2. Teilziel: Schriftliche Probe
3. Teilziel: Wir bereiten vollwertige Speisen zu!
GZF: Welche Lebensmittel aus dem Ernährungskreis isst du heute?

Medien:

Folien, Ernährungskreis, Probe

Hinweis:

Die Hülsenfrüchte müssen von der Lehrkraft am Vortag eingeweicht werden!

Lernziele:

Die Schüler/innen sollen ...
... den Dampfdrucktopf gefahrenfrei einsetzen.
... die Gerichte mit Hilfe des Ernährungskreises beurteilen.
... ihr Wissen in einer Lernzielkontrolle (Probe) unter Beweis stellen.

Folie: Wir sind Ernährungsprofis (Anfangsphase)

| Name: | Klasse: 8 | Datum: | **HsB** | Nr.: |

Probe im HsB

	mögl. Punkte	erreichte Punkte
1. Wir essen zu fett! Nenne 5 Lebensmittel, in denen versteckte Fette enthalten sind.	5	
2. Zu viel Salz ist gefährlich! Warum?	1	
3. Welche Gefahren stellt ein hoher Zuckerkonsum für deinen Körper dar? Nenne 2 Punkte.	2	
4. Unterstreiche die Getränke, mit denen du hauptsächlich deinen Durst löschen solltest. Ungesüßter Tee Limo Bier Apfelsaftschorle Kaffee Mineralwasser Wein Traubensaft	2	
5. Erkläre, warum Vollkornprodukte so gesund sind. Nenne 4 Stichpunkte.	4	
6. Warum sollte man industriell hergestellte Lebensmittel und Fertiggerichte nicht allzu häufig verzehren?	2	
7. Du isst mittags eine Bratwurst mit Pommes. Mit welchen Lebensmitteln und Getränken sollst du diese Mahlzeit im Lauf des Tages ergänzen?	4	
8. Kreuze die richtigen Behauptungen an. ☐ Meide Päckchenpudding und Fertigsoßen, denn sie enthalten viele Farb-, Aroma- und Konservierungsstoffe! ☐ Für natürliches Aroma bei Erdbeerjoghurt dürfen nur Erdbeeren verwendet werden! ☐ Mandarinen brauche ich nicht waschen, da die Schale ja nicht gegessen wird! ☐ Kaufe kein Obst und Gemüse, das vor einem Laden in einer stark befahrenen Straße ausliegt! ☐ Iss täglich Fleisch, dann bekommst du viele Muskeln! ☐ Vollkornmehl enthält viele Ballaststoffe, Vitamine und Mineralstoffe! ☐ Ernähre dich so natürlich wie möglich! ☐ Iss einmal die Woche Fisch!	8	

Gesamtpunkte:
1 = 28–27   3 = 21–16
2 = 26–22   4 = 15–10
            5 = 9–4

Viel Glück!   28

Lösungsvorschlag zu S. 133

| Name: | Klasse: 8 | Datum: | HsB | Nr.: |

Probe aus dem HsB

	mögl. Punkte	erreichte Punkte
1. Wir essen zu fett! Nenne 5 Lebensmittel, in denen versteckte Fette enthalten sind. <u>Mayonnaise, Erdnüsse, Salami, Sahne, Käse</u>	5	
2. Zu viel Salz ist gefährlich! Warum? <u>Es kann zu einem hohen Blutdruck führen.</u>	1	
3. Welche Gefahren stellt ein hoher Zuckerkonsum für deinen Körper dar? Nenne 2 Punkte. <u>Zu viel Zucker wandelt der Körper in Fett um. Zucker kann Karies verursachen.</u>	2	
4. Unterstreiche die Getränke, mit denen du hauptsächlich deinen Durst löschen solltest. <u>Ungesüßter Tee</u> Limo Bier <u>Apfelsaftschorle</u> Kaffee <u>Mineralwasser</u> Wein Traubensaft	2	
5. Erkläre, warum Vollkornprodukte so gesund sind. Nenne 4 Stichpunkte. <u>Vollkornprodukte enthalten mehr Ballaststoffe, Vitamine, Mineralstoffe, jedoch weniger Energie.</u>	4	
6. Warum sollte man industriell hergestellte Lebensmittel und Fertiggerichte nicht allzu häufig verzehren? <u>sehr hoher Salzgehalt, höherer Farb- und Konservierungsstoffgehalt, viel „Müll", wenig Vitamine</u>	2	
7. Du isst mittags eine Bratwurst mit Pommes. Mit welchen Lebensmitteln und Getränken sollst du diese Mahlzeit im Lauf des Tages ergänzen? <u>frischer Salat, Obst, Vollkornbrot, Tee oder Wasser</u>	4	
8. Kreuze die richtigen Behauptungen an. ☒ Meide Päckchenpudding und Fertigsoßen, denn sie enthalten viele Farb-, Aroma- und Konservierungsstoffe! ☐ Für natürliches Aroma bei Erdbeerjoghurt dürfen nur Erdbeeren verwendet werden! ☐ Mandarinen brauche ich nicht waschen, da die Schale ja nicht gegessen wird! ☒ Kaufe kein Obst und Gemüse, das vor einem Laden in einer stark befahrenen Straße ausliegt! ☐ Iss täglich Fleisch, dann bekommst du viele Muskeln! ☒ Vollkornmehl enthält viele Ballaststoffe, Vitamine und Mineralstoffe! ☒ Ernähre dich so natürlich wie möglich! ☒ Iss einmal die Woche Fisch!	8	
Viel Glück! Gesamtpunkte: 3 = 21–16 1 = 28–27 4 = 15–10 2 = 26–22 5 = 9–4	28	

| Name: | | Klasse: 8 | Datum: | **HsB** | Nr.: |

Wir sind Ernährungsprofis

Fischstäbchen „Hausgemacht" oder Chicken-Nuggets

2	Fischfilet	Fischfilet in Stäbchen schneiden, mit
½	Zitrone	Zitronensaft säuern
	oder	oder
2	Hühnchenfilets	in Stücke schneiden
		Fisch oder Hühnchenteile mit
	Salz, Pfeffer	würzen,
Panade		in
2 EL	Mehl	wenden,
1	Ei	verquirlen, Fisch oder Hühnchen darin wenden und in
3 EL	Semmelbrösel	wenden
40 g	Öl oder Bratfett	erhitzen, Fischstäbchen bzw. Chicken-Nuggets darin goldbraun backen

Gemischter Bohnenkernsalat

40 g	Kidneybohnen	Hülsenfrüchte in ½ l Wasser über Nacht quellen lassen. Am nächsten
20 g	Kichererbsen	Tag Hülsenfrüchte mit dem Einweichwasser garen, abseihen.
½ l	Wasser	**Zeit:** Normaler Topf: 45 Min., Dampfdrucktopf: 20 Min.
		Tipp: Wenn die Hülsenfrüchte getrennt gegart werden, bleiben die Farben schöner!
1	rote Paprika	
1	grüne Paprika	waschen, putzen, in feine Streifen schneiden
½	Zwiebel	in feine halbe Ringe schneiden
1	Tomate	achteln
1 Bund	Schnittlauch	fein schneiden
Marinade		
2 EL	Essig	
	Salz, Pfeffer	Alle Zutaten der Marinade vermischen, Salat marinieren
¼ TL	Paprika	und noch etwas durchziehen lassen.
2 EL	Öl	

Getreideschrotbratlinge

100 g	Getreide (Weizen, Dinkel, Grünkern)	grob schroten,
2	Frühlingszwiebeln	in feine Ringe schneiden
1	Karotte	raspeln
1 EL	Butter	erhitzen, Gemüse andünsten
¼ l	Gemüsebrühe	zugeben, Schrot zugeben, mit
	Salz, Muskat	würzen und
¼ TL	Cumin	etwa 20 Min. zugedeckt köcheln lassen
1	Ei	unterrühren, Bratlinge mit nassen Händen formen
4 EL	Öl	erhitzen, Bratlinge beidseitig ausbacken

Aufgabe: Welche Lebensmittelgruppen sind in unserem heutigen Gericht enthalten? Kreuze im Ernährungskreis an!

Die Betreuung von Mitmenschen *oder* Ich übernehme Verantwortung für Hilfsbedürftige in meiner Umgebung

Artikulation:

Anfangsphase:	Leben in der Gemeinschaft, Familienbilder verschiedener Epochen, Einteilung in einst und jetzt Erstellen einer Collage zum Thema Einzel- oder Partnerarbeit: Zuordnung Text/Bild (S. 137/138)
1. Teilziel:	Voraussetzungen zum Wohlfühlen, Bedürfnispyramide (Folie, Arbeitsblatt)
TZF:	Begriff Heimat – Aussagen dazu (Lexikon)
2. Teilziel:	Gesetzliche Verankerungen in Deutschland Grundgesetz: Artikel 1, 2, 3 (Folie, Arbeitsaufträge) Rollenveränderungen in der Gesellschaft (BGB) Folie „Hausarbeit" Das soziale Netz
TZF:	Das Netz hat Löcher (Netzspiel)
3. Teilziel:	Wo kann ich mich einbringen?, Einrichtungen des Staates (Klassenunterricht) Arbeitsblatt, Initiativen der Klasse/Gruppe, Arbeitsblatt
4. Teilziel:	Zwetschgenbavesen (optional)
GZF:	Schüler/innen wählen eine Zielgruppe zur intensiven Betreuung aus

Lernziele:

Die Schüler/innen sollen …
- … im sozialen Bereich sensibel werden.
- … die Notwendigkeit der Bedürfnisbefriedigung erkennen.
- … die gesetzliche Verankerung wichtiger Bereiche erfahren.
- … Rollenveränderung in der Gesellschaft vergleichen.
- … einfache Möglichkeiten der Betreuung finden.
- … eine Zielgruppe zur intensiven Zuwendung auswählen.
- … im begrenzten Rahmen soziale Verantwortung übernehmen.

Medien:

Bilder von Familiensituationen verschiedener Epochen, Informationsbroschüre der betreffenden Gemeinde/Pfarrei über soziale Dienste, Zeitschriften zum Erstellen einer Collage zum Thema, Folien, Arbeitsblatt, Wollknäuel für das „Netzspiel"

Hinweise:

Die Forderung des Lehrplans im Lernziel 8.6 „Soziale Verhaltensweisen in der Teamarbeit und in Betreuungssituationen" ist nicht mehr im „Schutzraum" schulischer Möglichkeiten abzuhandeln, sondern bedarf der Ausweitung auf außerschulische Lernorte. Erst diese Lernsituationen eröffnen die tatsächliche Lebenswirklichkeit und den damit verbundenen Ernstcharakter.
Weniger geeignet sind private Familiensituationen, bessere Möglichkeiten bieten sich in öffentlichen Einrichtungen:
- die im Einzugsbereich der Schule liegen, z.B. Kindergarten, Behinderteneinrichtungen, Seniorenheim,
- Einrichtungen, zu der ein oder mehrere Schüler bereits Kontakte pflegen (Tätigkeiten der Eltern, Aufenthalt eines Familienangehörigen, Nachbarn).

Terminplanung:

Langfristig:
- Zeitpunkt für dieses Projekt: abhängig von der sozialen Einrichtung, Schulzeitplan, günstig ist die Zeit nach dem Betriebspraktikum
- Planung in der Schule: Klassenlehrer/in, bei fächerübergreifendem Projekt Fachlehrer/innen (z. B. Ethik, Religion, Geschichte/Sozialkunde/Erdkunde)
- Überschneidungen mit weiteren Schulaktivitäten vermeiden

Kurzfristig:

- Absprache/Planung mit der sozialen Einrichtung
- Dauer des Besuchs
- Aktivitäten seitens der Leitung bzw. der Betreuer/innen
- Aktivitäten seitens der Schüler/innen (Gesang, kreative Tätigkeiten)
- Besichtigung der Räumlichkeiten
- Geschenke für die Zielgruppe
- Gesprächsrunde

Familienbilder verschiedener Epochen (Anfangsphase)

(Bilder evtl. für die Tafel vergrößern)

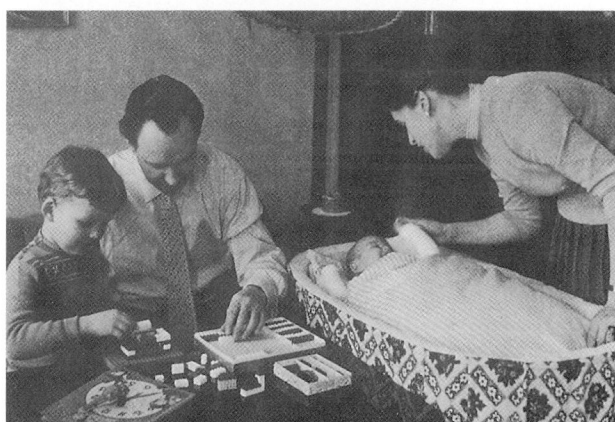

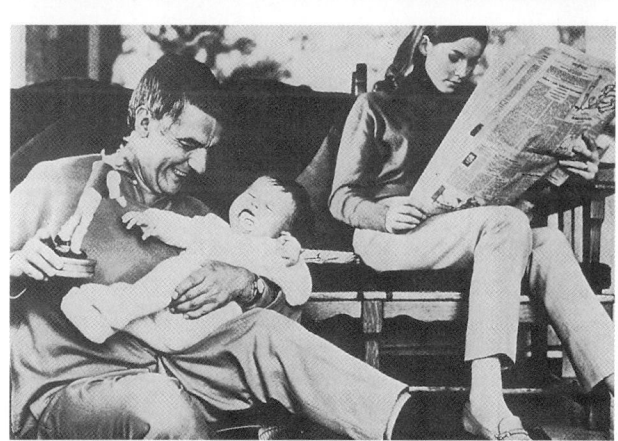

Unterrichtssequenzen Hauswirtschaftlich-sozialer Bereich, © Auer Verlag GmbH, Donauwörth
Als Kopiervorlage freigegeben

Arbeitsaufträge (Anfangsphase)

Aufgabe 1: Leben in der Gemeinschaft einst und jetzt

1. Wähle Lebenssituationen aus den Bildern aus, die sowohl in die frühere Zeit passen als auch auf die heutige Zeit zutreffen.
2. Hefte sie an die Tafel unter die Überschrift.

Medien: Bilder, Tafel, Magnete

Aufgabe 2: Leben in der Gemeinschaft in früherer Zeit

1. Wähle Lebenssituationen aus den Bildern aus, die ausschließlich in die frühere Zeit passen.
2. Hefte sie an die Tafel unter die Überschrift.

Aufgabe 3: Leben in der Gemeinschaft in der heutigen Zeit

1. Wähle Lebenssituationen aus den Bildern aus, die ausschließlich in die heutige Zeit passen.
2. Hefte sie an die Tafel unter die Überschrift.

Aufgabe 4: Leben in der Gemeinschaft in der heutigen Zeit

1. Erstelle eine Collage bzw. sammle Aussagen zum Thema „Mitmenschen und deren Betreuung", die in die heutige Zeit passen.

Medien: verschiedene Zeitschriften, Plakate, Klebstoff

Einzelarbeit oder Partnerarbeit (Anfangsphase)

Aufgabe: Familien früher und heute

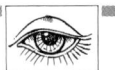

1. Wähle ein Bild aus und versuche, eine der vorliegenden Aussagen zuzuordnen.
2. Hefte es an die Tafel.

Medien: Bilder, Magnete, Wortstreifen (werden an der Tafel fixiert und dem jeweiligen Bild zugeordnet)

Mehrere Generationen leben unter einem Dach.	Frauen arbeiten ausschließlich im Haushalt/in der Landwirtschaft.
Kleinerer Haushalt, Single-Haushalt, 1 Kind, 2 Kinder, mehrere Kinder, Zweipersonenhaushalt, z. B. kinderloses Paar, Alleinerziehender.	In der Familie gibt es demokratische Entscheidungen/Gespräche, Probleme werden diskutiert.
Allein stehende Verwandte, Not leidende Angehörige sind mit in die Familie einbezogen.	Alle Familienmitglieder sind mit ihrer Versorgung befasst, es gibt kaum Freizeit.
Familienmitglieder haben viel Freizeit.	Es gibt staatliche Schutzmaßnahmen, die Leute müssen nicht auf der Straße leben.
Menschen gehen ihren Hobbys nach.	Manche Menschen wollen sich nicht einordnen.
Familienvorstand trifft Entscheidungen, Familienmitglieder müssen sich unterordnen.	Frauen und Kinder müssen zum Lebensunterhalt mit beitragen.
Frauen gehen einem Beruf nach.	

Folie „Bedürfnispyramide" (1. Teilziel)

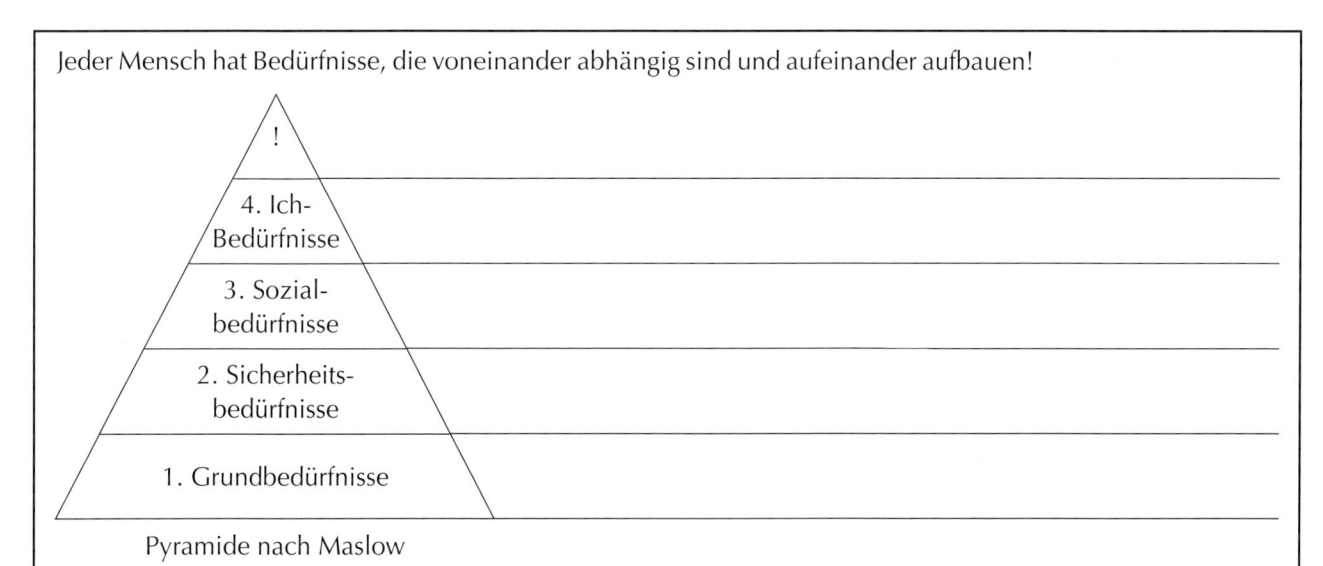

Jeder Mensch hat Bedürfnisse, die voneinander abhängig sind und aufeinander aufbauen!

!
4. Ich-Bedürfnisse
3. Sozialbedürfnisse
2. Sicherheitsbedürfnisse
1. Grundbedürfnisse

Pyramide nach Maslow

Lies folgende Begriffe aufmerksam durch und ordne sie der betreffenden Gruppe zu.

Schutz, Durst, Hunger, Liebe zu anderen, Schlaf, Achtung, Kontakt, Vorsorge, Anerkennung, Angstfreiheit, Zugehörigkeit, Kleidung

Eine besondere Stellung nehmen ein: **Selbstverwirklichung und Selbstfindung**

Lösungsvorschlag

Jeder Mensch hat Bedürfnisse, die voneinander abhängig sind und aufeinander aufbauen!

! Selbstverwirklichung und Selbstfindung
4. Ich-Bedürfnisse Anerkennung, Achtung
3. Sozialbedürfnisse Kontakt, Zugehörigkeit, Liebe zu anderen
2. Sicherheitsbedürfnisse Schutz, Vorsorge, Angstfreiheit
1. Grundbedürfnisse Hunger, Durst, Atmung, Schlaf, Kleidung

Pyramide nach Maslow

Lies folgende Begriffe aufmerksam durch und ordne sie der betreffenden Gruppe zu.

Schutz, Durst, Hunger, Liebe zu anderen, Schlaf, Achtung, Kontakt, Vorsorge, Anerkennung, Angstfreiheit, Zugehörigkeit, Kleidung

Eine besondere Stellung nehmen ein: **Selbstverwirklichung und Selbstfindung**

Lexikon/Meyers (Vertiefung 1. Teilziel)

Heimat:
Subjektiv von einzelnen Menschen oder kollektiv von Gruppen, Völkern ... erlebte territoriale Einheit, zu der ein Gefühl besonders enger Verbundenheit besteht.

Folie: Grundgesetz (2. Teilziel)

Grundgesetz für die Bundesrepublik Deutschland

I. Die Grundrechte

Artikel 1, Absatz 1: Die Würde des Menschen ist unantastbar.
Artikel 2, Absatz 2: Jeder hat das Recht auf Leben und körperliche Unversehrtheit.
Artikel 3, Absatz 1: Alle Menschen sind vor dem Gesetz gleich.
Artikel 3, Absatz 2: Männer und Frauen sind gleichberechtigt.

Arbeitsteilige Gruppenarbeit (2. Teilziel)

Aufgabe 1: Grundrechte

1. Suche aktuelle, nationale und internationale Fallbeispiele aus der Tagespresse, die dem Grundgesetz der Bundesrepublik Deutschland widersprechen.
(Zum Beispiel Flüchtlingsprobleme, Skandale in Wohnheimen bzw. in sozialen Einrichtungen …)
2. Schneide sie aus und klebe sie auf ein Plakat.

Medien: Aktuelle Zeitungen, Klebstoff, Plakat

Aufgabe 2: Die Rolle der Frau (BGB)

1. Lies die Texte genau durch.
2. Vergleiche die beiden Gesetze und stelle die Unterschiede und deren Bedeutung fest.

Gesetz alt:
„Die Frau führt den Haushalt in eigener Verantwortung. Sie ist berechtigt, erwerbstätig zu sein, soweit dies mit ihren Pflichten in Ehe und Familie vereinbar ist."

Gesetz neu (BGB § 1356, Stand 2004):
„Die Ehegatten regeln die Haushaltsführung in gegenseitigem Einvernehmen. Ist die Haushaltsführung einem der Ehegatten überlassen, so leitet dieser den Haushalt. Beide Ehegatten sind berechtigt, erwerbstätig zu sein. Bei der Wahl und Ausübung einer Erwerbstätigkeit haben sie auf die Belange des anderen Ehegatten und der Familie die gebotene Rücksicht zu nehmen.

Aufgabe 3: Reform des Familienrechts (BGB)

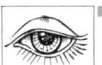

1. Lies die Texte genau durch.
2. Vergleiche die beiden Gesetze und stelle die Unterschiede und deren Bedeutung fest.

Gesetz alt:
„Die Ehegatten sind einander verpflichtet, durch ihre Arbeit die Familie angemessen zu unterhalten. Die Frau erfüllt ihre Verpflichtung, durch Arbeit zum Unterhalt der Familie beizutragen, in der Regel durch die Führung des Haushalts. Zu einer Erwerbstätigkeit ist sie nur verpflichtet, soweit die Arbeitskraft des Mannes und die Einkünfte der Ehegatten zum Unterhalt der Familie nicht ausreichen.

Gesetz neu (BGB § 1360, Stand 2004):
Die Ehegatten sind einander verpflichtet, durch ihre Arbeit die Familie angemessen zu unterhalten. Ist einem Ehegatten die Haushaltsführung überlassen, so erfüllt er seine Verpflichtung, durch Arbeit zum Unterhalt der Familie beizutragen, in der Regel durch die Führung des Haushalts.

Folie: Hausarbeit (2. Teilziel)

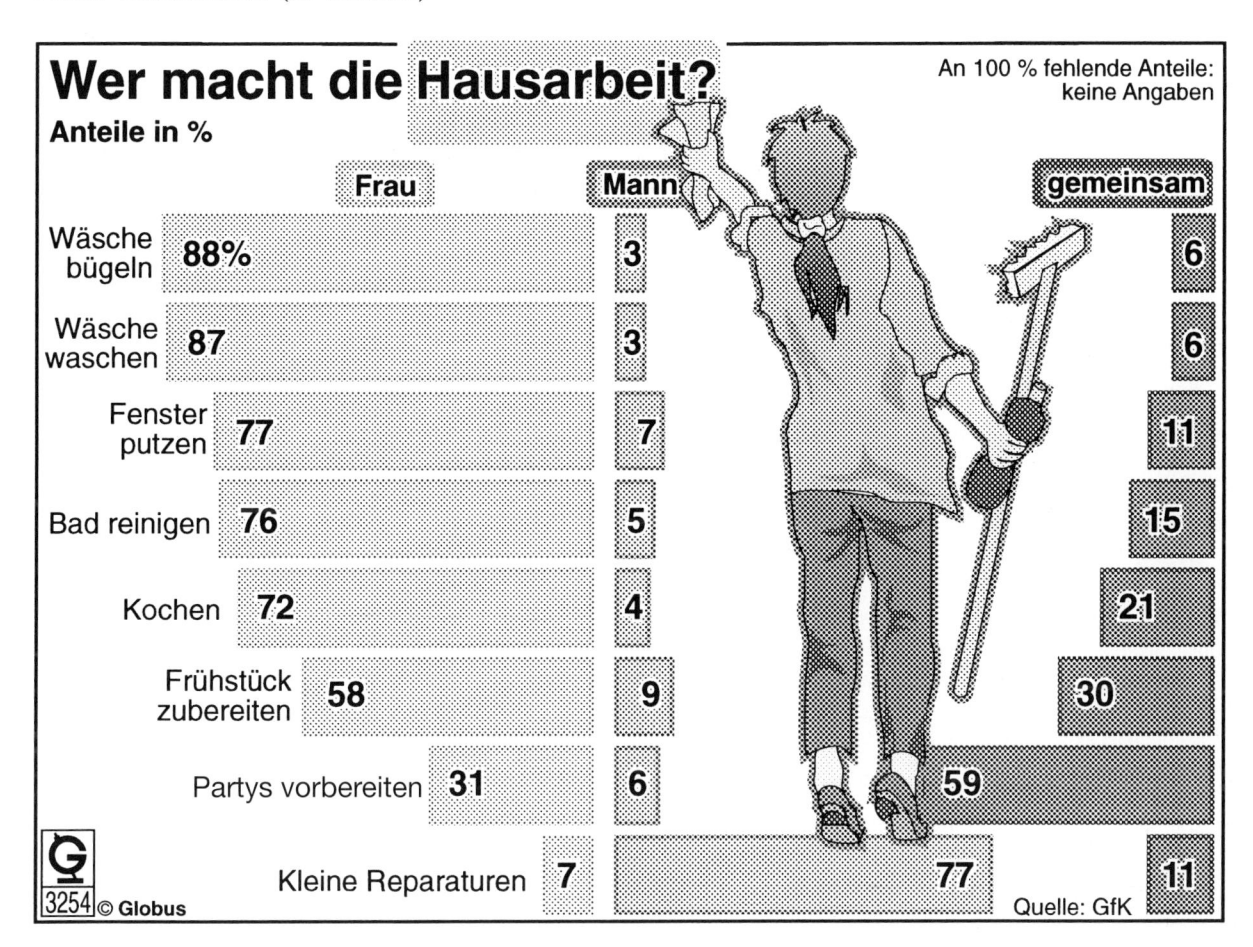

Wer macht die Hausarbeit?
Anteile in %

An 100 % fehlende Anteile: keine Angaben

	Frau	Mann	gemeinsam
Wäsche bügeln	88%	3	6
Wäsche waschen	87	3	6
Fenster putzen	77	7	11
Bad reinigen	76	5	15
Kochen	72	4	21
Frühstück zubereiten	58	9	30
Partys vorbereiten	31	6	59
Kleine Reparaturen	7	77	11

Quelle: GfK
© Globus 3254

Folie: Das soziale Netz (2. Teilziel)

Das soziale Netz/Soziale Sicherheit in der Bundesrepublik Deutschland

- Wohngeld
- Rentenversicherung/Pensionen
- Krankenversicherung
- Arbeitsförderung/Arbeitslosengeld
- Kindergeld
- Sozialhilfe
- Unfallversicherung
- Ausbildungsförderung
- Lohnfortzahlung

Überlege für dich, in welcher Situation du oder deine Familie diese Hilfen in Anspruch nehmen musst oder kannst.

Netzspiel (Vertiefung 2. Teilziel)

Medien: Dickes Wollknäuel

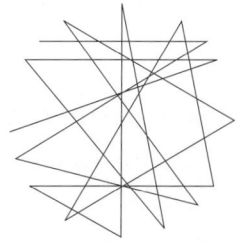

Die Schülerinnen und Schüler stehen in einem Kreis. Ein Schüler wirft ein Knäuel mit dicker Wolle zu einem anderen auf der gegenüberliegenden Seite und hält dabei das Ende fest. Dieser wirft das Knäuel weiter, möglichst diagonal, wobei die Enden festgehalten werden. Mehrmals wiederholt entsteht ein Geflecht, das „soziale Netz". Wenn ein Mitspieler loslässt, bekommt das Gefüge Löcher, wenn mehrere loslassen, bricht das Netz zusammen.

Unterrichtssequenzen Hauswirtschaftlich-sozialer Bereich, © Auer Verlag GmbH, Donauwörth
Als Kopiervorlage freigegeben

| Name: | Klasse: 8 | Datum: | HsB | Nr.: |

Die Betreuung von Mitmenschen
oder
Warum es notwendig ist, Verantwortung für Hilfsbedürftige in meiner Umgebung zu übernehmen!

Änderung unserer Lebensformen:

früher (vor ca. 60–100 Jahren)	**heute**
Großfamilie: _____	**Kleinfamilie:** _____
Mitarbeit: _____	**Mitarbeit:** _____
Berufstätigkeit: _____	**Berufstätigkeit:** _____
	Weitere Familienformen: _____

Jeder Mensch hat Bedürfnisse, die voneinander abhängig sind und aufeinander aufbauen!

Pyramide nach Maslow:
- !
- 4. Ich-Bedürfnisse
- 3. Sozialbedürfnisse
- 2. Sicherheitsbedürfnisse
- 1. Grundbedürfnisse

Lies folgende Begriffe aufmerksam durch und ordne sie der betreffenden Gruppe zu.

Schutz, Durst, Hunger, Liebe zu anderen, Schlaf, Achtung, Kontakt, Vorsorge, Anerkennung, Angstfreiheit, Zugehörigkeit, Kleidung, Selbstverwirklichung und Selbstfindung

Aus verschiedenen Gründen gelingt es nicht jedem, diese Bedürfnisse zu befriedigen!

In manchen Fällen entstehen Krankheiten körperlicher oder seelischer Art, die oft über lange Zeit nicht heilbar sind.

| Name: | Klasse: 8 | Datum: | HsB | Nr.: |

Verschiedene staatliche Einrichtungen helfen uns bei der Betreuung unserer Mitmenschen

Für Kinder:

Für Jugendliche:

Für Erwachsene:

Mich interessiert besonders folgende Einrichtung in unserer Nähe:

Ein Dessert, das vielen ein behagliches Gefühl gibt:

Zwetschgenbavesen

Menge	Zutaten	Zubereitung
5	Brötchen (vom Vortag)	Rinde abreiben, ca. 2 cm dicke Scheiben schneiden
100 g	Trockenpflaumen oder	einweichen, pürieren
200 g	Zwetschgenmarmelade	bestreichen, je 2 Scheiben zusammenlegen
Eiermilch		
¼ l	Milch	mischen,
4	Eier	Schnitten darin wenden
1 EL	Zucker	
100 g	Ausbackfett	Schnitten in der Stielpfanne goldgelb ausbacken
etwas	Zimtzucker	zum Bestreuen oder
	Zimtsoße/süße Milchsoße	

Lösungsvorschlag zu S. 142

| Name: | Klasse: 8 | Datum: | HsB | Nr.: |

Die Betreuung von Mitmenschen
oder
Warum es notwendig ist, Verantwortung für Hilfsbedürftige in meiner Umgebung zu übernehmen!

Änderung unserer Lebensformen:

früher (vor ca. 60–100 Jahren)	heute
Großfamilie: Eltern, mehrere Kinder, Großeltern, Alleinstehende, Dienstboten	**Kleinfamilie:** Eltern, 1 bis 2 Kinder, Großeltern leben alleine oder im Heim, keine Verwandten
Mitarbeit: Alle arbeiten im Haushalt, auf dem Feld, im Garten, im Betrieb mit	**Mitarbeit:** Aufgaben werden verteilt (idealer Haushalt), soziale Aufgaben → Staat
Berufstätigkeit: Frauen sind im Haus, Sicherheit durch Versorgung in der Familie, in Notsituationen, bei Krankheit	**Berufstätigkeit:** manchmal beide Partner, soziale Einrichtungen werden beansprucht
	Weitere Familienformen: „Einelternfamilien"

Jeder Mensch hat Bedürfnisse, die voneinander abhängig sind und aufeinander aufbauen!

```
                    /\
                   /  \  Selbstverwirklichung und Selbstfindung
         4. Ich-   /----\
         Bedürfnisse / Anerkennung, Achtung
                  /------\
         3. Sozial-/  Kontakt, Zugehörigkeit, Liebe zu anderen
         bedürfnisse/--------\
         2. Sicherheits-/ Schutz, Vorsorge, Angstfreiheit
         bedürfnisse /----------\
         1. Grundbedürfnisse / Hunger, Durst, Atmung, Schlaf, Kleidung
                   /_____\
```
Pyramide nach Maslow

Lies folgende Begriffe aufmerksam durch und ordne sie der betreffenden Gruppe zu.

Schutz, Durst, Hunger, Liebe zu anderen, Schlaf, Achtung, Kontakt, Vorsorge, Anerkennung, Angstfreiheit, Zugehörigkeit, Kleidung, Selbstverwirklichung und Selbstfindung

Aus verschiedenen Gründen gelingt es nicht jedem, diese Bedürfnisse zu befriedigen!

In manchen Fällen entstehen Krankheiten körperlicher oder seelischer Art, die oft über lange Zeit nicht heilbar sind.

Lösungsvorschlag zu S. 143

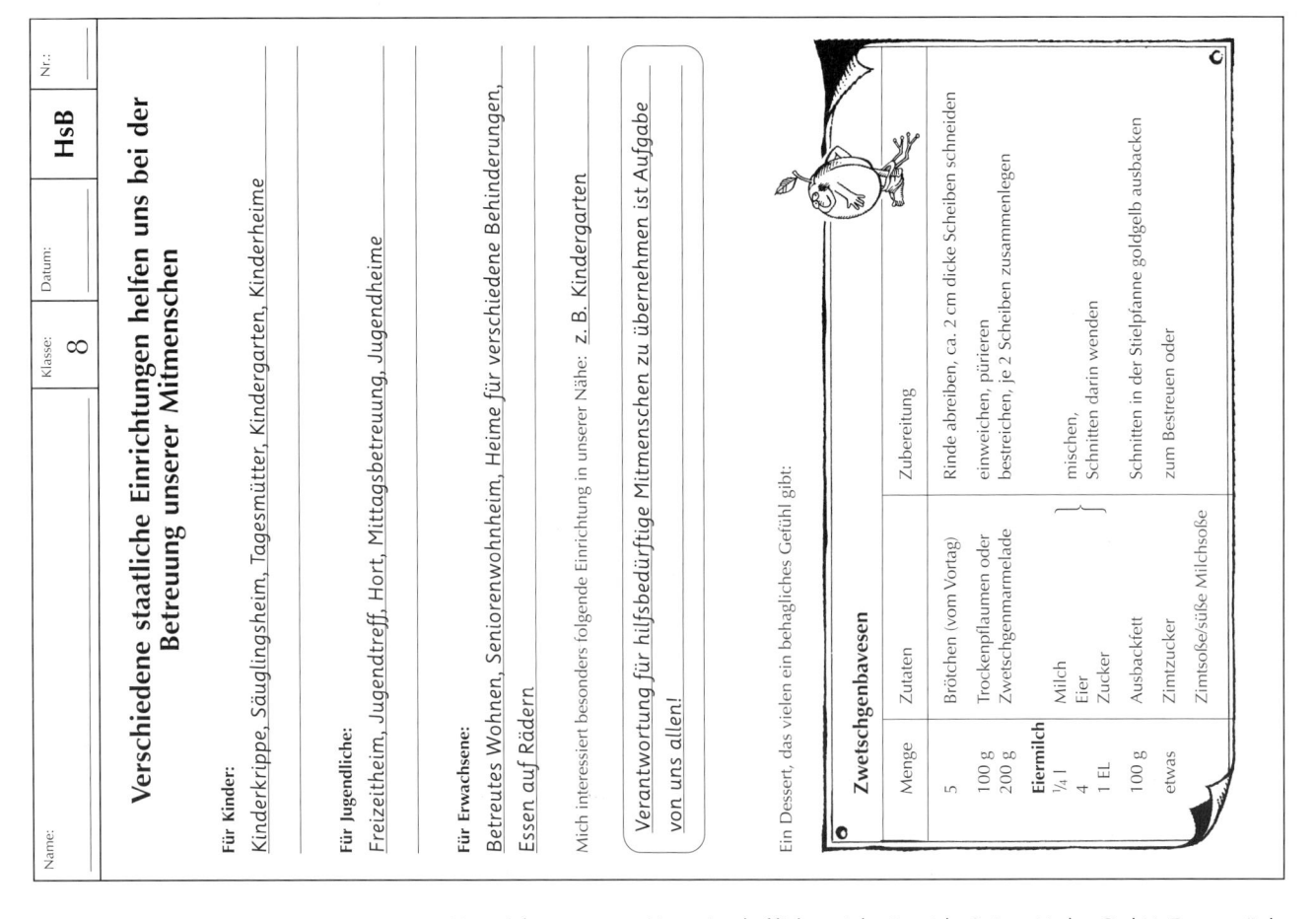

| Name: | Klasse: 8 | Datum: | HsB | Nr.: |

Verschiedene staatliche Einrichtungen helfen uns bei der Betreuung unserer Mitmenschen

Für Kinder: Kinderkrippe, Säuglingsheim, Tagesmütter, Kindergarten, Kinderheime

Für Jugendliche: Freizeitheim, Jugendtreff, Hort, Mittagsbetreuung, Jugendheime

Für Erwachsene: Betreutes Wohnen, Seniorenwohnheim, Heime für verschiedene Behinderungen, Essen auf Rädern

Mich interessiert besonders folgende Einrichtung in unserer Nähe: z. B. Kindergarten

> Verantwortung für hilfsbedürftige Mitmenschen zu übernehmen ist Aufgabe von uns allen!

Ein Dessert, das vielen ein behagliches Gefühl gibt:

Zwetschgenbavesen

Menge	Zutaten	Zubereitung
5	Brötchen (vom Vortag)	Rinde abreiben, ca. 2 cm dicke Scheiben schneiden
100 g	Trockenpflaumen oder	einweichen, pürieren
200 g	Zwetschgenmarmelade	bestreichen, je 2 Scheiben zusammenlegen
Eiermilch		
¼ l	Milch	mischen,
4	Eier	Schnitten darin wenden
1 EL	Zucker	
100 g	Ausbackfett	Schnitten in der Stielpfanne goldgelb ausbacken
etwas	Zimtzucker	zum Bestreuen oder
	Zimtsoße/süße Milchsoße	

Wir planen einen Kontaktbesuch im Kindergarten

Artikulation:

Anfangsphase: Schaffen von Lernbereitschaft und Konzentration
Meditationsmusik, Gedicht „Kinder" (vorlesen),
Aktivieren von Erfahrungswissen, Arbeitsblatt

1. Teilziel: Warum gibt es den Kindergarten?
Folie „Derzeitige Haushaltssituationen…"
Folie „Kindheitserfahrungen", Folie „Du hast viel erfahren und gelernt im Kindergarten", Arbeitsblatt (Klassenunterricht)

TZF: Anspruch eines jeden Kindes auf einen Kindergartenplatz ab dem 3. Lebensjahr

2. Teilziel: Der Umgang mit Kleinkindern
Ratschläge eines Kindes an seine Betreuer (Schriftstreifen)
Spiele im Kindergarten (arbeitsteilige Gruppenarbeit)

TZF: Erlernbare Fähigkeiten durch das Spiel, Arbeitsblatt
Vorstellen verschiedener Spiele

3. Teilziel: Verlauf unseres Kontaktbesuches
Informationen zum Kindergarten (arbeitsteilige Gruppenarbeit)
Arbeitsaufträge, Erkundungsbogen, Arbeitsblatt
Rollenspiel: Fragen für die Informationsrunde (Erkundungsbogen)

TZF: Verhaltensregeln

4. Teilziel: Kleine Geschenke zum Mitbringen (Arbeitsblatt), evtl. Hausaufgabe

GZF: Aktivierung durch spielerisches Üben des richtigen Verhaltens als Erzieher/in (Labyrinth), Arbeitsblatt, Partnerarbeit

Lernziele:

Die Schüler/innen sollen …
… die Bedeutung des Kindergartens erfahren.
… derzeitige Haushaltssituationen kennen lernen.
… den richtigen Umgang mit Kleinkindern erkennen.
… verschiedene Spielformen für unterschiedliche Situationen finden.
… einen Kontaktbesuch im Kindergarten planen und organisieren.
… kleine Geschenke zum Mitbringen selbst herstellen.

Medien:

Kassettenrekorder, Meditationsmusikkassette
Gedicht „Kinder" von Bettina Wegner
Folien, Arbeitsblatt, Folienstifte
Erkundungsbogen
Aktuelle Ausgabe von „Beruf aktuell"
Arbeitsblatt: Labyrinth

Hinweis:

Die Herstellung der Geschenke zum Mitbringen ist aus organisatorischen Gründen in Vorarbeit zu empfehlen bzw. der Teig schon vorzubereiten.

Gedicht „Kinder" von Bettina Wegner (Anfangsphase)

(Mit Meditationsmusik untermalen, evtl. die Strophen zerschneiden und durch Schüler/in jeweils vorlesen lassen.)

KINDER

Sind so kleine Hände
winz'ge Finger dran.
Darf man nie drauf schlagen
die zerbrechen dann.

Sind so kleine Füße
mit so kleinen Zeh'n.
Darf man nie drauf treten
könn' sie sonst nicht gehn.

Sind so kleine Ohren
scharf, und ihr erlaubt.
Darf man nie zerbrüllen
werden davon taub.

Sind so schöne Münder
sprechen alles aus.
Darf man nie verbieten
kommt sonst nichts mehr raus.

Sind so klare Augen
die noch alles sehn.
Darf man nie verbinden
könn' sie nichts verstehn.

Sind so kleine Seelen
offen und ganz frei.
Darf man niemals quälen
gehn kaputt dabei.

Ist so'n kleines Rückgrat
sieht man fast noch nicht.
Darf man niemals beugen
weil es sonst zerbricht.

Grade, klare Menschen
wär'n ein schönes Ziel,
Leute ohne Rückgrat
hab'n wir schon zuviel.

Bettina Wegner

Folie (1. Teilziel)

Warum gibt es den Kindergarten?

Derzeitige Haushaltssituationen in Deutschland
35% 1-Personen-Haushalte (Singles)
29% 2-Personen-Haushalte (mit allein erziehenden Müttern und Vätern)
17% 3-Personen-Haushalte
 6% 5 und mehr Personen im Haushalt

Folie (2. Teilziel), siehe auch Arbeitsblatt S. 151

Du hast viel erfahren und gelernt im Kindergarten

- Vertrauen zu anderen Bezugspersonen
- Die Erzieherin wendet sich auch anderen Kindern zu
- Deine eigenen Wünsche müssen in bestimmten Situationen zurückgestellt werden
- Die Möglichkeit, anderen zu helfen
- Richtiges „Streiten", Abbauen von Aggressionen
- Konflikte zu bewältigen
- Sich einer Gruppe zuwenden
- Verantwortung zu übernehmen
- Sitten, Gebräuche und Verhaltensweisen anderer Menschen
- Stärkung der eigenen Persönlichkeit

Schriftstreifen (2. Teilziel)

Ratschläge eines Kindes an seine Betreuer

Verwöhne mich nicht. Ich weiß gut, dass ich nicht alles haben sollte, worum ich dich bitte. Ich prüfe dich nur.	Mache keine Versprechungen, denn vielleicht kannst du sie nicht einhalten. Dies würde mein Vertrauen in dich entmutigen.
Habe keine Angst, fest zu mir zu sein. Es ist mir lieber, ich weiß dadurch, woran ich bin.	Falle nicht auf meine Herausforderungen herein, wenn ich Dinge sage und tue, nur um dich aufzuregen. Denn sonst werde ich versuchen, noch mehr solche „Siege" zu erringen.
Wende keine Gewalt bei mir an. Sonst lerne ich, dass es nur auf Gewalt ankommt. Ich lasse mich ohne Gewalt viel bereitwilliger führen.	Tue nichts für mich, was ich selbst tun kann. Denn sonst bekomme ich das Gefühl, ein Baby zu sein, und ich könnte dich auch weiterhin in meine Dienste stellen.
Sei nicht inkonsequent. Dies verwirrt mich, so dass ich umso mehr versuche, meinen Willen durchzusetzen.	
Versuche nicht, mir Predigten zu halten. Du wärst erstaunt, wie gut ich weiß, was Recht und Unrecht ist.	Vergiss nicht, dass ich gern Dinge ausprobiere. Ich lerne dadurch; hindere mich bitte nicht daran. Sei vorsichtig, dass mein schlechtes Betragen mir nicht eine Menge Aufmerksamkeit einbringt. Dies könnte mich sonst ermutigen, meine schlechten Angewohnheiten beizubehalten.
Verlange keine Erklärungen für mein schlechtes Benehmen. Ich weiß wirklich nicht, warum ich manchmal so bin.	
Weise mich nicht ab, wenn ich ehrliche Fragen an dich richte. Sonst werde ich dich nicht mehr fragen, sondern anderswo Belehrung suchen.	Mache dir keine Sorgen, wenn du nicht allzu viel Zeit für mich hast. Es kommt darauf an, wie wir die Zeit miteinander verbringen.
Schütze mich nicht vor unangenehmen Folgen. Es ist nötig, dass ich aus Erfahrung lerne.	Glaube nicht, dass es unter deiner Würde ist, dich bei mir zu entschuldigen. Eine ehrliche Entschuldigung gibt mir ein überraschend warmes Gefühl für dich.
Zeige deine Ängstlichkeit um mich nicht zu sehr, denn sonst werde ich noch ängstlicher. Zeige mir Mut.	Vergiss nicht, dass ich ohne viel Verständnis und Ermutigung nicht gedeihen kann. Aber ich glaube, dass ich dir das nicht zu sagen brauche.

Arbeitsteilige Gruppenarbeit (2. Teilziel)

Aufgabe 1:

Nenne Spiele oder Materialien, die als **Bewegungsspiele** für verschiedene Altersstufen geeignet sind.

Bis 1 Jahr: z. B. Rassel _____

Bis 3 Jahre: z. B. Ball _____

Bis 6 Jahre: z. B. Dreirad _____

Medien:
Bücher aus dem früheren Fach Erziehungskunde, evtl. Spielebücher, verschiedene Spiele und Materialien für Kinder verschiedenen Alters

Aufgabe 2:

Nenne Spiele oder Materialien, die sich für **Gestaltungsspiele** in den verschiedenen Altersstufen eignen.

Bis 1 Jahr: z. B. Sand _____

Bis 3 Jahre: z. B. Malstifte _____

Bis 6 Jahre: z. B. Knetmasse _____

Aufgabe 3:

Nenne Spiele oder Materialien, die sich für **Rollenspiele** in den verschiedenen Altersstufen eignen.

Bis 1 Jahr: z. B. Telefon _____

Bis 3 Jahre: z. B. Verkleidung _____

Bis 6 Jahre: z. B. Kasperlfigur _____

Aufgabe 4:

Nenne Spiele, Materialien oder Spiele ohne besonderes Material, die sich für **Gemeinschaftsspiele** in den verschiedenen Altersstufen eignen.

Bis 3 Jahre: z. B. Memory _____

Bis 6 Jahre: z. B. Stille Post _____

Arbeitsteilige Gruppenarbeit: Informationen zum Kindergarten (3. Teilziel)

Aufgabe 1:

Du willst ein Kind im Kindergarten anmelden. Welche Anforderungen würdest du an einen Kindergarten stellen? (z. B. Lage, Gruppengröße …?)

Aufgabe 2:

Jeder Kindergarten in Deutschland hat bestimmte Erziehungs- und Bildungsziele. Suche diejenigen heraus, die dir geeignet erscheinen! Versuche, die Auswahl zu begründen.

Gehorsam, Wohlbefinden, freiheitliches Denken, Konfliktbewusstsein, Durchsetzungsvermögen, Unselbstständigkeit, Fröhlichkeit, Genauigkeit, Pünktlichkeit, Ehrlichkeit, Vertrauen, christliche Erziehung, Unsicherheit, Abhängigkeit, Kreativität.

Aufgabe 3:

Auf welche Weise können Eltern/Geschwister die Arbeit im Kindergarten unterstützen? Überlege und denke dabei an die Elternarbeit in der Schule.

Aufgabe 4:

Orientiere dich an der Veröffentlichung „Beruf aktuell" der Bundesagentur für Arbeit über mögliche Berufe, die im Kindergarten gefragt sind. Sieh nach, welche du mit deinem Abschluss der Hauptschule erlernen kannst.

Medien:
Aktuelle Ausgabe von „Beruf aktuell" (Hg.: Bundesagentur für Arbeit)

Lösungswort zu S. 149

| K | I | N | D | E | R | S | P | I | E | L |

Lösungsvorschlag zu S. 151

Teste deine Fähigkeit, Spiele zur richtigen Gelegenheit einzuplanen.

Suche die passende Erfahrung von oben und notiere die dazugehörende Zahl.

Geschicklichkeits- und Bewegungsspiele, z. B. Ball, Bausteine, Luftballons …
Für folgendes Verhalten:

z. B. 6, 7, 10

Gestaltungsspiele, z. B. malen, formen mit Knetmasse, Sandkasten …
Für folgendes Verhalten:

z. B. 2, 4, 9, 10

Rollen-, Theaterspiele, z. B. Puppen, Verkleidung, Schaffner, Vater/Mutter …
Für folgendes Verhalten:

z. B. 1, 2, 3, 4, 6, 7, 8, 10

Gemeinschafts- und Regelspiele, z. B. Memory, sportliche Mannschaftsspiele
Für folgendes Verhalten:

z. B. 2, 3, 5, 6, 7, 8, 9, 10

Spiel: Labyrinth (GZF)

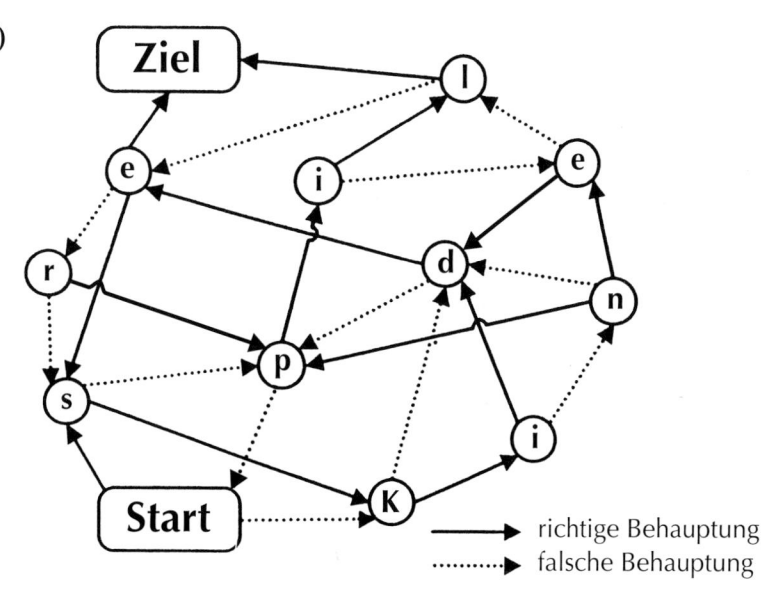

→ richtige Behauptung
⋯⋯▶ falsche Behauptung

Spielregeln:

- Lies die erste Behauptung durch und entscheide, ob sie **richtig** oder **falsch** ist.
  - Wenn du meinst, sie ist richtig, folge dem durchgezogenen Pfeil zum nächsten Buchstaben.
  - Wenn du meinst, sie ist falsch, folge dem gepunkteten Pfeil zum nächsten Buchstaben.
- Trage den gefundenen Buchstaben in ein Kästchen ein.

- Nun lies die nächste Behauptung und entscheide, ob sie richtig oder falsch ist.
- Wenn du alles richtig machst, kommst du sicher durch das Labyrinth zum Ziel.
- Die Buchstaben des Lösungsweges in der richtigen Reihenfolge gelesen ergeben das

  Lösungswort: _____

Labyrinth

Bist du ein/e geschulte/r Erzieher/in?

Finde die richtige Antwort.

1. Die Auswahl des Spielzeugs für Kinder richtet sich immer nach den Empfehlungen der Verkäuferin im Spielwarengeschäft.
2. Mein Lob und meine Anerkennung geben ein Erfolgsgefühl und ermuntern das Kind.
3. Ich belohne jede Kleinigkeit.
4. Ich bestrafe häufig. Dadurch sieht das Kind, welches Verhalten falsch ist und es zeigt automatisch die gewünschten Handlungsweisen.
5. Verhaltensweisen, die von klein auf angewöhnt werden, z. B. tägliches Zähneputzen, werden zur Selbstverständlichkeit.
6. Als Erzieher/in kann ich tun und lassen, was ich will. Hauptsache, mir und den Kindern macht der Tag Spaß.
7. Wenn ein Kind zu lange, z. B. zum Anziehen oder Aufräumen braucht, erledige ich das lieber selbst.
8. Als Erzieher/in habe ich immer Recht und muss mich auch bei falschem Verhalten nicht bei einem Kind entschuldigen.
9. Das Spielen mit Sand, Wasser, Ton oder Lehm gehört zu den Gestaltungsspielen und unterstützt die Fantasie und das Selbstbewusstsein des Kindes.
10. Kindern, die durch lautes Verhalten immer im Mittelpunkt stehen wollen, wende ich mich mit der meisten Aufmerksamkeit zu.
11. Wenn ich guter Laune bin, erlaube ich den Kindern auch einmal Dinge, die ich sonst verbiete.
12. Ich versuche, gerecht zu allen Kindern zu sein, obwohl es mir nicht immer leicht fällt.

| Name: | Klasse: 8 | Datum: | HsB | Nr.: |

Erkundungsbogen zu unserem Kontaktbesuch im Kindergarten

Teil 1: Informationsrunde mit der Leitung des Kindergartens

Träger des Kindergartens

Allgemeine Erziehungs- und Bildungsziele

Finanzierung

Zahl der Spielgruppen

Gruppengröße

Räumlichkeiten einer Spielgruppe im Kindergarten

Betreuungszeiten

Zusammenarbeit mit Eltern

Ausstattung mit Spielen

Freigelände

Ausstattung mit Bilderbüchern

Kindergarten – Berufe

Teil 2: Verlauf unseres Kontaktbesuches am: _____

- Informationsrunde
- Einblick in das Leben im Kindergarten: Besuch einzelner Gruppen
- Kontakte knüpfen, spielen mit den Kindern
- Planen des Gegenbesuches der Kindergartenkinder in der Schule

Arbeitsverteilung/Verantwortung:

Fotografieren/Camcorder

Begrüßung, Verabschiedung

Geschenkübergabe

| Name: | Klasse: 8 | Datum: | **HsB** | Nr.: |

Wir sind zu Gast im Kindergarten

Deine eigene Kindergartenzeit liegt schon mehrere Jahre zurück. Bestimmt gibt es noch manche Erinnerungen an diese Zeit!

_____
_____

Du hast viel erfahren und gelernt während dieser Zeit!

1. Vertrauen zu anderen Bezugspersonen
2. Die Erzieherin wendet sich auch anderen Kindern zu
3. Deine eigenen Wünsche müssen in bestimmten Situationen zurückgestellt werden
4. Die Möglichkeit, anderen zu helfen
5. Richtiges „Streiten", Abbauen von Aggressionen
6. Konflikte zu bewältigen
7. Sich einer Gruppe zuwenden
8. Verantwortung zu übernehmen
9. Sitten, Gebräuche und Verhaltensweisen anderer Menschen
10. Stärkung der eigenen Persönlichkeit

Teste deine Fähigkeit, Spiele zur richtigen Gelegenheit einzuplanen.

Suche die passende Erfahrung von oben und notiere die dazugehörende Zahl.

Geschicklichkeits- und Bewegungsspiele, z. B. Ball, Bausteine, Luftballons …
Für folgendes Verhalten:

_____

Gestaltungsspiele, z. B. malen, formen mit Knetmasse, Sandkasten …
Für folgendes Verhalten:

_____

Rollen-, Theaterspiele, z. B. Puppen, Verkleidung, Schaffner, Vater/Mutter …
Für folgendes Verhalten:

_____

Gemeinschafts- und Regelspiele, z. B. Memory, sportliche Mannschaftsspiele

_____

Kleine Geschenke zum Mitbringen:

Freundschafts-Plätzchen	Schweinsöhrchen
• Süßen Mürbteig herstellen (siehe UE: „Weihnachtliches Backen") • Keksplätzchen ausstechen • 10 Min. bei 180° C backen • mit Puderzuckerglasur bestreichen und mit buntem Zucker bestreuen	• 300 g TK-Blätterteig (siehe UE: „Der Arbeitsplatz Küche ist uns bekannt") dünn mit Marmelade bestreichen • Längsseiten zur Mitte zusammenrollen, bezuckern, nochmals zusammenschlagen • 1 cm breite Scheiben abschneiden, backen

Vorschlag Geschenkverpackung: Falten einer kleinen Schachtel

Kopiervorlagen für eine Faltschachtel

Umrisse auf farbige Wellpappe übertragen, an den vorgezeichneten Linien einschneiden bzw. falzen.

Deckel

---------- = Faltlinie

———— = Schneidelinie

Boden

·········· = Faltlinie
———— = Schneidelinie

Unterrichtssequenzen Hauswirtschaftlich-sozialer Bereich, © Auer Verlag GmbH, Donauwörth
Als Kopiervorlage freigegeben

Der Umgang mit Kindern will geübt sein!
(Schön waren die Zeiten... – im Kindergarten)

Artikulation:

Anfangsphase: Reflexion des vorausgegangenen Kindergartenbesuches
Verschiedene Bilder unterschiedlicher Thematik werden ausgelegt
Stimmungen während des vorausgegangenen Kontaktbesuches werden von jedem/r Schüler/in anhand eines Bildes aufgegriffen und artikuliert

1. Teilziel: Auswertung des Erkundungsbogens: „Wir sind Gast im Kindergarten", Arbeitsblatt
Verbesserungsvorschläge für weitere Aktionen

TZV: Veränderungen seit dem eigenen Kindergartenbesuch der Schüler/innen

2. Teilziel: Wir bekommen Besuch!
Planung eines Gegenbesuches der Kindergartenkinder: Spiele, Gerichte, Rahmenprogramm, Organisation (Arbeitsaufträge)

TZV: Einladungen machen neugierig!
(Gestaltungsmöglichkeiten anhand verschiedener gesammelter Einladungen)

3. Teilziel: Was Kinder gerne essen!
Herstellen bzw. Üben verschiedener Gerichte: z. B. Würstchen im Teigmantel, Brotzeitspieße, Fruchtkränzchen, Windräder, Tomaten-Gurken-Schiffchen ...

GZF: Experten sind gefragt!
Notwendiger Sachverstand beim Umgang mit kleineren Kindern (Wiederholung)

Lernziele:

Die Schüler/innen sollen...
... einen Erkundungsbogen auswerten.
... Verbesserungsvorschläge dazu einbringen.
... das Programm und die Organisation eines Gegenbesuches planen.
... aus seinem bereits erworbenen Fachwissen Spiele und Gerichte auswählen bzw. einüben.

Medien:

Verschiedene Bilder während des Jahres gesammelt (aus Zeitschriften, Kalenderblätter etc.)
Kochbücher für Kinder, z. B. „Jolinchens Familienkochbuch" (AOK), Schulkochbücher, Broschüren über Ernährung für Kinder
Liederbücher aus der Schule, von zu Hause
Bücher über Spiele, z. B. „Die schönsten Kinderspiele der Welt" (OZ Verlag)
Gebrauchtes Spielzeug, Spiele

Hinweise:

– Die Auswahl der Gerichte erfolgt aus bereits bekannten Speisen und Gebäcken bzw. Büchern, Zeitschriften und Broschüren.
– Findet kein Gegenbesuch der Kindergartenkinder statt, so können auf diese Weise Kinder auch an Elternsprechtagen, bei Schulfesten etc. betreut werden und die Schüler/innen der HsB-Gruppe ihren Sachverstand als Betreuer/innen deutlich machen.
– Als Hausaufgabe Einladung für den Gegenbesuch entwerfen.
– Das Brotzeitspieß-Rezept finden Sie auf S. 45.

Arbeitsauftrag (Anfangsphase)

1. Erinnere dich an deine Gefühle bei unserem Besuch im Kindergarten. Wähle aus den vorliegenden Bildern eines aus und begründe deine Wahl.
2. Sprachliche Hilfen zur Hinführung:

Ich habe dieses Bild ausgewählt, weil es
– fröhlich,
– traurig,
– geheimnisvoll,
– beruhigend,
– aufregend,
– langweilig,
– spannend auf mich wirkt.

Besonders erinnere ich mich an …

Bei einem Gegenbesuch wird mein Schwerpunkt auf … liegen

Mein Wunsch für die Zukunft wäre …

Medien:
Bilder, Fotos etc. vom Kindergartenbesuch

Arbeitsteilige Gruppenarbeit (2. Teilziel)

Aufgabe 1:

Welche Möglichkeiten haben wir in unserem Fach HsB/in unserer Gruppe, mit den Kindern aus dem Kindergarten einen interessanten Aufenthalt zu gestalten?
Z. B. **durch Spiele verschiedenster Art:**
– Suche für eine Zeit von ca. 10 bis 15 Min. geeignete Spiele aus.
– Nimm dazu das Arbeitsblatt unseres Kontaktbesuches zu Hilfe.
– Informiere dich in weiteren Büchern.

Medien:
Arbeitsblatt,
Spielebücher

Aufgabe 2:

Welche Möglichkeiten haben wir in unserem Fach HsB/in unserer Gruppe, mit den Kindern aus dem Kindergarten einen interessanten Aufenthalt zu gestalten?
Z. B. **durch Herstellen/Zubereiten eines kleinen Gerichts/Gebäcks/einer Speise:**
– Plane für eine Zeit von ca. 30 bis 40 Min.
– Verwende dazu verschiedene Kochbücher, Broschüren, deine HsB-Mappe.

Medien:
Kochbücher,
Broschüren,
HsB-Mappe

Aufgabe 3:

Welche Möglichkeiten haben wir in unserem Fach HsB/in unserer Gruppe, für den Besuch der Kinder aus dem Kindergarten die Schulküche, den Speiseraum besonders zu gestalten?
– Überlege dir einfache Dekorationen, z. B. Papierarbeiten, Plakate, Girlanden.
– Bedenke das Alter der Kinder.

Medien:
Bastelmaterial

Aufgabe 4:

Du hast dich über die Dauer des Besuches informiert.
Plane einen zeitlichen Ablauf, der so gestaltet ist, dass der Besuch für alle in guter Erinnerung bleibt.
- Begrüßung, z. B. ein Lied, Handpuppenspiel: _____ Min.
- Herstellen eines kleinen Gerichts: _____ Min.
- Gemeinsames Spiel: _____ Min.
- Essen oder Verpacken des Gerichts: _____ Min.

Fallbeispiel (GZF)

(auch während der praktischen Arbeit gut möglich)

Bist du schon ein Experte im Umgang mit Kindern?

Fallbeispiel:

Sabine bereitet mit dir z. B. Tomaten-Gurken-Schiffchen zu. Es dauert ihr zu lange! Sie wirft die Gurkenteile auf den Boden und weigert sich, sie wieder aufzuheben! Wie verhältst du dich?

Erinnere dich an die Ratschläge eines Kindes an seine Betreuer aus der vorletzten Stunde.

| Name: | Klasse: 8 | Datum: | **HsB** | Nr.: |

Was Kinder gerne essen!
Wir zeigen den Kindern, wie es geht!

Tomaten-Gurken-Schiffchen

Menge	Zutaten	Zubereitung
2	feste Tomaten	waschen, Stielansatz entfernen, vierteln
⅓	Salatgurke	waschen, in 8 etwa fingerdicke Scheiben schneiden, 8 Dreiecke herausschneiden
8	Zahnstocher	Gurkendreieck mit einem Zahnstocher auf dem Tomatenviertel befestigen

Lachende Erdbeertörtchen

Menge	Zutaten	Zubereitung
Teig:		Aus den Teigzutaten einen festeren Rührteig herstellen, in 4 gefettete Torteletteförmchen füllen, auf den Rost oder auf ein Backblech stellen und backen
75 g	Fett	
75 g	Zucker	
1 TL	Vanillezucker	
2	Eier	
150 g	Mehl	**Temperatur:** 160°–170° C
1 TL	Backpulver	**Backzeit:** 20 bis 25 Min.
1–2 EL	Milch	
etwas	Fett für die Form	
Zum Verzieren:		Die Früchte vorbereiten, halbieren, auf den Torteletts verteilen schlagen, mit dem Spritzbeutel lachende Gesichter aufspritzen
500 g	Erdbeeren (Früchte)	
¼ l	Schlagsahne	

Die Törtchen können tiefgefroren und zum gewünschten Zeitpunkt wieder aufgetaut werden!

Quark-Öl-Teig

Menge	Zutaten	Zubereitung
150 g	Quark	mit den Knethaken des Rührgerätes vermischen
4 EL	Milch	
6 EL	Öl	
75 g	Zucker	Geschmackszutaten dazugeben
1 Päckchen	Vanillezucker	
1 Prise	Salz	
300 g	Mehl	mischen, dazusieben, unterkneten
1 Päckchen	Backpulver	

Weiterverarbeitung siehe nächste Seite.

| Name: | Klasse: 8 | Datum: | HsB | Nr.: |

Was Kinder gerne essen!

Fruchtkränzchen

1. Teigmenge in 8 Teile teilen (ergibt 4 Kränzchen)
2. Kränzchen formen
3. Kränzchen backen
   Temperatur: 170° C, **Backzeit:** 15–20 Min.
4. Nach dem Backen in die Mitte z. B. eine Aprikose, Pflaume, Nektarine setzen

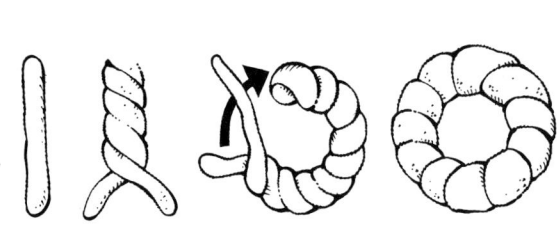

Windräder

1. Den Teig zu einem Rechteck ausrollen: ca. 20 × 30 cm
2. 6 Quadrate zu je 10 × 10 cm ausschneiden (Teigrädchen)
3. Die Quadrate von den 4 Ecken her zur Mitte ca. 3 cm einschneiden
4. Jeweils eine Seite jeder Ecke bis zur Mitte einklappen
5. Windräder backen
   Temperatur: 170° C, **Backzeit:** 15–20 Min.

Verzierung: bunte Smarties, 6 dicke Strohhalme

1. Einen Tupfer Puderzuckerglasur (aus der Tube) in die Mitte geben
2. Je ein Smartie hineindrücken
3. Das Windrad unten etwas aushöhlen
4. Trinkstrohhalm einstecken

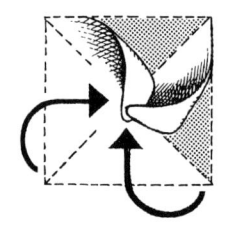

Würstchen im Teigmantel

4 Platten Blätterteig etwas antauen lassen,
4 Wiener Würstchen, etwas Ketchup oder Senf:
– Jeweils 1 Würstchen auf die vordere Hälfte der Teigplatte legen
– etwas Senf oder Ketchup darüber streichen
1 Eiklar:
– Rand damit vorsichtig bestreichen
– Blätterteig über das Würstchen klappen, Ränder mit einer Gabel etwas andrücken
1 Eigelb:
– verquirlen, Oberseite damit bestreichen, mit der Gabel 1- bis 2-mal einstechen, backen
Temperatur: 200° C, **Backzeit:** 10–15 Min.

Brotzeitspieße Eintrag Nr. _____ deiner Mappe.

Einladungen machen neugierig!
Wir schreiben eine Einladung mit dem Computer

Artikulation:

Anfangsphase: Wiederholung der EDV-Kenntnisse aus der 7. Jgst./8. Jgst.
Anwendungsmöglichkeiten für Einladungen

1. Teilziel: Gestaltungsmöglichkeiten von Einladungen mit dem Computer (Typografie)

TZF: Gesetzmäßigkeiten bei der Arbeit mit dem Computer

2. Teilziel: Erstellen einer Einladung mit dem Computer
Arbeitsaufträge, Einladungstext

TZF: Kleine Textänderungen als persönliche Note!

GZF: Bewertung, Druck, Versand

Lernziele:

Die Schüler/innen sollen ...

... mit einem Textverarbeitungsprogramm einfache Texte schreiben.

... eine Einladung nach vorgegebenem Text eingeben und gestalten.

... den formatierten Text korrigieren, speichern und ausdrucken.

Medien:

Beispiele verschieden gestalteter Einladungen: positive, negative Beispiele: Proportionen, Schriften, Markierungen etc.

Computer, Computer- und Typografiebücher, die für die Schüler/innen geeignet sind, evtl. Software (z. B. Cliparts)

Korrigierte Dankschreiben und Einladungen der Schüler/innen (Hausaufgabe nach dem Kontaktbesuch im Kindergarten), woraus ein Beispiel ausgewählt bzw. gemeinsam erstellt wird

Hinweise:

Aus dem kommunikationstechnischen Bereich der 7. Jgst. sind den Schüler/innen folgende Bereiche des Arbeitens mit dem Computer bekannt (laut Hauptschul-Lehrplan):
- 10-Finger-Tastschreiben
- Texteingabe
- Grundfunktionen der Textverarbeitung: laden, speichern, drucken
- Bearbeitung von Texten: Sofortkorrektur, einfügen, löschen, überschreiben
- EDV-Grundlagen: Aufbau und Zusammenwirken der einzelnen Bestandteile einer Computeranlage (der an der Schule)

Fachbegriffe:

- **Hardware:**
  Eingabegeräte, Zentraleinheit, Speichermedien, Ausgabegeräte
- **Software:**
  Betriebssystem und Anwendersoftware, Benutzen einer Bedienoberfläche
- Programme starten und beenden
- Datei- und Dateiträgerverwaltung:
  Umgang mit Disketten, Datensicherheit (Virenschutz), Urheberrechte
- Der HsB-Unterricht in der 8. Jgst. nützt die EDV zur Informationsbeschaffung und -verarbeitung (8.8). Vorgegebene Rezepte können ebenso am Computer geschrieben werden (Problem: Kenntnisse in der Tabellengestaltung).

| Name: | Klasse: 8 | Datum: | HsB | Nr.: |

Wir schreiben eine Einladung mit dem Computer

1. Starte die EDV-Anlage deines Arbeitsplatzes: Rechner, Monitor, Drucker.
2. Starte das Textverarbeitungsprogramm.
3. Schreibe zuerst den fließenden Einladungstext:

Beispiel:

Einladung
Liebe …/Lieber …,
der Besuch in deinem Kindergarten hat mir viel Spaß gemacht. Ich hoffe, dir auch! Bestimmt bist du schon gespannt, wie es in unserer Schule ausschaut. So freue ich mich, wenn du mit deiner Gruppe zu uns kommst.
Schule:
Datum:
Zeit:
Wir werden gemeinsam spielen, etwas backen oder kochen und sicher viel Freude bei der Arbeit haben. Natürlich darfst du das kleine selbst gemachte Gericht mit nach Hause nehmen.
Viele liebe Grüße
Dein/Deine …

4. Formatiere den Text nach den Gesetzmäßigkeiten des Arbeitens am Computer:
   - **Schriftgrad:** 10, 11, 12 Punkt für Texte; 16, 18 und 24 für Überschriften
   - **Zeilenabstand:** Wähle den Abstand so groß, wie die Kleinbuchstaben hoch sind. Etwas mehr Abstand verbessert die Klarheit des Schriftstückes!
   - **Formatierung von Texten:** Die formale Veränderung von Texten bewirkt die besondere Hervorhebung von Wörtern, Sätzen oder Absätzen, z. B.: unterstreichen, Fett-Druck, Kursivschrift.
   - **Schriftart:** Innerhalb eines Textes gibt es meistens keine Notwendigkeit, mehr als eine Schriftart zu verwenden, da unterstrichene, kursive bzw. fette Auszeichnungen eine ausreichende Hervorhebung ermöglichen.
   - **Aufteilung des Textes:** Die ansprechende Gestaltung des Textes, was Aufteilung, Seitenränder und der zur Verfügung stehende Platz betreffen, liegt in deinem Ermessen!

> Merke: Verwende Hervorhebungen gezielt!

5. **Speichere den Text** in gelernter Art und Weise (Diskette).
6. **Drucke den Text** aus.
7. **Verbessere die Fehler,** ergänze Gestaltungsmerkmale.
8. **Speichere erneut.**
9. **Drucke nochmals** aus.
10. **Unterschreibe den Brief** von Hand.
11. **Schließe das Programm.**
12. **Verlasse den Arbeitsplatz** so, wie du ihn angetroffen hast.
13. **Versende den Brief** bzw. überbringe den Brief durch einen Boten.

Welche Berufe im sozialen Bereich sind für mich interessant?

Artikulation:

Anfangsphase: Folie „Meinen Fähigkeiten auf der Spur"
Begriffsbildung verschiedener Eigenschaften

1. Teilziel: Voraussetzungen für verschiedene Berufe (Einzelarbeit, Partnerarbeit)
Mind-Map:
1. Voraussetzungen für den Beruf der Kinderpflegerin, des Kinderpflegers
2. Ausbildung
3. Arbeitsbedingungen

TZF: Derzeitige Arbeitsmarktlage (Presseberichte), Plakat

2. Teilziel: Soziale Fähigkeiten schaffen Gemeinschaft
z. B. Herstellen eines Lieblingsgerichtes: Spaghetti Bolognese

TZF: Angewandte Fähigkeiten aus dem Berufsfindungstest

GZF: Gedicht: Blick in die Zukunft
Was tun bei Interesse an:
Freiwilligem Sozialen Jahr, Zivildienst, Vorpraktikum im Kindergarten (Informationsbeschaffung über das Arbeitsamt, soziale Einrichtungen)

Medien:

Aktuelle Ausgabe von „Beruf aktuell"
Berufswahl-Ordner mit den Kapiteln „Interessen erkennen, Berufe erkunden", „Meinen Fähigkeiten auf der Spur", „Wie informiere ich mich", „Blick in die Zukunft", „Wie bewerbe ich mich", „Aus der Schule in den Beruf?"
Schülergedicht „Blick in die Zukunft"
Mind-Map (Gedankenkarte) zum Thema

Hinweise:

– Diese UE kann in Absprache mit dem Lehrer/der Lehrerin des Faches Arbeit – Wirtschaft – Technik erfolgen.
– Vielleicht ist ein gemeinsamer Besuch einer Arbeitsagentur möglich.
– Im Wirtschaftsteil der Tagespresse, in Stellenanzeigen sind immer wieder Hinweise zur Arbeitsmarktsituation zu finden, die ausgeschnitten und zu einem Plakat zusammengestellt werden können.

Lernziele:

Die Schüler/innen sollen …
… den Beruf der Kinderpflegerin/des Kinderpflegers näher kennen lernen.
… sich für soziale Berufe interessieren, ggf. entscheiden.
… gemeinsam ein Gericht herstellen und die dazu notwendigen Fähigkeiten finden.

Folie: Meinen Fähigkeiten auf der Spur (Anfangsphase)

Jeder Mensch hat unterschiedliche Fähigkeiten, die auf verschiedene Weise beschrieben werden können. Ordne folgende Begriffe richtig zu: gute Gesundheit, Raumvorstellung, Gewissenhaftigkeit, Teamfähigkeit, Kontaktfreudigkeit, körperliche Leistungsfähigkeit, Kombinationsfähigkeit, rechnerisches Denken, Ideenreichtum, Fingerfertigkeit, Sprachgebrauch.

Was kann ich körperlich leisten? Wie kräftig und ausdauernd bin ich?	
Bin ich gesundheitlich angeschlagen? Ist die Ausübung eines bestimmten Berufes ausgeschlossen?	
Kann ich auf Menschen zugehen?	
Kann ich Zusammenhänge und Vorgänge schnell erfassen?	
Wie gut kann ich mir dreidimensionale Räume und Gebilde wie z. B. Brücken vorstellen?	
Wie gut kann ich mich mündlich oder schriftlich ausdrücken?	
Wie geschickt bin ich mit Händen und Fingern?	
Erledige ich meine Aufgaben gewissenhaft?	
Habe ich häufig gute Ideen?	
Wie gut komme ich mit Menschen aus?	
Kann ich gut mit Zahlen umgehen?	

Einzel-/Partnerarbeit: Voraussetzungen für verschiedene Berufe (1. Teilziel)

Arbeitsauftrag:

Ordne die gefundenen Eigenschaften den jeweiligen Berufen zu.

Kinderpfleger/in	*Schreiner/in*	*Einzelhandelskauffrau/mann*

Gedicht: Blick in die Zukunft (GZF)

Von Tina Schade (15 Jahre), durch Schüler/in vorlesen lassen!

Graue Jahre, eine Hoffnung, die in mir lag.
Manche haben Berufe, die ich mag.
Ein Mensch bei der Arbeit
Tut Dinge, die er kann.
Meine Zeit rennt und meine Hoffnung verbrennt.
Neuer Mut in mir, doch ich schenke ihn dir.
Sehe Menschen, die lachen, brauchen sich keine Sorgen zu machen.
Du kannst es auch – kam von dir!
Neue Hoffnung entstand in mir.
Die Sorgen verbannt von hier.
Und es entstand: Zukunft mit Verstand!

Mind-Map/Plakat (1. Teilziel)

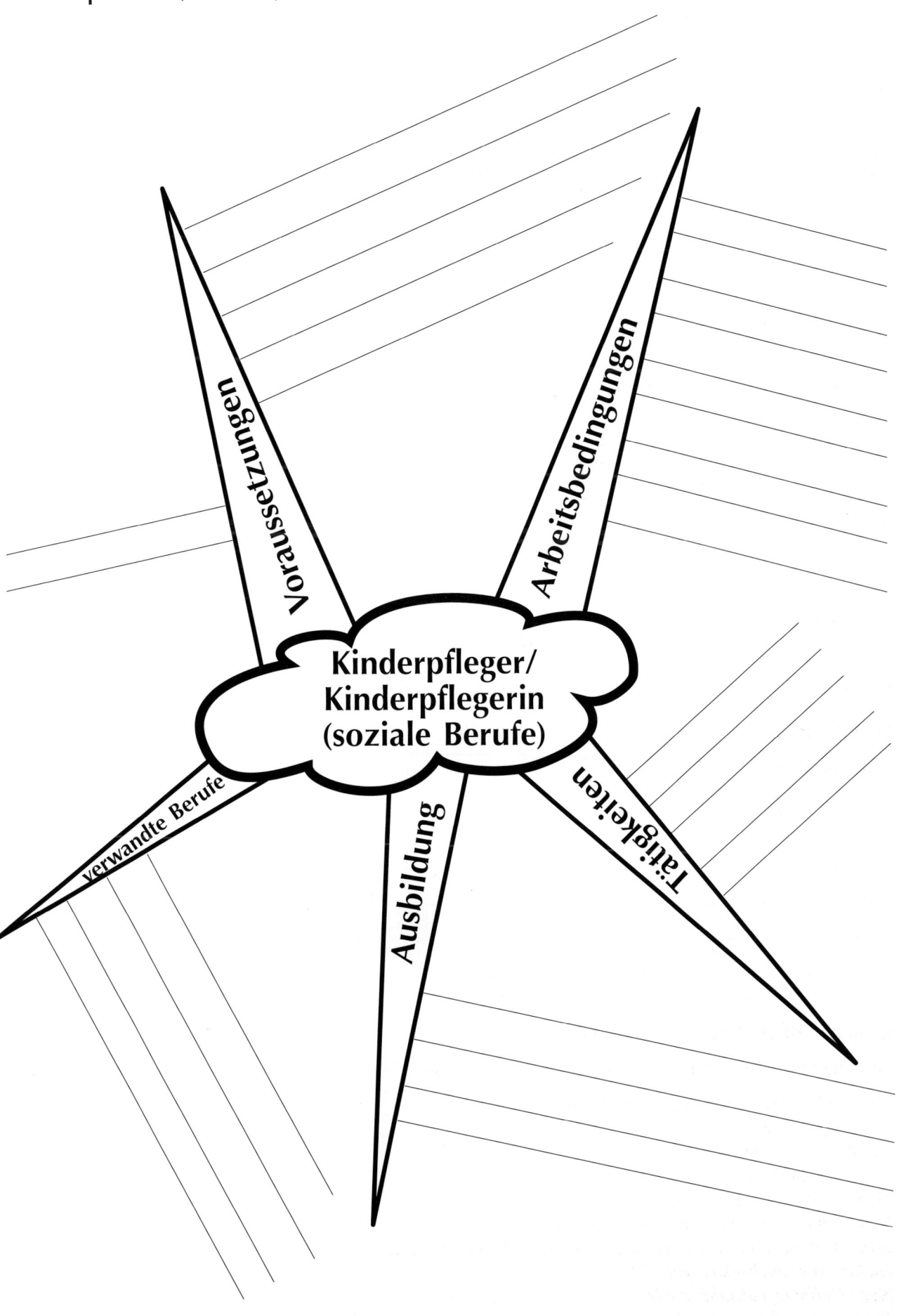

Kinderpfleger/ Kinderpflegerin (soziale Berufe)

- Voraussetzungen
- Arbeitsbedingungen
- Tätigkeiten
- Ausbildung
- verwandte Berufe

| Name: | | Klasse: 8 | Datum: | HsB | Nr.: |

Berufe im sozialen Bereich, z. B. der Beruf eines/r Kinderpflegers/Kinderpflegerin, verlangen bestimmte Voraussetzungen!

Voraussetzungen ➡	Ausbildung ➡	Arbeitsbedingungen

Überlege, welche Fähigkeiten du schon in der Schule einüben kannst, z. B. bei der gemeinsamen Zubereitung eines Gerichtes in der HsB-Gruppe:

Spaghetti Bolognese

Menge	Zutaten	Zubereitung
Hackfleischsoße:		
1	Zwiebel	in Würfel schneiden
2 EL	Öl	erhitzen, Zwiebel glasig dünsten
1	Knoblauchzehe	pressen, dazugeben
250 g	Hackfleisch	zugeben, anbraten
1 Dose	Pizzatomaten oder Schältomaten	zugeben
1 TL	Oregano, Rosmarin	würzen, Soße einkochen lassen
etwas	Salz, Pfeffer	
etwas	Sahne	zum Verbessern

Spaghetti:
2 l Wasser zum Kochen bringen, 1 TL Salz, einige Tropfen Öl zugeben, 250 g Spaghetti langsam in den Topf drücken und ohne Deckel ca. 8 Min. kochen, abseihen.

Ordne die folgenden Voraussetzungen den einzelnen Tätigkeiten zu. Verbinde mit Pfeilen.

Teamfähigkeit	Tisch decken
Sauberkeit, Hygiene	Zwiebel schneiden
Fingerfertigkeit	Gemeinsames Essen der Speise
Kontaktfreudigkeit	Andünsten der Zwiebel
Kreativität	Reinigungsarbeiten, aufräumen

Lösungsvorschläge zu S. 162

Was kann ich körperlich leisten? Wie kräftig und ausdauernd bin ich?	körperliche Leistungsfähigkeit
Bin ich gesundheitlich angeschlagen? Ist die Ausübung eines bestimmten Berufes ausgeschlossen?	gute Gesundheit
Kann ich auf Menschen zugehen?	Kontaktfreudigkeit
Wie gut kann ich Zusammenhänge und Vorgänge schnell erfassen?	Kombinationsfähigkeit
Wie gut kann ich mir dreidimensionale Räume und Gebilde wie z. B. Brücken vorstellen?	Raumvorstellung
Wie gut kann ich mich mündlich oder schriftlich ausdrücken?	Sprachgebrauch
Wie geschickt bin ich mit Händen und Fingern?	Fingerfertigkeit
Erledige ich meine Aufgaben gewissenhaft?	Gewissenhaftigkeit
Habe ich häufig gute Ideen?	Ideenreichtum
Wie gut komme ich mit Menschen aus?	Teamfähigkeit
Kann ich gut mit Zahlen umgehen?	rechnerisches Denken

Einzel-/Partnerarbeit: Voraussetzungen für verschiedene Berufe (1. Teilziel)

Arbeitsauftrag:
Ordne die gefundenen Eigenschaften den jeweiligen Berufen zu.

Kinderpfleger/in	Schreiner/in	Einzelhandelskauffrau/mann
Teamfähigkeit, Ideenreichtum, gute Gesundheit, Sprachgebrauch, Kontaktfreudigkeit	rechnerisches Denken, Raumvorstellung, Fingerfertigkeit, gesund, Kombinationsfähigkeit	Kontaktfreudigkeit, Sprachgebrauch, rechnerisches Denken, Gewissenhaftigkeit

Lösungsvorschlag zu S. 164

Berufe im sozialen Bereich, z. B. der Beruf eines/r Kinderpflegers/Kinderpflegerin, verlangen bestimmte Voraussetzungen!

Voraussetzungen	Ausbildung	Arbeitsbedingungen
Fingerfertigkeit, Gesundheit, Leistungsfähigkeit, Teamfähigkeit, Kontaktfreudigkeit, Sprachgebrauch	Qualifizierender Hauptschulabschluss bzw. normaler Hauptschulabschluss, Fachschule	natürliche Umgebung, abwechslungsreiches Arbeiten, Arbeitszeiten je nach Einrichtung, Bezahlung nach BAT VII/VI

Lösungsvorschlag zu S. 163

Mind-Map/Plakat (1. Teilziel)

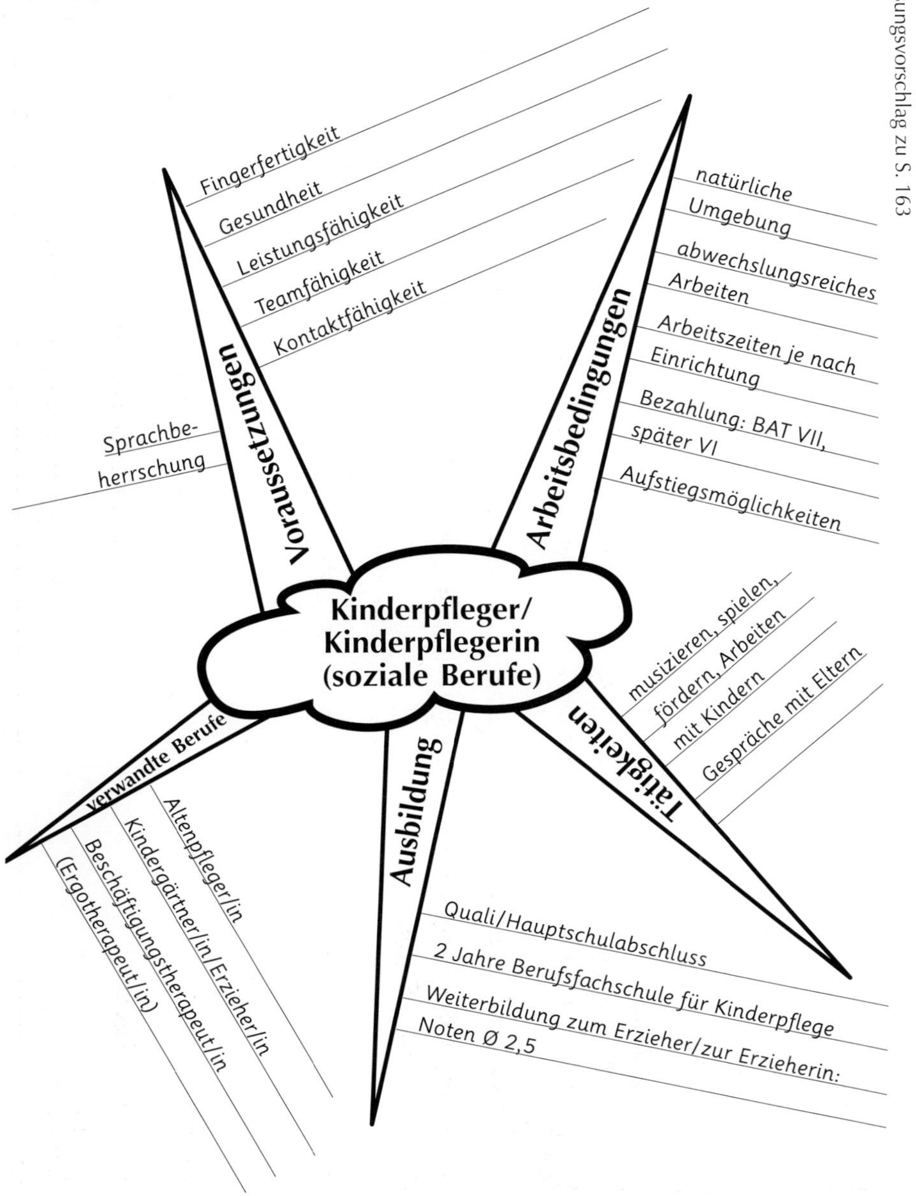

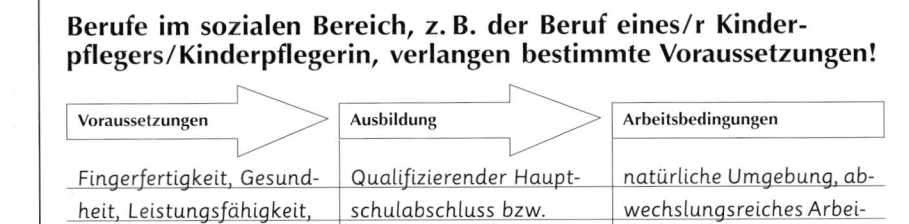

Zentrum: **Kinderpfleger/Kinderpflegerin (soziale Berufe)**

Voraussetzungen:
- Fingerfertigkeit
- Gesundheit
- Leistungsfähigkeit
- Teamfähigkeit
- Kontaktfähigkeit
- Sprachbeherrschung

Arbeitsbedingungen:
- natürliche Umgebung
- abwechslungsreiches Arbeiten
- Arbeitszeiten je nach Einrichtung
- Bezahlung: BAT VII, später VI
- Aufstiegsmöglichkeiten

Tätigkeiten:
- musizieren, spielen, fördern, Arbeiten mit Kindern
- Gespräche mit Eltern

Ausbildung:
- Quali/Hauptschulabschluss
- 2 Jahre Berufsfachschule für Kinderpflege
- Weiterbildung zum Erzieher/zur Erzieherin
- Noten Ø 2,5

Verwandte Berufe:
- Altenpfleger/in
- Kindergärtner/in/Erzieher/in
- Beschäftigungstherapeut/in (Ergotherapeut/in)

Rezeptverzeichnis

Rezept	Seite
Apfeldatschi	24
Apfel-Orangen-Fruchtaufstrich	60
Apfelringe, getrocknet	57
Apfelstrudel mit Vanillesoße	125
Basilikumcremesuppe	28
Birnen, mariniert	86
Blätterteigmonde	29
Blech-Kartoffeln	67
Bohnenkernsalat, gemischt	135
Brokkolicremesuppe	28
Brotzeitspieße	45
Champignons, eingelegt	59
Chicken-Nuggets	135
Curry-Gurken, scharf	59
Dillgurken, schnell	61
Dünstgemüse	67
Elisen-Lebkuchen	76
Erdäpfelkas mit Brot	38
Erdbeer-Kiwi-Konfitüre	60
Erdbeertörtchen, lachend	157
Fischstäbchen, hausgemacht	135
Freundschaftsplätzchen	151
Fruchtkränzchen	158
Getreideschrotbratlinge	135
Gulaschsuppe	34
Gyros, bunt	129
Hähnchenragout mit Tomaten	110
Hamburger	115
Himbeer-Grießspeise	113
Himbeermarmelade, roh gerührt	60
Kartoffelrahmsuppe, fein	30
Kerbelcremesuppe	28
Knoblauchzehen, eingelegt	59
Kräuter, getrocknet	57
Krautsalat	130
Kürbis süß-sauer	57
Latkes	76
Lauchcremesuppe	28
Mais-Quiche	92
Marillenringe	72
Marmelade	61
Mürbteig	72, 94
Paprikareis	130
Paprika-Relish	58
Paprikaschoten, gefüllt	48
Pellkartoffeln mit Kräuterquark	40
Pellkartoffeln mit Quarkdips	39
Pizza	104
Pizzabaguette	103
Quark-Öl-Teig	24, 157
Reis, gedünstet	48, 109
Reisfleisch, pikant	35
Reisgericht, kreolisch	81
Rhabarber-Erdbeer-Grütze	85
Salate, roh	36
Schweinsöhrchen	18, 151
Senf, hausgemacht	58
Sesamhähnchen mit Joghurtdip	109
Spaghetti Bolognese	164
Spargelcocktail	29
Spargel-Quiche	92
Teegebäck, türkisch	19
Tel Kadayif	76
Tiramisu	104
Tomaten-Chutney	58
Tomaten-Gurken-Schiffchen	157
Tomaten-Quiche	94
Torte schwarz-weiß	50
Tsatsiki	130
Vanillekipferl	76
Vanillesoße	125
Windräder	158
Würstchen im Teigmantel	158
Zwetschgenbavesen	143
Zwetschgendatschi	24
Zwiebel-Quiche, elsässisch	92

Unterrichtsvorbereitung schnell und effektiv!

Unterrichtssequenzen Hauswirtschaftlich-sozialer Bereich

Verantwortliches Handeln im integrativen Hauswirtschaftsunterricht

7. Jahrgangsstufe – Band 1
160 S., DIN A4, kart.　　　　Best.-Nr. **2938**

7. Jahrgangsstufe – Band 2
Ca. 96 S., DIN A4, kart.　　　Best.-Nr. **4329**

9. Jahrgangsstufe
Mit Materialien für die 10. Jahrgangsstufe
240 S., DIN A4, kart.　　　　Best.-Nr. **2940**

> *Das Autorenteam*
> *Evi Günther, Andrea Höck, Heidi Klapfenberger, Brigitte Luber, Barbara Rauch, Sabine Seiwald, Christa Troll*

Fachspezifisches Informationsmaterial
Diese Unterrichtssequenzen für Fachlehrkräfte enthalten eine Fülle von Stundenvorschlägen, interessanten neuen Rezepten, Arbeitsblättern, Kopiervorlagen für Spiele und Lernzirkel, die offene Unterrichtsformen ermöglichen.

Aktiver Unterricht – Projektunterricht
Jeder Band beinhaltet viele Projektvorschläge sowohl für einen freien, offenen Unterricht als auch für einen fachgebundenen Unterricht.

Optimale Vorbereitung mit minimalem Aufwand
Mit den Anregungen minimiert sich die Vorbereitungszeit für eine Unterrichtsstunde beträchtlich. Die Materialien entsprechen dem aktuellen Stand der Ernährungsforschung und der neuen Lehrplanvorgaben.

Neue Unterrichtswege beschreiten
Mit neuen Wegen in der Unterrichtsarbeit vermitteln Sie Ihren Schüler/-innen mehr Spaß an der Arbeit im hauswirtschaftlichen Bereich der Hauptschule. Mit diesen Materialien sind Sie für alle Jahrgangsstufen optimal gerüstet.
Alle Unterrichtssequenzen können unabhängig von der Einführung eines bestimmten Schülerarbeitsbuches eingesetzt werden!

Auer BESTELLCOUPON Auer

Ja, bitte senden Sie mir/uns

Unterrichtssequenzen
Hauswirtschaftlich-sozialer Bereich

____ Expl. **7. Jahrgangsstufe – Band 1**　　Best.-Nr. **2938**

____ Expl. **7. Jahrgangsstufe – Band 2**　　Best.-Nr. **4329**

____ Expl. **9. Jahrgangsstufe**
　　　Mit Materialien für die
　　　10. Jahrgangsstufe　　　　　　Best.-Nr. **2940**

mit Rechnung zu.

Bequem bestellen direkt bei uns!
Telefon: 01 80 / 5 34 36 17
Fax: 09 06 / 7 31 78
Internet: www.auer-verlag.de

Bitte kopieren und einsenden an:

Auer Versandbuchhandlung
Postfach 11 52
86601 Donauwörth

Meine Anschrift lautet:

_____
Name/Vorname

_____
Straße

_____
PLZ/Ort

_____
E-Mail

_____
Datum/Unterschrift

Praxiserprobt und topaktuell: Materialien von Auer!

So macht das Kochen allen Spaß!

Praxiserprobt und topaktuell: Materialien von Auer!

Arbeitsgemeinschaft Hauswirtschaft (Hrsg.)
Kochen in der Schulküche mit Grundrezepten
Grundwissen und Rezepte
Kopiervorlagen
176 S., DIN A4, kart. Best.-Nr. **2549**

In diesem Band wird das Zubereiten einfacher Speisen vermittelt. Fachgerechte Arbeitsweisen, neue Erkenntnisse der Ernährung sowie handlungsorientiertes Lernen stehen hier im Vordergrund.

Kochen in der Schulküche für Anfänger
Grundwissen und Rezepte
Kopiervorlagen
120 S., DIN A4, kart. Best.-Nr. **2497**

Kopiervorlagen zu verschiedenen Themen des Hauswirtschaftsunterrichts, z. B. Arbeitsplatz Schulküche, Einkaufen, Arbeitstechniken, Ernährungskunde und ein ausführlicher Rezeptteil.

Kochen in der Schulküche für Fortgeschrittene
Grundwissen und Rezepte
Kopiervorlagen
192 S., DIN A4, kart. Best.-Nr. **2550**

Keine Essgenüsse und Ernährungsgewohnheiten, die den Autoren nicht bekannt wären. Als Weiterführung des Bandes *„Kochen in der Schulküche für Anfänger"* bietet dieser Band weitere Rezepte.

Irene Wirth
Wie das riecht und schmeckt – Kochen mit allen Sinnen
Ein Kochbuch für Kinder in Kindergarten, Schule und Therapie
104 S., DIN A4, kart.
Best.-Nr. **3166**

Kochen mit allen Sinnen? Na klar! Irene Wirth zeigt Ihnen, wie's geht: die glatte Haut einer Paprika betasten, den süßen Duft eines aufgeschnittenen rotbackigen Apfels genießen, mit dem Kartoffelschäler geschickt umgehen u. v. m. Die leicht verständlichen Rezepte werden durch Insider-Tipps und spannende Infos ergänzt. Oder wussten Sie schon, dass bei den Germanen die Erbsen dem Gott Donar geweiht waren? Also viel Spaß beim Kochen und – Guten Appetit!

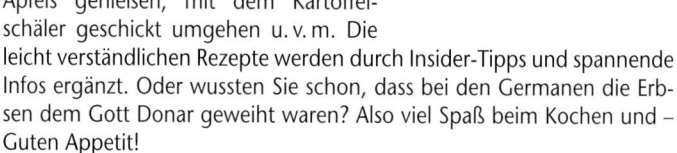

Christa Troll/Evi Günther
Offener Unterricht im Fach Hauswirtschaft
Kopiervorlagen für Spiele und Lernzirkel
72 S., DIN A4, kart.
Best.-Nr. **3063**

Mehr Spaß durch spielerisches Lernen! Attraktive Unterrichtsmaterialien für einen offenen, aktiven Unterricht, der die Eigeninitiative der Schüler/-innen fördert und Differenzierung sowie Individualisierung ermöglicht. Mit praktischen Tipps zur Erstellung eigener Unterrichtsmaterialien.

Mit Info-Spielen und Fragekarten zu den Bereichen Arbeitsplatz Schulküche, „Küchenlatein" u. a. sowie Lernzirkeln zu den Themen Fett, Getreide, Fisch und Markt.

Auer BESTELLCOUPON Auer

Ja, bitte senden Sie mir/uns

Arbeitsgemeinschaft Hauswirtschaft (Hrsg.)
___ Expl. **Kochen in der Schulküche mit Grundrezepten** Best.-Nr. **2549**
___ Expl. **Kochen in der Schulküche für Anfänger** Best.-Nr. **2497**
___ Expl. **Kochen in der Schulküche für Fortgeschrittene** Best.-Nr. **2550**

Irene Wirth
___ Expl. **Wie das riecht und schmeckt** Best.-Nr. **3166**

Christa Troller/Eva Günther
___ Expl. **Offener Unterricht im Fach Hauswirtschaft** Best.-Nr. **3063**

mit Rechnung zu.

Bequem bestellen direkt bei uns!
Telefon: 01 80/5 34 36 17
Fax: 09 06/7 31 78
Internet: www.auer-verlag.de

Bitte kopieren und einsenden an:

**Auer Versandbuchhandlung
Postfach 11 52
86601 Donauwörth**

Meine Anschrift lautet:

_____
Name/Vorname

_____
Straße

_____
PLZ/Ort

_____
E-Mail

_____
Datum/Unterschrift